複式簿記入門

Introduction to Double-Entry Bookkeeping

瀧田輝己 [編著]

吉岡一郎
田口聡志
松脇昌美
矢部孝太郎
原田保秀 [著]

税務経理協会

序

　本書は，簿記をはじめて学ぶ人のために書かれた，いわば簿記入門書です。簿記には様々な種類のものがありますが，本書で取り上げているのは企業において行われている簿記で，一般に企業簿記とよばれているものです。企業あるいは企業活動を記録の対象とする簿記としては複式簿記，その中でも特に商業簿記が最も適していますから，本書でも，結局，複式簿記を解説していくことになります。本書のタイトルを『複式簿記入門』としたのはこのような理由によります。

　ところで，簿記とは何ですか？と率直に質問されることがあります。もちろんこの問に関しては様々な解答が想定されますが，よく耳にするのは簿記と会計とを比較して，簿記とは企業の活動を記録・表示するための「技術」であり，会計とは簿記という技術の「理論」である，というものです。会計行動は認識，測定，記録，表示というプロセスからなっていて，このうちの認識と測定は会計の実質面であり，記録と表示は会計の形式面であると考えられますが，簿記はこのプロセスのうちの記録の領域を主に取り扱います。その際に，どのような場合（＝取引）にどのように記録（仕訳）して，その記録をその後どのように処理していくか，という多分に技術的な面が強調されがちなものですから，前述のような答えが出てくるのでしょう。しかし，このように簡単に簿記と会計を分けることができるのでしょうか。さらに，「技術」と「理論」という語の背後に見え隠れするそれぞれへの意識，つまり「技術」に対する軽視，もしくは「理論」のほうが「技術」よりも高尚なものであるという感覚は適切なものなのでしょうか。

　確かに，簿記の一連の手続において，最初の作業である仕訳という行為を除き，その後の作業，具体的には最終段階としての損益計算書および貸借対照表を作成する作業に至るまでのほとんどの作業は機械的で単純な技術的作業です。このことから，簿記の技術的側面が強調されがちです。しかしながら最初の作業である仕訳においては，企業内に生じた様々な出来事のうち，何が簿記において記録を行う対象となるものなのか，そしてそれはどのように測定するのか，つまり簿記に固有の取引の認識と測定という判断が，非常に重要なのです。つまり簿記も会計も，認識・測定という行為あるいは判断という行為に基づくものですから，ともに知的な行為であることに変わりはありません。仮に簿記が技術であるとしても，それはきわめて高度な知的技術であるといえるでしょう。また，前述の答えに関連するのですが，簿記は会計学を学習する入り口であるとも思われています。しかしながら会計において，どんなにすばらしい理論でも，仕訳と結び付けられない理論は会計理論としては不十分です。その点において，簿記に結びつかない会計理論は空虚なものであります。したがって簿記は会計学の始点であると同時に終点であるともいえるでしょう。読者の皆さんはこのことを理解したうえで，単に技術としての一面だけにとらわれる

ことなく，会計理論とのかかわりにも注意しつつ，知的技術としての簿記を習得していただきたいと思います。

　本書は以上のようなことに配慮しながら，初学者にもわかりやすいように複式簿記を解説しています。本書の構成はシンプルです。テーマとなる事項について，まず，時には図を交えてその理論をわかりやすく解説します。そしてその事項に関する設例を呈示して理解を深めてもらいます。そして皆さんが実際に練習問題を解くことにより，本当に理解できたかどうかを確かめます。最後に，このパターンで各事項を一通り学んだ後最終章のテーマ別の総合問題に取り組めば，体系的に簿記が身についたか確認できるようになっています。皆さんの多くが本書を出発点にして会計学に触れ，会計に興味を持って研鑽を重ねて会計学の素養を身につけてくれれば幸いです。

　なお本書は，普段，瀧田を中心とする研究会等で交流している5名の共同執筆という形をとりました。十分に努力したつもりではあるものの，このような共同執筆にありがちな用語や内容の不統一，連携の不備といった点があれば，ご指摘いただければ幸いです。

　最後に，出版事情の厳しい折，本書の出版を快く引き受けてくださった税務経理協会代表取締役社長の大坪嘉春氏に心より感謝申し上げます。書籍企画部部長の堀井裕一氏には，出版にあたっていろいろとご尽力いただきました。校正など影の労をとってくださった書籍製作部の方，その他大勢の方のご協力がなければ本書が出版されることはなかったでしょう。ここに，心より御礼申し上げます。

　平成20年春

著　者　一　同

執筆者紹介 (執筆順)

瀧 田 輝 己（同志社大学教授）
　　（第1章）

吉 岡 一 郎（京都産業大学教授）
　　（第2章・第9章～第11章・第18章の一部）

田 口 聡 志（同志社大学准教授）
　　（第3章～第5章・第18章の一部）

松 脇 昌 美（四日市大学准教授）
　　（第6章～第8章・第18章の一部）

矢 部 孝太郎（大阪商業大学准教授）
　　（第12章～第14章・第18章の一部）

原 田 保 秀（四天王寺大学准教授）
　　（第15章～第17章・第18章の一部）

目次

第1章 複式簿記の基礎
1 簿記の意義 …………………… 2
2 簿記の種類 …………………… 2
3 簿記の機能 …………………… 4
4 簿記の前提 …………………… 5
5 企業簿記の対象 ……………… 7
6 勘定による計算 ……………… 10

第2章 記録のルール
1 仕　　訳 ……………………… 16
2 転　　記 ……………………… 22
練 習 問 題 …………………… 24

第3章 試算表の作成と利益計算
1 試算表の意義
　―試算表の作成プロセスから― …… 26
2 試算表の3つのタイプ ………… 27
3 残高試算表における
　借方と貸方の意味 …………… 30
4 残高試算表の分解 …………… 33
5 試算表が果たす機能 ………… 34

第4章 現金預金に関する取引
1 現金の範囲 …………………… 36
2 現金過不足 …………………… 38
3 当 座 預 金 …………………… 42
4 小 口 預 金 …………………… 45
練 習 問 題 …………………… 48

第5章 商品に関する取引
1 商品に関する取引の記帳方法 …… 52
2 掛 け 取 引 …………………… 55
3 返品・値引・割戻 …………… 57
4 割　　引 ……………………… 61
5 付 随 費 用 …………………… 62
6 商品有高帳 …………………… 67
7 各記帳方法のもとでの期末整理 …… 72
8 商品の期末評価 ……………… 76
練 習 問 題 …………………… 79

第6章 特殊商品売買取引
1 特殊商品売買取引 …………… 84
2 未着品取引 …………………… 84
3 委託販売と受託販売 ………… 85
4 割 賦 販 売 …………………… 89
5 試用販売・予約販売 ………… 91
練 習 問 題 …………………… 94

第7章 売掛金と買掛金

1 掛 取 引 ················ 96
2 売掛金元帳と買掛金元帳 ······ 98
3 売掛金明細表と買掛金明細表 ····· 99
4 貸倒と貸倒損失 ············ 99
5 償却債権取立益勘定 ········· 103
練 習 問 題 ················ 104

第8章 手 形 取 引

1 手 形 と は ··············· 106
2 手形の裏書・割引 ··········· 112
3 手形の更改 ················ 119
4 手形の不渡り ·············· 120
5 手形貸付金と手形借入金 ······ 122
6 荷為替手形 ················ 123
7 受取手形記入帳と支払手形記入帳 ····· 125
練 習 問 題 ················ 127

第9章 その他の債権債務に関する取引

1 貸付金と借入金 ············ 130
2 未収金と未払金 ············ 131
3 前払金と前受金 ············ 132
4 立替金と預り金 ············ 133
5 仮払金と仮受金 ············ 134
6 商品券と他店商品券 ········· 135
7 債務の保証 ················ 136
8 未決算勘定 ················ 137
練 習 問 題 ················ 138

第10章 有価証券に関する取引

1 有 価 証 券 ··············· 142
2 取得時における
　　売買目的有価証券の処理 ······ 142
3 決算時における
　　売買目的有価証券の処理 ······ 143
4 株式の配当金の処理 ········· 144
5 公社債の利息の処理 ········· 144
6 売却時における
　　売買目的有価証券の処理 ······ 145
練 習 問 題 ················ 147

第11章 固定資産に関する取引

1 固 定 資 産 ··············· 150
2 有形固定資産取得時の処理 ····· 150
3 有形固定資産の決算時の処理 ····· 152
4 追加的支出を行った場合の処理 157
5 有形固定資産の
　　売却・除却時の処理 ········· 158
練 習 問 題 ················ 160

第12章 資本金に関する取引

1 資 本 取 引 ··············· 162
2 資本の増加をもたらす取引 ····· 162
3 資本の減少をもたらす取引 ····· 163
4 財産法と損益法 ············ 164
5 個人企業の
　　期末資本金と当期純損益 ······ 167
練 習 問 題 ················ 170

第13章 収益および費用に関する取引

1　収益・費用取引と発生主義 ……… 174
2　費用・収益の繰延べ ……………… 175
3　費用・収益の見越し ……………… 180
4　消耗品費と消耗品 ………………… 187
練 習 問 題 …………………………… 188

第14章 伝　　　票

1　仕訳帳と伝票 ……………………… 192
2　伝 票 記 入 ………………………… 192
3　帳簿への転記 ……………………… 200
練 習 問 題 …………………………… 202

第15章 決算(その1)　決算予備手続

1　決算手続の流れ …………………… 214
2　決算予備手続 ……………………… 215
練 習 問 題 …………………………… 229

第16章 決算(その2)　決算本手続

1　決算本手続 ………………………… 234
2　英米式決算法(英米式締切法) …… 234
3　大陸式決算法(大陸式締切法) …… 240
練 習 問 題 …………………………… 248

第17章 決算(その3)　財務諸表の作成

1　財務諸表の作成 …………………… 254
2　財務諸表の様式 …………………… 254
3　財務諸表の区分表示 ……………… 259
練 習 問 題 …………………………… 264

第18章 総 合 問 題

1　仕　　　訳 ………………………… 268
2　計 算 問 題 ………………………… 269
3　試　算　表 ………………………… 272
4　帳 簿 組 織 ………………………… 274
5　決 算 一 巡 ………………………… 278
6　精　算　表 ………………………… 287

練習問題　　解　答

第1章

複式簿記の基礎

1　簿記の意義

　少し堅苦しい表現になるが，簿記というのは，「ある主体ないし組織体の経済的な活動のすべてを客観的な証拠に基づき，秩序正しく，貨幣数値を用いて記録して，計算して，主体あるいは組織体の活動の成果と現状を明らかにするための知的な技術」である。
　第1章では，このような簿記の定義をもとにして，簿記とは何かという質問に対する答えを簿記の種類，簿記の機能，簿記の前提，簿記の計算形式，簿記の対象に分けて，考えていくことにしよう。

2　簿記の種類

　まず，簿記の種類であるが，ここで，簿記の種類というのは，およそこの世の中で「簿記」と呼ばれるものをすべてとりあげて，全体を1つのかたまりと考えた場合，そのかたまりを何かの基準に従って分類したときの，その分けられた結果であると考えることができる。
　例えば，簿記を行う主体の相違に基づいて分類すると，家計の簿記，官庁の簿記，企業の簿記に分けられ，また，認識または計算構造の違いによって分類すれば，簿記は単式簿記と複式簿記に分けられる，という具合である。

(1)　企業簿記，家計簿記，官庁簿記

　簿記を行う主体の具体的な種類によって簿記を分類すると，家計簿記と官庁簿記と企業簿記に分けられる。
　家計と官庁は一般的には，経済的価値を生み出す組織体というよりも，消費を目的とした組織体である。これらの組織体は，一定の収入や予算の範囲内で，支出をともなう諸活動を行う。そこで，家計および官庁では収支計算によって，活動のすべてを記録することができる。
　これに対して，企業は主に「交換」を通じて経済的価値を生み出す組織体である。価値を生み出すためのすべての活動を生産活動という。そういう意味で，企業活動とは，すなわち生産活動であり，この生産活動を記録，計算するのが企業簿記である。
　また，企業とは，人的資源（ヒト），物的資源（モノ），資金（カネ）に代表される様々な資源が有機的に結びついて，1つの目的に向かって活動する組織体であるといえるので，例えば，いろいろある資源のうちの現金だけの動きを記録する簿記では，企業の生産活動全体のうち，一部分だけの記録しかしていないということになる。企業簿記では，企業の活動や企業を構成するすべての要素（資源）の増減を記録の対象とする簿記でなければな

らない。つまり，企業簿記としては，網羅性の要件を満たすものでなければならないのである。

例えば，事務机を購入したという経済活動の場合，企業簿記では，現金の支出（代金の支払い）だけではなく，反対の流れとしての机という財産の「入」も認識し，記録する。つまり，現金という財産の減少だけではなく，机という財産の増加も記録するのである。

また，商品を現金で販売したケースでは，一方で，現金の「入」，すなわち収入を認識して記録し，他方で，同額の商品の「出」についても認識して記録することになる。現金という財産の増加だけでなく，商品という財産の減少も記録することになる。

（2） 単式簿記と複式簿記

計算構造の違いによる分類は，記録・計算の対象となる経済的な活動を認識するときの認識方法の違いに基づく分類である。単式簿記は，対象となる経済的な活動の様々な側面のうち，ある1つの側面に注目して，その側面だけを認識し，記録・計算するという簿記である。一般的には現金の増減を伴う活動だけについて，その現金の増減（出入り）を記録・計算する簿記が単式簿記であるといわれている。

事務用の机を現金払いで購入したという先にあげた例を考えてみよう。この経済活動について，現金が支払われたという事実だけに注目して記録する簿記が単式簿記である。つまり，この種の経済活動の場合，単式簿記では，出金という側面についてだけ認識し，記録・計算するのである。

同様に，商品を現金で販売したという例についても，単式簿記では，入金だけに注目し，現金が入ってきたという事実だけを認識し，記録・計算することになる。

これら2つの例のように，典型的な単式簿記では，経済活動について現金の出入りという側面のみをとらえて記録・計算し，あわせて現金の有高を計算するのであるが，この場合の現金の出入計算，有高計算をとくに収支計算といい，現金の「出」を支出，現金の「入」を収入という。

これに対して，複式簿記では，対象となる活動を2つの側面に分類し，その分類された2つの側面をそれぞれ記録し，増減を計算する。このように，対象となる経済活動を二つの側面に分類して，記録するところから複式簿記と呼ばれるのである。

ところで，単式簿記を以上のように捉えると，単式簿記によっても家計や官庁の活動のすべてを記録することは十分可能であるが，企業活動については網羅的に記録することはできないということが理解されよう。なぜならば，単式簿記で企業を構成する人的資源（ヒト），物的資源（モノ），資金（カネ）のうちの一部（すなわち，資金（カネ））だけの記録ということになるからである。そこで，企業簿記としては複式簿記が相応しいということになる。

本書では，企業簿記を対象にし，とくにことわらないかぎり複式簿記の原理（ルール）を説明していくことにする。

3　簿記の機能

　簿記のはたらき，あるいは役割を簿記の機能という。ときには，簿記の目的を簿記の機能ということもある。簿記の機能には備忘機能，管理機能，そして報告機能という三つがあると考えられる。

（1）　備　忘　機　能
　企業規模が小さくて，その活動範囲が狭く，活動の量も少ない場合には，企業の活動のすべてを人の記憶にとどめておくことは可能かも知れない。けれども，今日の大規模な企業をみると，そこでの日常の活動量はかなり多く，しかも活動範囲も広い。また所有する財産等も多岐にわたる。そのため，すべての活動や所有財産等を人の記憶だけに頼って適正に把握することは困難である。簿記はすべての企業の活動を客観的な証拠に基づいて秩序正しく記録にとどめ，なおかつ企業の現状を正確に知るための方法として工夫されてきたと考えられる。

　ある人から借金をしたが，その一部を既に返済したとか，また別のある人に対して商品を販売したが，代金が未収であるとか，あるいは机および椅子をまとめていくつか購入し，それらを，現在所有している，というようなことについて，その内容を正確に把握していくためには，これらの活動を証拠に基づいて記録・計算する必要があろう。

　このようなときに利用される記録および計算のためのしくみ，すなわち記録・計算機構が簿記にほかならず，簿記のこのはたらきが備忘機能と呼ばれるのである。備忘機能は，簿記の最も基本的な役割であるといえよう。

（2）　管　理　機　能
　企業の活動について記録を残すことは，単に記憶の負担を軽くするだけではなく，記録された対象物の保全にも役立つ。記録が残っていれば，記録に基づいて財産の有高を知ることができる。すなわち，企業内にどれだけの財産が存在しているか知ることができる。また有高どおり，その財産が実在しているかを確かめることもできる。このことは，記録と事実の照合を通じて，財産それ自体の保全に簿記が役立っていることを意味する。記録のこのような役立は，日常の活動においても，しばしば経験するところであろう。

　例えば，記録が残されていないため，紛失や盗難による財産の損失に長期間気づかなかったという経験，また，財産を粗雑に扱ったため，その財産等の価値が予定よりも早く滅失してしまっても，そのことが認知されず，事前あるいは事後の手当ができなかったという経験などである。記録があれば適時に対応できたはずが，記録が残っていないために発見が遅れて，財産の損失について適正な手当ができなかったというケースは他にもたくさんみられよう。

記録のこうした役割は，財産，つまり物だけの保全にとどまるものではない。人間の合理的な行動，すなわち，計画，実行，統制という一連の行動をうまく管理する場合にも十分果たされる。企業の生産活動は，こうした合理的な行動の連続であり，集合であるところから，簿記は，生産活動の合理性を維持するのに役立つものといえる。その意味で，簿記は，記録の対象となっている経済活動や財産等の管理を目的として行われるということもできよう。簿記のこの種の役割，あるいは目的が簿記の管理機能と呼ばれるはたらきである。

（3）報告機能

　一般的にいうと，ある人が他人に仕事を任せる場合，仕事を任された人は，任せた人に対して，仕事の結果，すなわち，顛末を報告する義務を負うことになる。この義務は結果を説明する責任であり，この種の説明責任はアカウンタビリティ（accountability）といわれる。

　大規模企業の代表的な法形態である株式会社にこのことを当てはめてみると，多くの株式会社では，経営者（取締役）が事業主（株主）に対して年に1度開かれる株主総会において決算報告をすることになっている。この報告は，まさにアカウンタビリティの具体的な履行である。株主総会での決算報告は，事業主である株主が経営者である取締役に財産の運用を託したのであるから，財産運用すなわち経営の経過と結果を取締役は株主に報告する義務があるという考えに基づいて行われる。その決算報告をするときの資料は日々の経営活動を記録している簿記によって提供される。ということは，簿記がアカウンタビリティの履行に役立つということを物語っている。簿記のこのはたらきを報告機能という。

4　簿記の前提

　企業簿記の前提は会計公準といい，簿記を行ううえで，あらかじめ決められている約束事，あるいは仮定を意味する。一般に，会計公準には3つあるといわれている。すなわち，企業実体の公準，継続企業の公準および貨幣評価の公準である。

（1）企業実体の公準

　企業実体の公準は，簿記を行う主体に関する取り決めであり，その内容は簿記を行う主体として企業そのものが存在することを観念的に認め，企業そのものの観点から経済事象の生起をながめることにしようという約束事である。この仮定から，簿記の対象の範囲が限定されることになる。

　例えば，事業主が現金を用意して営業を始めた，という経済事象を考えてみよう。事業主の立場からは，自分で元手を用意して，自ら営業を始めた，ということであるけれども，

企業そのものの存在を認め，その立場からこの出来事をながめると，企業が現金を事業主から受け入れ，営業が始められた，というようにこの経済事象を認識することになる。

このように簿記を行う主体として企業そのものの存在を認めるということは，事業主から企業を分離することである。いわゆる「店」と「奥」を分離させて，簿記は「店」の立場で，しかも「店」に生じた出来事を記録・計算するというのがこの公準の意味である。身近な例をあげると，日常生活において，隣の家の子どもの小遣いは「うち」の家計簿に載せない，というのは常識であろう。でも，「うち」の子どもの小遣いは「うち」の家計簿に載せるであろう。それでは，「うち」の子どもがもらった小遣いをどのように使ったのかはうちの家計簿に載せるのであろうか。もし，載せないとしたらなぜか。こうした問題は，よくよく考えてみると簡単には答えられないということに気がつく。どこまでの範囲で生じた経済事象を「うち」の記録の対象にするのかという問題はあらかじめ記録の対象となる出来事の範囲を取り決めておかないと解決できないのである。

企業実体の公準によって，いわゆる「店」と「奥」を分離し，「店」をもって簿記を行う主体と考え，店の中で生じた出来事を記録計算の対象にすると約束しておくのである。

少しむずかしい言葉で表現すると，この公準によって，「資本（企業資本）」という概念を成立させるのである。すなわち，この公準によって，自己増殖運動をしている資金のかたまり，ないし企業資本が「店」であると考え，この企業資本の増減を記録・計算の対象とするということをあらかじめ決めることによって，記録の対象となる経済事象の範囲を限定しているのである。

（2） 継続企業の公準

継続企業の公準は，企業は半永久的に存続するものと考えようという約束事であり，簿記を行うときの取り決めである。現実の企業はしばしば倒産したり，解散したりしているが，この公準は，そのような現実とは一応切り離して，企業は存続すると仮定するのである。

継続企業の公準はまた，企業活動の成果を計算するために会計期間を定めなければならないという要求も含んでいる。かつての冒険企業では，資金を募り，集めた現金で船を調達し，遠隔地にある目的地まで航海して，そこで特産物を買付け，戻ってきて，買付けた特産物をすべて販売し，最後に船も売却して手許に残った現金を出資者に分配するという形態がとられていた。この場合には，初めに調達した現金の総額と最後に出資者に分配された現金の総額との差額が利益として認識されることになる。企業のはじめと終わりがはっきりしていたため，つまり企業を興してから解散するまでの活動の成果は1つの航海につき，現金の増減という具体的なかたちで計算されたのである。

ところが，企業が半永久的に存続するという仮定のもとでは，企業の終わりを待って成果計算をすることができない。そこで，その活動の成果は人為的に区切った期間について計算されなければならない。この期間は会計期間といわれる。会計期間の始まりを期首，

終わりを期末, そして期首と期末の間を期中という。会計期間の成果計算や期末時点での有高計算を行う会計を決算会計という。また, 会計期間は, 通常は1年であるところから, 1年を会計期間とする会計を1年決算会計ないし単に1年決算ということもある。

(3) 貨幣評価の公準

　貨幣評価の公準は, 企業の財産や活動を測定する際に, 共通の尺度として貨幣数値を用いることにするという取り決めである。前述のように, 企業は人的資源 (ヒト) や物的資源 (モノ) そして資金 (カネ) が有機的に結びついて, 1つの目的に向かって活動している組織体である。そして, このときの活動は企業実体 (資金のかたまりあるいは企業資本) の自己増殖運動として理解される。

　このように企業はさまざまな形態や品質の資源が結びついて自己増殖運動を繰り広げている組織体であるから, 多岐にわたる資源の有高の総計や自己増殖分を測定するためには共通の尺度が必要となる。この共通の尺度によって, 相互に加算および減算することができるようになるからである。

　また, 単に各資源の有高や増減を相互に加算および減算できるようにするというだけではなく, 加算および減算した結果が統一された経済的な意味をもつものでなければならない。企業は経済的価値を生み出す生産経済体であるので, 測定尺度は各資源の総計や企業の1年間の生産活動の結果, 生み出された経済的価値の総計が企業資本およびその自己増殖分を表すものでなければならない。このような共通の尺度として, 企業を構成する各資源の有高および増減を統一的に測定するのに最も適しているのは貨幣数値をおいてほかはない。貨幣評価の公準はこのような考えに基づいている。

5　企業簿記の対象

　これまで, 記録の対象となるものを, 企業の活動と呼んだり, 生産活動と呼んだり, 企業内に生じた出来事と呼んだり, あるいは経済事象と呼んだりして, 何となくお茶を濁してきた。ときには経営活動と呼んだりもしてきた。ここで, 簿記の対象となるものは何かということを明らかにしなければならない。結論を先にいえば, 企業簿記の対象は,「取引」と呼ばれる。

(1) 日常用語上の取引と簿記会計上の取引

　「取引」という言葉は, 日常用語として用いられる場合と, 簿記会計の専門用語として用いられる場合とでは若干意味が異なるので注意しなければならない。両者の関係は図1-1のように表される。

```
┌─────────────────────────────────────────────────────────┐
│ 図1-1　日常用語上の取引と簿記会計上の取引との関係          │
│                                                         │
│  ┌──────────┬──────────────────────┐                    │
│  │  (1)     │  日常用語上の取引    │                    │
│  │          │                      │                    │
│  │     ┌────┴──────────────────────┬──────┐             │
│  │     │      簿記会計上の取引     │ (2)  │             │
│  └─────┴───────────────────────────┴──────┘             │
│                                                         │
└─────────────────────────────────────────────────────────┘
```

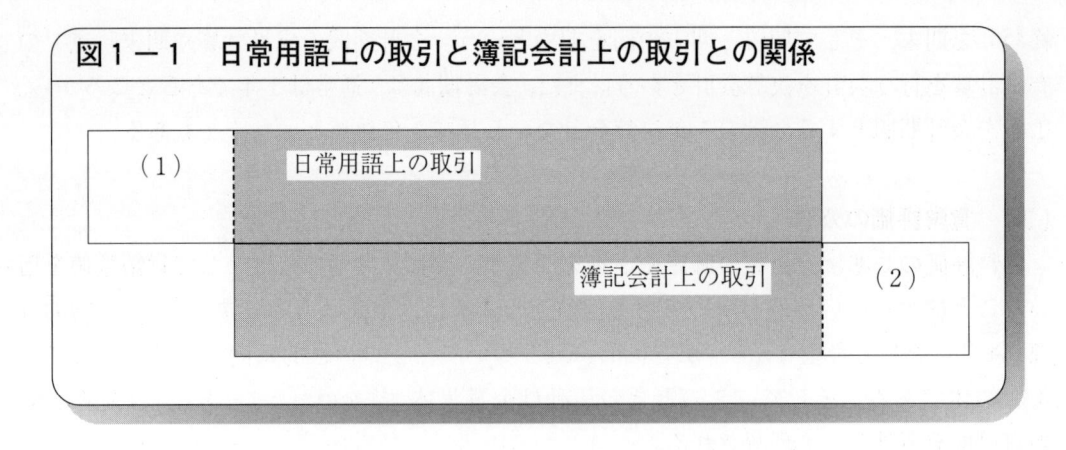

図1-1において，(1)の部分は日常用語では「取引」というが，簿記会計上では「取引」といわない領域である。例えば，近い将来に商品の購入（あるいは販売）を約束したというようなケースがこの領域に属する。約束をしただけでは，簿記会計上の取引とならず，したがって記録の対象にはならない。

反対に，(2)の部分は，簿記会計上の取引であるが，日常用語では，およそ「取引」とはいわない領域である。例えば，火災で，店が焼失してしまったとか，台風のため，商品が水浸しになってしまったというケースはこの領域に属する。

なお，図1-1の網掛け部分の領域は，日常用語の取引が簿記会計上の取引と重なっていることを表している。したがって，大部分は日常用語の取引は簿記会計上の取引と一致しているのである。

ここで問題になるのは，なぜ，(1)の領域は簿記会計上の取引とはならないで，(2)の領域は簿記会計上の取引になるのであろうか，取引とはいったいどういうものなのであろうか，ということである。

(2) 取引の意義

簿記会計の対象となる取引は，ひとくちでいえば，企業資本の増減である。先に，企業実体の公準を説明した際に，企業実体を資金のかたまり，すなわち資本（企業資本）と考えることによって，この公準は記録の対象になる経済事象の範囲を企業資本の増減に限定するものであるということを見てきた。したがって，図1-1の(1)の領域は約束をしただけでは，企業資本の増減はまだないという理由で記録の対象にならないのである。また，(2)の領域の火災や天災のため，店や商品が損害を被った場合には，企業資本の減少がすでに認められるので，記録の対象になるのである。それでは，企業資本というのは何であろうか。少し具体的に見ていくことにする。

(3) 企業資本の5つの要素

企業資本は，資産，負債，純資産(資本)，収益および費用からなっている。つまり企業

資本を構成するこれらの5つの要素のいずれかに増減が生じた時に，記録の対象すなわち取引となるのである。そこで企業資本を構成するこれら5つの素を明らかにしなければならない。残念ながら，ここで，それぞれの要素について厳密に定義することは不可能であるし，厳密に定義することが，ここでの目的ではないので，とりあえず，説明を先に進めるのに必要な限りでの定義をしておくことにする。ある事項について説明をする場合には，およそ，世の中に存在するその事項すべてに共通の性格を述べ，続いて，その事項の具体例を1つ1つあげていくというのが，その事項を理解するのに最もよい方法であると思われる。以下では，そのような方法に従って，5つの要素の説明をしていくことにしよう。

(4) 資　　産

まず，資産とは，積極財産ないしプラスの財産のことである。企業にとってのプラスということは，例えば，将来の現金収入に貢献するというような，その企業の目的を達成するのに何らかの役に立つことができる財産ということである。このような積極財産には，現金，土地，建物，機械装置，構築物，商品などの有形の財貨もあり，貸付金や売掛金のような無形の債権もある。なお，売掛金というのは商品を販売して，その代金を受け取っていないときの代金請求権である。

(5) 負　　債

負債とは，消極財産ないしマイナスの財産のことである。この場合のマイナスというのは，例えば，将来現金の支出など，何らかの犠牲を余儀なくされるというような，企業が負う義務を意味している。このような義務には，支払義務と給付義務とがある。このうち，支払義務とは，すでに財またはサービスの提供を受けていて，それに対して支払いをしなければならないという義務である。支払義務の具体例として，借入金，買掛金，未払金などがあげられる。ここで買掛金というのは，商品を仕入れてその代金が未払いであるときの支払義務である。他方，給付義務とは，すでに代金を受け取っていて，それに対する財またはサービスを提供しなければならないという義務である。給付義務の具体例としては，代金を先に受け取っているが，まだ商品を引き渡していないときに生ずる引渡義務を表す前受金，あるいは報酬をすでに受け取っているが，まだサービスを提供していないときに生ずる提供義務を表す前受収益などをあげることができる。

(6) 純 資 産

純資産は狭義の資本ともよばれ，正味財産のことである。次の算式が示すように，正味財産は積極財産すなわち資産の総額から消極財産すなわち負債の総額を引いた残りである。

$$積極財産 － 消極財産 ＝ 正味財産$$

この正味財産は次期の期首の元手を意味する。したがって，純資産は元手のことであると理解することもできる。具体的には，資本金，利益がこれに含まれる。

（7） 収益および費用

収益は，企業活動の結果であり，企業が自己増殖運動を繰り広げる時の成果分である。例えば，売上，受取利息，受取配当金などがこれに含まれる。

費用は，収益を獲得するために失われた経済的価値であり，企業活動の成果分を獲得（とくに簿記会計では「稼得」という）するための努力分である。例えば，売上原価（仕入），給料，支払家賃，旅費交通費，消耗品費などが費用の代表例である。ここで，消耗品費というのは事務用のボールペンや鉛筆，便箋などである。通常，1年以内に使い尽くされてしまうものである。

なお，後に見るように，収益から費用を控除した残りは利益である。念のため，このことを算式で示すと次のとおりである。

$$収 益 - 費 用 = 利 益$$

以上のように，諸要素に増減が生じたら，簿記上の取引となり，記録の対象となるのである。

6　勘定による計算

複式簿記では「勘定」という計算および記録の装置を用いて企業資本を対象にその自己増殖運動および有高を統一的に計算する。勘定は加算および減算を行い，加えて，簿記の備忘機能を果たすうえで最もすぐれた計算および記録のための装置である。

いま，次のような簡単な設例を用いて，勘定による計算を見てみることにしよう。

設　例　▶

当店の4月1日から30日までの現金の増減をともなう活動は，次の（1）から（5）に示すとおりである。4月30日現在の現金の有高を計算しなさい。

(1) 4月1日　　現金100万円を用意して営業を始めた。
(2) 4月5日　　商品40万円を現金で購入した。
(3) 4月10日　　家賃10万円を現金で支払った。
(4) 4月20日　　4月5日に購入した商品を80万円で現金販売した。

(5) 4月30日　　給料20万円を現金で支払った。

　これらの一連の活動について，いま，現金の出入りだけに注目してみると，このとき，現金の増減計算とその記録は，次のように行うことができる。

100万円(1)－40万円(2)－10万円(3)＋80万円(4)－20万円(5)＝110万円

　この記録・計算方法は，算式の各金額のうしろに付けたカッコ内の数字を見ればわかるように，活動が行われた日付順に記録することができるという利点がある。したがって，この記録・計算方法によると，そのときどきで，現金の有高を知ることができる。しかし，反面，加算や減算の計算が煩雑であり，とくに減算が多いときには計算を誤る危険性が大きくなるという欠陥がある。このような欠陥を排除するために次のような工夫が施される。

（100万円(1)＋80万円(4)）－（40万円(2)＋10万円(3)＋20万円(5)）＝110万円

　この記録・計算方法によれば，まず（1）と（4）を加算し，次に（2）と（3）と（5）を合計し，そしてそれぞれの合計額の差額を計算するという順序で現金の有高が測定される。この記録・計算方法では，有高を計算するために減算を最後にまとめて一度行えばよいので，確かに計算の煩雑さはなくなるが，しかし，この方法は算式における各金額のうしろに付けたカッコ内の数字を見ればわかるように，経済事象を発生順に記録できないという欠陥をもつ。

　そこで，第一の方法の利点（発生順に記録することが可能という利点）と第二の方法の利点（減算する回数を少なくすることによる計算の煩雑さの回避できるという利点）を活かし，それぞれの欠点を排除するために，次の図１－２のような勘定による計算方法が工夫された。

図１－２

	増加	現　金	減少	
（1）	100万円		（2）	40万円
（4）	80万円		（3）	10万円
			（5）	20万円
				110万円
	180万円			180万円

第1章　複式簿記の基礎

勘定を用いて、先ほどの設例に示された現金の増減について記録・計算してみると、まず、図1-2のようになる。まず、アルファベットのT字のかたちをした勘定とよばれる計算ないし記録の装置（場所）を用意し、この勘定の左側に増加を記録し、右側に減少を記録することをあらかじめ決めておく。このように現金の増減を記録する勘定を「現金勘定」という。その結果、一定期間の増加分の総計は左側をまとめることによって計算され、減少分もまた右側をまとめることによって計算される。差額を求めるときの減算は前述の第2の方法のときと同様に1度ですむ。考え方を変えると、次の図1-3が示すように左右どちらか少ない方に足らない分を加えることによって左右をバランスさせるという方法で求めているとみなすことができ、その意味で最後の差額の計算でさえも減算すべきところを加算するかたちに転換しているといえないこともない。

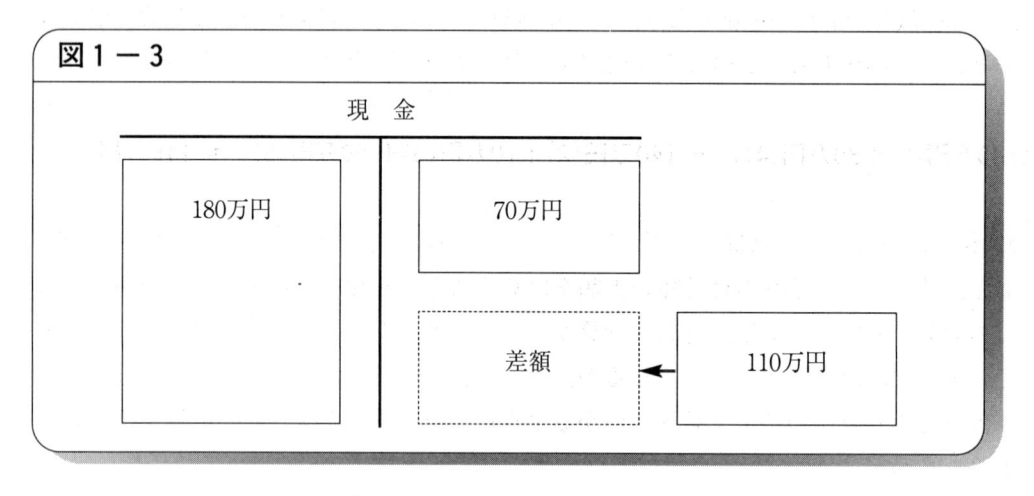

図1-3

現　金

180万円　　　　　70万円

　　　　　　　　差額　←　110万円

また、勘定による記録・計算方法では、現金の増減が生じたら、その都度、その時点で現金の有高が示されるという利点もある。図1-2では、(1)から(5)までの経済事象が生じた時点では、現金の有高は110万円であるということが表されているが、仮に、(1)から(3)までの経済事象を記録した時点で、現金勘定を見てみると、次の図1-4のように記録が残されている。

図1-4

現　金

(1)　100万円　　　(2)　40万円
　　　　　　　　　(3)　10万円

したがって、この時点での現金有高は50万円（100万円－40万円－10万円）であるということが直ちにわかる仕組みになっている。複式簿記では、こうした勘定を用いてすべての企業資本の増減計算がなされることになる。

ところで、勘定による記録・計算方法は、しばしば天秤に例えられる。天秤は少ない方

におもりを加えていって左右をバランスさせたときに，どれだけおもりを加えたかによって左右の差が把握できるという装置である。

　いま，600円の商品を販売して，代金の支払いとして1,000円札を受け取った場合には，おつりが必要になる。この場合のおつりの計算を行う1つの方法は，

$$1,000 － 600 ＝ 400$$

という算式で表せるような1,000円から600円を差し引いて400円のおつり（差額）を計算するという方法であるが，天秤の原理に従うと，

$$1,000 ＝ 600 ＋ 400$$

という算式で示されるように，600から出発して700，800，900，1,000と，100円硬貨を足していき，ちょうど1,000円になる時にバランスすると考え，それまでに足していった100円硬貨の合計枚数4枚（400円）をもって，おつり（差額）とするという計算方法がとられることになる。勘定による記録・計算は，この天秤の原理を利用したものであるとして，しばしば説明されるのである。

第2章

記録のルール

1　仕　　　訳

（1）　二面性の原則もしくは二重分類の原則

　第1章で述べたように，複式簿記においては取引を二面的に捉える。つまり1つの取引においてある一面からはこうであるが別の一面から見るとこうであると把握し，2つの側面それぞれを別々に記録することとなる。この際，複式簿記においては左側と右側という概念を用い，それぞれの側面を左側，右側と区別して記録を行うが，何を左側に記録し，何を右側に記録するかは，以下のように決められている。

図2－1

企業資本	左　側	右　側
資　産	増　加	減　少
負　債	減　少	増　加
純資産	減　少	増　加
収　益	マイナス	発　生
費　用	発　生	マイナス

　上記のルールを，様々な設例を用いて説明することも可能ではあるが，ここではとりあえず理屈ではなく，取り決めとしておきたい。つまりなぜ資産の増加は左側で，負債の増加は右側なのかについては考えないことにする。

　説明の都合上，前記の図2－1を下の図2－2に書き改めてみる。そして，それぞれの側面を左側，右側と区別して記録を行うことと考え合わせると，企業内に生じた経済事象すなわち取引は，左側に分類したグループのうちのどれに当たりかつ右側に分類したグループのどれに当たるものか，という2つの側面で分解できるようになる。このようなルールを二面性の原則もしくは二重分類の原則という。

図2－2

左　側	右　側
資産の増加	資産の減少
負債の減少	負債の増加
純資産の減少	純資産の増加
収益のマイナス	収益の発生
費用の発生	費用のマイナス

設例　2−1

次の文章の（　）内に入る言葉を記入しなさい。
（1）　資産の（　　　）は左側に記入する。
（2）　負債の増加は（　　　）に記入する。
（3）　純資産の（　　　）は右側に記入する。
（4）　収益の発生は（　　　）に記入する。
（5）　費用の発生は（　　　）に記入する。

解　答

（1）増　加　　（2）右　側　　（3）増　加　　（4）右　側　　（5）左　側

（2）貸借複記の原則

　これから，以下の設例の①から⑥までの一連の取引について，二面性の原則に基づいて考えてみよう。

設例　2−2

次の①から⑥までの一連の取引を二面性の原則に従って分類しなさい。
①　1月1日　現金¥100,000を用意して個人商店を設立した。
②　2月4日　銀行より現金¥50,000を借り入れた。
③　3月2日　事務用机を現金¥40,000で購入した。
④　4月5日　商品¥20,000を仕入れ，代金のうち¥10,000は現金で支払い，残額は掛（商品の代金を後日支払う，もしくは受け取ること）とした。
⑤　5月7日　商品を¥30,000で売り上げ，代金のうち¥20,000は現金で受け取り，残額は掛とした。
⑥　6月9日　④の取引で掛とした代金を現金で支払った。

解 答

日付	左　側	右　側
1／1	現金という資産が増加	会社の純資産が増加
2／4	現金という資産が増加	銀行借り入れという負債が増加
3／2	机という資産が増加	現金という資産が減少
4／5	仕入れという費用が発生	現金という資産が減少 掛支払いという負債が増加
5／7	現金という資産が増加 掛受け取りという資産が増加	売り上げという収益が発生
6／9	掛支払いという負債が減少	現金という資産が減少

　①の現金¥100,000を用意して会社を設立したという取引は，企業実体の公準によって，企業の観点からこの事象をとらえなければならない。つまり，今まで何も持っていなかった企業に現金が入ってくるので，左側は現金という資産の増加となる。第1章で説明した定義に従って，現金は資産であり，前記の図2－2によって，資産の増加は左側に記録すると取り決めておいたからである。他方，右側は会社の純資産（資本）の増加となる。会社にとってこの¥100,000は活動するための元手であるから，同じく第1章の定義によって純資産（資本）とみなされるからである。

　②の銀行より現金¥50,000を借り入れたという取引によって，会社は現金を得るので，左側は現金という資産の増加となる。また銀行から現金を借り入れることによって，銀行に将来借り入れた現金を返済する義務が発生するため，右側は銀行借り入れという負債の増加となる。

　③の事務用机を¥40,000で購入したという取引により，会社は業務を執り行うのに役立つ事務机を得る。よって左側は机という資産の増加ととらえることができる。その対価として現金が減少したので，右側は現金という資産の減少である。

　④の商品¥20,000を仕入れ，代金のうち¥10,000は現金で支払い，残額は掛としたという取引では，企業が将来その売り上げという収益を得るために商品を仕入れたのであるから，左側は仕入れという費用の発生となる。そして右側は，仕入れのために現金を支払ったのであるから現金という資産の減少，および掛の分については将来に代金を支払う義務を有するから掛支払いという負債の増加である。

　⑤の商品を¥30,000で売り上げ，代金のうち¥20,000は現金で受け取り，残額は掛としたという取引において，商品を売り上げた結果，現金および将来代金を受け取る権利である掛受け取りを得たので左側は現金という資産の増加および掛受け取りという資産の増加である。また商品の売り上げによって得た左側の資産は会社が販売活動を行った結果として得た成果であるから，右側は売り上げという収益の発生とみなすことができる。

⑥の，④の取引で掛とした代金を現金で支払ったという取引においては，掛代金を支払ったため，それまで有していた義務を履行したことになる。よってその義務は消滅するため，左側では掛支払いという負債が減少することになる。そしてその義務を果たすために現金を支払ったのであるから，当然右側は現金という資産の減少である。

このように，複式簿記においては取引を二面的に把握する。その二面をこれまでは簡易に左側，右側と説明をしてきたが，複式簿記においてこの二面を正式には左側を「借方」，右側を「貸方」という。なぜ左側を「借方」といい，なぜ右側を「貸方」ということは歴史的には理由があるといわれているが，今はとにかく，左側を「借方」といい右側を「貸方」ということも，すでに定められている取り決めであると理解しておこう。この取り決めを前提として取引の二面的分解をパターン化すると，以下の図2－3のようになる。この図において借方要素，貸方要素との間に引かれている線であるが，実線で結ばれているのは良くみられる借方と貸方の結合関係であり，点線は比較的まれな結合関係であることを示す。

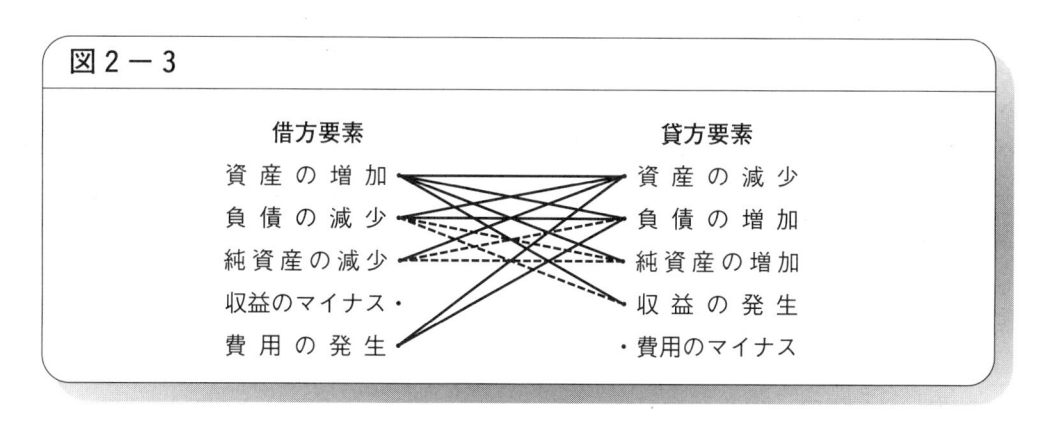

図2－3

借方要素	貸方要素
資産の増加	資産の減少
負債の減少	負債の増加
純資産の減少	純資産の増加
収益のマイナス・	収益の発生
費用の発生	・費用のマイナス

（3）貸借平均の原則

続いて，設例2－1を再び用いて，それぞれの取引において資産，負債，純資産がどれぐらい増減したか，収益，費用がどれぐらい発生もしくはマイナスとなったか，について考えてみよう。第1章で述べたように，複式簿記においては全て貨幣評価の公準が適用される。つまり複式簿記においては，いくらというのは全て貨幣数値によって把握されることになる。その結果は以下のとおりである。

日付	借　方	金額	貸　方	金額
1／1	現金という資産が増加	100,000	会社の純資産が増加	100,000
2／4	現金という資産が増加	50,000	銀行借り入れという負債が増加	50,000
3／2	机という資産が増加	40,000	現金という資産が減少	40,000
4／5	仕入れという費用が発生	20,000	現金という資産が減少 掛支払いという負債が増加	10,000 10,000
5／7	現金という資産が増加 掛受け取りという資産が増加	20,000 10,000	売り上げという収益が発生	30,000
6／9	掛支払いという負債が減少	10,000	現金という資産が減少	10,000

　上記の取引における貨幣数値を用いて増減または発生・マイナスを二面的に把握した場合，借方と貸方の金額が一致していることに注目して欲しい。これはひとつの取引を借方と貸方の2つの側面からながめているための必然的な結果である。ただし，取引④では借方の仕入れという費用の発生額¥20,000と現金という資産の減少額¥10,000とは一致していない。同様に借方の仕入れという費用の発生額¥20,000と掛支払いという負債の増加額¥10,000とも一致していない。しかし，仕訳を全体としてながめてみると，貸借の合計金額は¥20,000で一致している。同様に取引⑤でも全体をながめてみると，貸借の合計金額は¥30,000で一致している。このように，個々の勘定科目の金額は一致していなくても取引全体では貸借が一致している場合もある。

　貸借の金額が一致するというこのような原理を，貸借平均の原則という。この貸借平均の原則が複式簿記においては大変重要なはたらきをもつ。

（4）勘定科目の使用

　上記の設例2－1，例えば①において「借方」，「貸方」の表現を用いてその増減等を（3）でやったように貨幣数値で把握するならば，以下のように表現されよう。

①（借方）現金という資産が増加　¥100,000　　（貸方）会社の純資産が増加　¥100,000

と表現されることになる。

　ところで第1章で，複式簿記では計算および記録のために「勘定」という装置を用いると述べた。勘定とは，取引を記録・計算する際の単位あるいは場のことである。例えば第1章では現金の増減に関して現金勘定を例に示して説明を行った。

　つまり現金勘定とは，現金の増減に関する取引を記録し計算する場である。そして勘定の上部に付した名称を勘定科目という。このような勘定科目の種類や数は企業の規模や業種により異なるため一概にいえないが，勘定科目を設定する際には内容を明瞭に表示するものであり，他の勘定科目と紛らわしくなく，一度決めたらみだりに変更しない，などの

配慮が必要である。

それでは（2）の設例について，これまで，借方，貸方要素に配慮した二面的および貨幣数量を用いた把握を行ってきたが，今回は「○○という資産」の部分をそれぞれ適切な勘定科目に置き換えてみよう。その結果は以下のとおりである。

日付	借方	金額	貸方	金額
1／1	現　金	100,000	資本金	100,000
2／4	現　金	50,000	借入金	50,000
3／2	備　品	40,000	現　金	40,000
4／5	仕　入	20,000	現　金	10,000
			買掛金	10,000
5／7	現　金	20,000	売　上	30,000
	売掛金	10,000		
6／9	買掛金	10,000	現　金	10,000

例えば①は，「借方，現金，10万円，貸方，資本金，10万円」と読むが，この勘定科目を用いた，貸借平均した貨幣数値による，借方・貸方の二面的把握を行ったものが，複式簿記における取引の記録の方法であり，仕訳と呼ばれる。

なお，仕訳は正式には仕訳帳という帳簿に記入される。仕訳帳の標準的な様式のひとつを示すと次のとおりである。

仕　訳　帳　　　　　　　　　　1

平成○年		摘　要	元丁	借　方	貸　方
1	1	（現　金）	1	100,000	
		（資本金）	26		100,000
		現金を元入れ			

仕訳帳の「元帳」欄は，総勘定元帳の中の何番の勘定へ転記したかということを示す欄であり，後述する転記の作業の際に，転記先の各勘定の口座番号（各勘定口座の右上の数字）を記入する。仕訳は正式には上のような様式の帳簿の所定の欄に記帳することによってなされるのであるが，テキストやノートでは以下のような様々な省略形が用いられる。

1／1　（借方）（現　　　金）　100,000　　（貸方）（資　本　金）　100,000

1／1　（借）　現　　　金　100,000　／　（貸）　資　本　金　100,000

第2章　記録のルール　21

1/1　（借）現　　金　100,000　　　（貸）資　本　金　100,000

1/1　　　　現　　金　100,000　　／　　　資　本　金　100,000

2　転　　記

　取引の仕訳が終わると，複式簿記の一連の手続として，次に行わなければならないのは「転記」とよばれる作業である。取引は仕訳されて仕訳帳に発生順に記録されるが，その仕訳において２つの側面に分類された借方および貸方の勘定科目をそれぞれ同一の勘定科目ごとに集計する作業が転記である。使用する全ての勘定が収められている帳簿を総勘定元帳という。そこで，仕訳帳から総勘定元帳の中のそれぞれの勘定に写しかえることを転記というのである。いま，設例の①の取引の仕訳の転記について考えてみよう。

〈仕訳帳〉

```
        1/1　（借）現　金　100,000　　　（貸）資本金　100,000


              現　　金                        資　本　金


        1/1　資本金　100,000              1/1　現　金　100,000
```

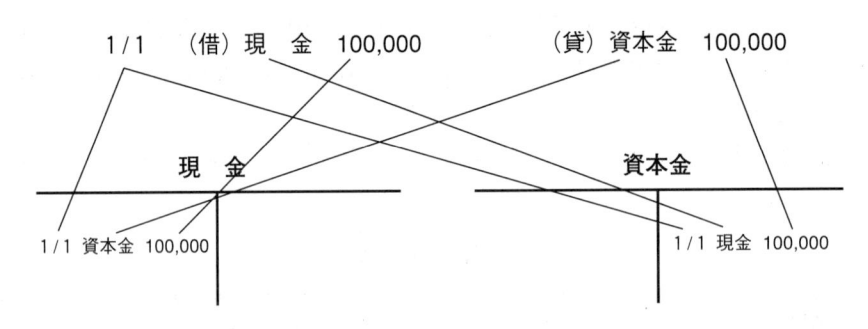

　借方に仕訳されたものは総勘定元帳の当該勘定の借方に，貸方に仕訳されたものは当該勘定の貸方に，日付，相手勘定（貸借反対側の勘定科目のこと）および金額とともに転記される。なお，相手勘定科目が複数ある場合には，「諸口」と記入する。

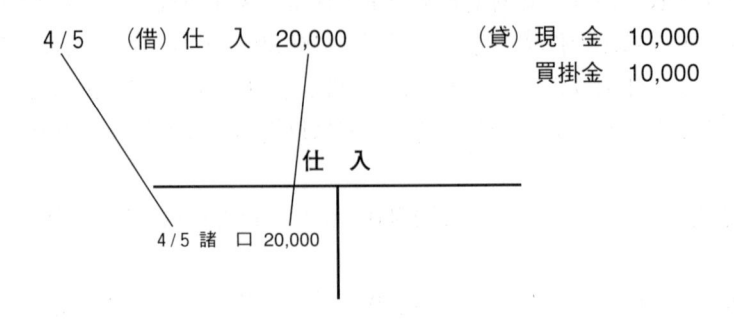

〈仕訳帳〉

```
        4/5　（借）仕　入　20,000　　（貸）現　金　10,000
                                         買掛金　10,000


                         仕　入


              4/5　諸　口　20,000
```

仕訳帳と同様に，総勘定元帳の各勘定について標準様式のひとつを示すと，以下のとおりである。

総 勘 定 元 帳

現　　金　　　　　　　　　　　　　　　　　　　1

平成○年		摘　要	仕丁	借　方	平成○年		摘　要	仕丁	貸　方
1	1	資本金	1	100,000					

資　本　金　　　　　　　　　　　　　　　　　　26

平成○年		摘　要	仕丁	借　方	平成○年		摘　要	仕丁	貸　方
					1	1	現　金	1	100,000

仕　　入　　　　　　　　　　　　　　　　　　　40

平成○年		摘　要	仕丁	借　方	平成○年		摘　要	仕丁	貸　方
4	5	諸　口	1	20,000					

元帳の「仕丁」欄には，仕訳帳の何ページから転記されてきたかを示すため，その仕訳が記入されている仕訳帳のページ数を記入する。前述した仕訳帳の「元丁」欄と「仕丁」欄への記入を正確にすることにより，転記もれや二重転記を防ぐことができ，また，相互に参照することができるようになる。

練 習 問 題

練習問題2−1
比叡運送店の5月中の取引を仕訳し，総勘定元帳の各勘定に転記しなさい。

5月1日　現金¥300,000，備品¥400,000を元手に運送店を開業した。
　4日　運送用トラック¥350,000を購入し，代金のうち¥250,000は現金で支払い，残額は後日支払うこととした（未払金勘定）。
　8日　ガソリン代¥20,000を現金で支払った。
　11日　取引先に商品を搬送し，運賃¥50,000を現金で受け取った（受取運賃勘定）。
　15日　新聞に広告を掲載し，広告料¥3,000を現金で支払った。
　18日　取引銀行より現金¥300,000を借り入れた。
　23日　取引先に商品を搬送し，運賃¥40,000のうち，¥30,000は現金で受け取り，残額は掛とした。
　25日　従業員の給料¥20,000，家賃¥8,000，通信費¥7,000を現金で支払った。
　28日　取引先から運賃未収金の一部¥6,000を現金で回収した。
　31日　借入金¥300,000のうち，¥50,000を利息¥2,000とともに現金で返済した。

練習問題2−2
以下の仕訳帳に記入されている取引を標準様式の総勘定元帳の該当する勘定に転記しなさい。

仕　訳　帳　　1

平成〇年		摘　　要	元丁	借　方	貸　方
6	4	（現　　金）	1	250,000	
		（借　入　金）	6		250,000
	6	（仕　　入）	10	120,000	
		（現　　金）	1		120,000
	10	諸　　口			
		（現　　金）	1	100,000	
		（売　掛　金）	3	50,000	
		（売　　上）	8		150,000
	13	（支払手数料）	14	30,000	
		（現　　金）	1		30,000
	16	（現　　金）	1	40,000	
		（売　掛　金）	3		40,000
	25	（給　　料）	12	20,000	
		（現　　金）	1		20,000

（注）小書は省略

第3章

試算表の作成と利益計算

1　試算表の意義　—試算表の作成プロセスから—

　企業会計は，勘定を辿ることで，企業の経済活動の全体を描写するものであるが，このような企業の経済活動の全体描写という側面を最もよく表現しているものが，本章で取り上げる試算表である。ここではまず，試算表の作成プロセスを辿りながら，その本質に接近してみよう。

　まず，複式簿記機構は，＜図3－1＞に示されるようなプロセスで企業の経済活動を切り取っていくものである。

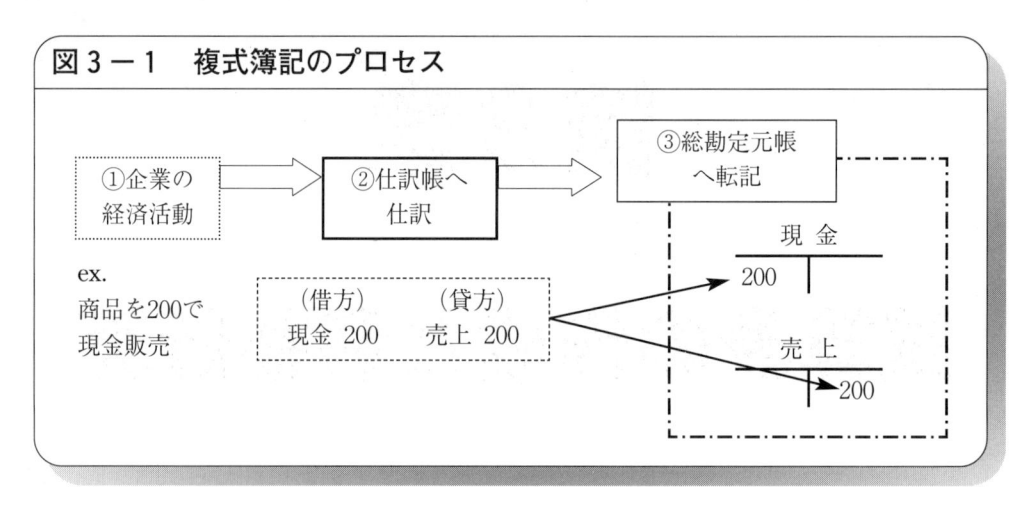

図3－1　複式簿記のプロセス

①企業の経済活動 → ②仕訳帳へ仕訳 → ③総勘定元帳へ転記

ex.
商品を200で現金販売

（借方）　　　（貸方）
現金 200　　売上 200

現　金　200
売　上　200

　＜図3－1＞からも分かるとおり，①企業の経済活動は，②仕訳により2つの側面から切り取られ，そして③総勘定元帳へと集計されていく。そして企業の経済活動がなされるごとに，このプロセスが繰り返されていく。

　このように，企業の経済活動は，複式簿記機構によって仕訳（つまり勘定）を通じて総勘定元帳へと順次集計されていくのであるが，もし仮に，ある時点で，当該時点までの企業の経済活動の全体を把握したいと考えた場合は，一体何を参考にすればよいだろうか。ここで，この点については，企業の経済活動が，2つの側面から切り取られ全て総勘定元帳に集計されているということを鑑みれば，総勘定元帳における各勘定の金額を全て集計すればよいということになろう。そして，この「総勘定元帳における各勘定を全て集計」した表こそが，試算表である。つまり試算表とは，企業の経済活動の全体を把握するために，各勘定の合計額や残高を全て集めた一覧表をいう（＜図3－2＞）。

図3－2　試算表の作成プロセス

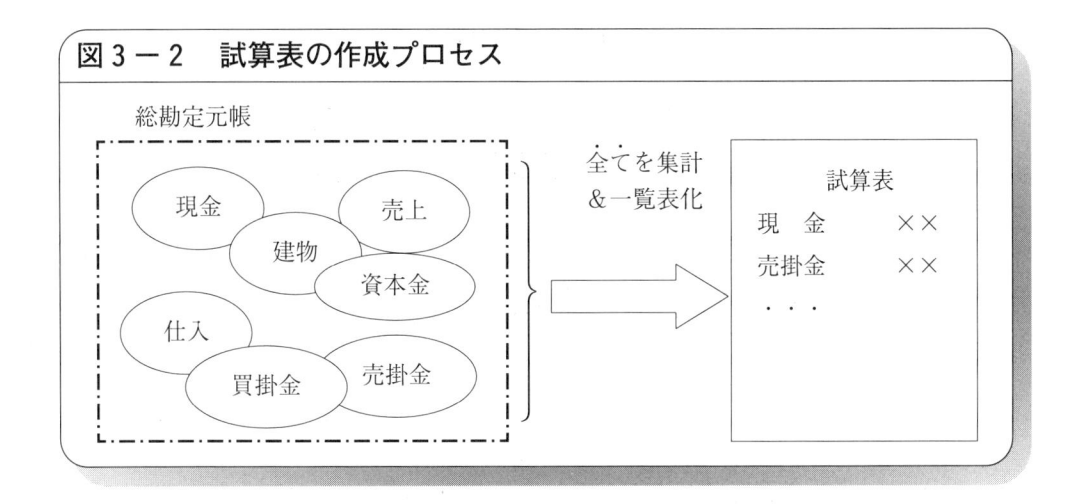

総勘定元帳：現金、売上、建物、資本金、仕入、買掛金、売掛金
　→（全てを集計＆一覧表化）→
試算表
　現　金　　××
　売掛金　　××
　・・・

2　試算表の3つのタイプ

　試算表には3つのタイプがある。そしてこの3つのタイプは、総勘定元帳の各勘定における「合計」と「残高」の意味に依存する。そこでまず、この「合計」と「残高」の意味を確認しよう（＜図3－3＞）。

図3－3　「合計」と「残高」の意味

現　金

借方	貸方
4/1　資本金　10,000	5/12　仕　入　3,000
6/10　借入金　5,000	残高 22,000
10/1　売　上　10,000	

借方合計 25,000　　貸方合計 3,000

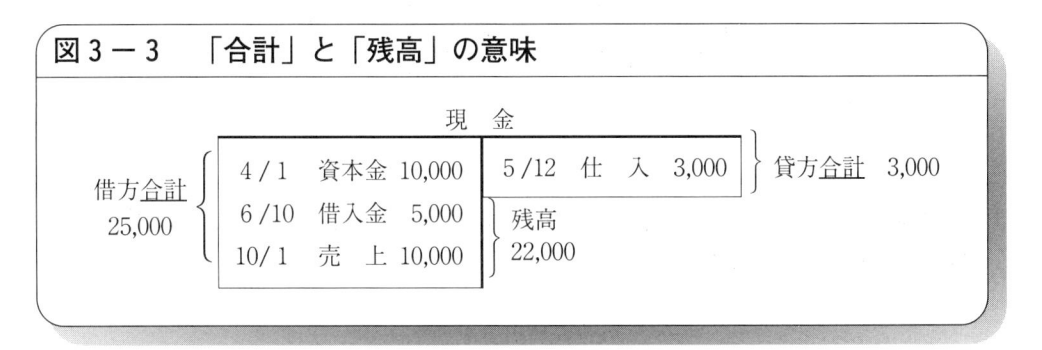

　＜図3－3＞に示されるとおり、まず「合計」とは、その時点における、各勘定の借方または貸方のそれぞれの合計金額をいう。＜図3－3＞でいえば、借方「合計」は25,000，他方、貸方「合計」は3,000ということになる。また「残高」とは、その時点における借方合計と貸方合計との差額をいう。＜図3－3＞でいえば、現金勘定の「残高」は、借方合計の25,000と貸方合計3,000との差額で22,000ということになる。

　これらのことを念頭においた上で、試算表の3つのタイプを考えてみよう。

　まず第1のタイプは「合計試算表」と呼ばれるものである。これは、各勘定の借方および貸方の「合計」を全て集計した一覧表である。

合計試算表（原型）

勘定項目	借　方	貸　方
現　金	25,000	3,000
売掛金	10,000	4,000
・・・		
買掛金	3,000	7,000
・・・		

そして一般的には，借方合計と貸方合計とを（勘定項目を間にして）左右に分けて表示する。

合計試算表（一般的な形）

借　方	勘定項目	貸　方
25,000	現　金	3,000
10,000	売掛金	4,000
	・・・	
3,000	買掛金	7,000
	・・・	

また第2のタイプは，「残高試算表」と呼ばれるものである。これは，各勘定の「残高」を全て集計した一覧表である。

残高試算表（原型）

勘定項目	残　高
現　金	22,000
売掛金	6,000
・・・	
買掛金	(4,000)
・・・	

そして,「残高」には,現金等のように借方残高となるものと,買掛金等のように貸方残高となるものとがあるため,一般的には,これらを(勘定項目を間として)左右に分けて表示する。

残高試算表(一般的な形)

借　　方	勘定項目	貸　　方
22,000	現　　金	
6,000	売　掛　金	
	・・・	
	買　掛　金	4,000
	・・・	

最後に第3のタイプは,「合計残高試算表」と呼ばれるものである。これは各勘定の借方および貸方の「合計」だけでなく「残高」をも全て集計した一覧表である。つまり,先の「合計試算表」と「残高試算表」とを統合したものと考えてよい。

合計残高試算表(原型)

勘定項目	借　　方	貸　　方	残　　高
現　　金	25,000	3,000	22,000
売　掛　金	10,000	4,000	6,000
・・・			
買　掛　金	3,000	7,000	(4,000)
・・・			

また,これも,各勘定によって,「残高」が借方残高になるものと,貸方残高になるものとがあることを鑑みて,一般的には,「合計」欄および「残高」欄どちらとも(勘定項目を間として)左右に分けて表示する。

合計残高試算表（一般的な形）

残　　高	借　　方	勘定項目	貸　　方	残　　高
22,000	25,000	現　金	3,000	
6,000	10,000	売掛金	4,000	
		・・・		
	3,000	買掛金	7,000	4,000
		・・・		

3　残高試算表における借方と貸方の意味

　ここでは試算表のうち，特に残高試算表に着目して，その借方項目（資産や費用）と貸方項目（負債，資本ないし純資産（資本），収益）の意味について検討してみよう。すなわち，先に述べたとおり，試算表とは，企業の経済活動の全体を把握するために，各勘定の合計額や残高を全て集めた一覧表をいうが，試算表に表現されている企業の経済活動の全体とは，一体どのようなものなのだろうか。

　端的にいえば，そこで表現されている企業の経済活動とは，企業資本の調達と運用の一連のプロセスであると言える。すなわち，まず一方，残高試算表の貸方側は，企業資本の調達源泉と解される。すなわち，企業が一体どこからどのような形態で，またいくら企業資本を調達してきたのか，その源泉を示す。また他方，残高試算表の借方側は企業資本の運用形態と解される。すなわち，調達してきた企業資本を，一体どこで，どのような形態で，またいくら運用しているのかを示す（＜図3－4＞）。

図3－4　残高試算表の借方項目と貸方項目

残高試算表

【借方項目】 企業資本の 運用形態	【貸方項目】 企業資本の 調達源泉

　なお，ここでのポイントは，収益や費用といった損益計算書項目も，資産，負債，資本ないし純資産（資本）などの貸借対照表項目と同様に位置付けられているという点である。すなわち，まず一方，売上原価や減価償却費等の費用項目は，企業資本の運用プロセスにおいて行使・費消されたものとして，他の資産項目同様，運用形態の一構成要素とされる。

また他方，企業の経済活動（具体的には借方における資本運用活動）から生じた売上等の収益は，企業資本の自己増殖をもたらす（例えば，500の商品売上があれば，500だけ企業資本の自己増殖があったことになる）が，この収益は，それに見合う費用項目が差し引かれ（例えば売上原価を200とすると，売上500－売上原価200＝売上総利益300），更に配当等の社外流出分が差し引かれた上で（例えば配当等を100とすると，売上総利益300－配当等100＝200），その残部（200部分）が，次期以降の資本運用に回すことのできる新たな資本調達として企業内に留保される（例えば，残部200は，その分だけ（当初の払込資本にプラスして）次期に追加的に利用できる調達源泉たる留保利益となる）。このため，他の負債・資本項目等と同様，調達源泉の一構成要素として位置付けられる。

（1）借方側の細分類

　ここでは更に，残高試算表借方側の企業資本の運用形態をヨリ詳細に分析してみよう。ここでのポイントは，企業資本の運動，つまり，企業の経済活動が，一体どういう素性のものなのか，という点である。すなわち，残高試算表の借方側は，企業の経済活動の態様や，利潤創出活動の質的態様により，いくつかのカテゴリーへと分類される。

　すなわち，残高試算表借方の企業資本の運用形態は，まず，①当該経済活動（企業資本運動）が，そもそもそれ自体利潤を産む活動か否かという視点により，一方，利潤を産む活動に供している企業資本運動（行使されている企業資本ということで「行使分」と呼ばれる）と，他方，それ自体利潤を産まない活動（待機状態にある企業資本ということで「待機分」と呼ばれる）とに，それぞれ分類される。後者としては，具体的には，現金（および，すぐさま現金化できる預金等）のように，これから利潤獲得活動に入ろうとしている，もしくは一度企業資本の循環プロセスを終え，新たな資本循環プロセスに入ろうとしている（現在直接的に運用活動には入っていないが，これから運用活動に入ろうとして待機状態であるという意味で，間接的に運用活動を支えている）企業資本がこれに該当する。また，前者は，企業資本の自己増殖活動（利潤獲得活動）にまさに直接的に貢献している項目で，具体的には，現金等以外の資産項目や，費用項目がこれに該当する。

　そして更に，利潤獲得のため行使されている企業資本たる行使分は，②その利潤獲得活動の主体が誰なのかにより，一方，自企業の価値生産により利潤を産む企業資本と，他企業ないし市場への資本貸与により利潤を産む企業資本とに，更に細分化されていく。前者の具体例としては，例えば，棚卸資産や設備資産等，まさに自企業の価値生産プロセスの中にある資産（自己の価値生産プロセスに充用されているという意味で「充用分」資産と呼ばれる）や，そのプロセスで費消される費用項目（「費消分」と呼ばれる）がこれに該当する。また他方，後者の具体例としては，例えば，金融資産等（他企業や市場に資本を派遣するという意味で「派遣分」資産と呼ばれる）がこれに該当する。ここまでの流れを図示すると，＜図3－5＞のようになる。

図3-5 残高試算表における借方側の細分類

① それ自体利潤を産む活動か否か

利潤を産まない活動（待機分）→現金

② 利潤産出方法と利潤の性質

利潤を産む活動（行使分）
→現金以外の資産，費用
- 価値生産による利潤を産む活動（充用分）→棚卸資産，設備資産
  （費消分）→費用項目等
- 資本貸与による利潤を産む活動（派遣分）→金融資産等

このように，残高試算表の借方側は，企業の経済活動（企業資本運動）の質的相違により，いくつかのカテゴリーに細分化されることとなる。

（2）貸方側の細分類

次に，残高試算表貸方側の企業資本の調達源泉をヨリ詳細に分析してみよう。ここでのポイントも，先の借方側同様，企業資本の運動，つまり，企業の経済活動が，一体どういう素性のものなのか，という点である。すなわち，残高試算表の貸方側は，企業の経済活動の質的態様により，いくつかのカテゴリーへと分類される。

まず第1は，外部金融にあたる部分である。すなわち，企業資本の運動は，企業の利潤獲得活動の出発点たる資本流入（資本入手）をもってはじまるが，企業資本入手の最もプリミティブな形態は，株主や債権者からの資本調達，つまり資本の元入れないし借入である（そしてこれらの企業資本は，算段された企業資本という意味で，「算段分」と呼ばれる）。具体的には，払込資本，および借入金等の負債がこれに該当するが，これらが貸方側にまず記載される。

そして第2は，内部金融にあたる部分である。すなわち，利潤獲得活動が首尾よく進み，業績が順調に推移する限りは，売上等の収益や，それから費用等を差し引いた留保利益等，当初の払込資本にプラスして今期ないし次期以降に追加的に利用できる企業資本が創出されてくる（これらは，自己増殖的・自己培養的な資本調達という意味で，「培養分」と呼ばれる）が，これらは，貸方側に記載されることとなる。

図3-6 残高試算表における貸方側の細分類

企業資本の調達源泉
- 算段分（外部金融）→払込資本および負債
- 培養分（内部金融）→収益，留保利益

4　残高試算表の分解

次に，残高試算表の中にある各構成要素を更に分解して考えてみよう。

3で検討したように，残高試算表の各構成要素は，大きくは借方項目（＝運用形態）と貸方項目（＝調達源泉）とに分かれるが，それぞれを貸借対照表項目（資産，負債，資本ないし純資産（資本））と損益計算書項目（収益，費用）とに分けてみると，残高試算表は，実は，在高計算（在高表示）機能を担う貸借対照表と，損益計算機能を担う損益計算書とに分解できることが理解できる（＜図3－7＞）。

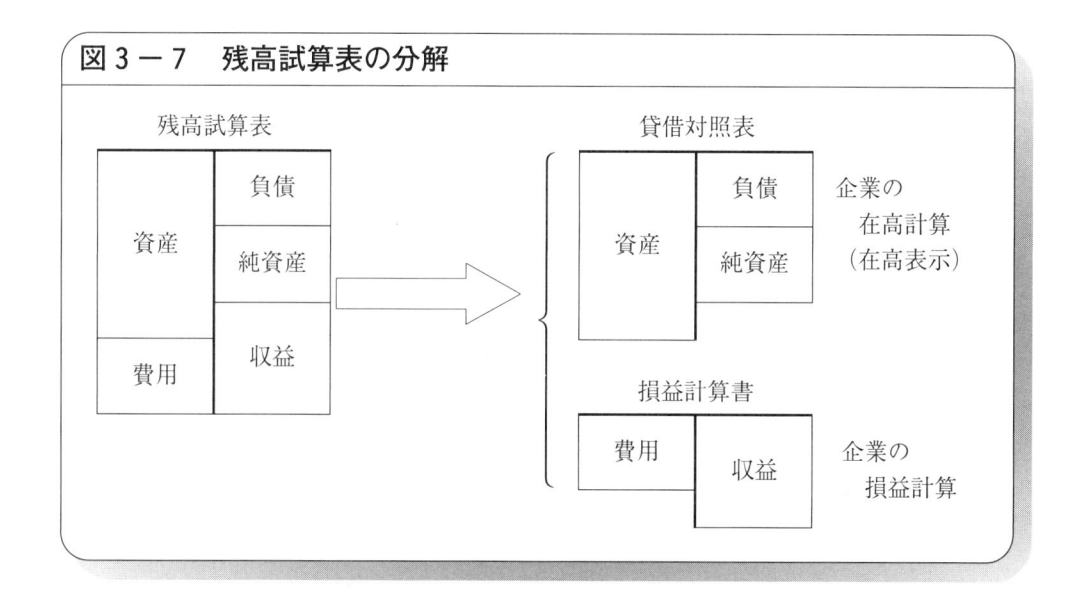

図3－7　残高試算表の分解

なお（もし仮に，貸借対照表も損益計算機能を有し，かつ，2時点の貸借対照表のストック差額による利益計算を「財産法」と呼ぶものとする，という前提をおくのであれば），上記の分解は，貸借対照表による「財産法」で算定された利益と，損益計算書における損益法で算定された利益とが一致するということを示している。すなわち，まず残高試算表の貸借は（記帳ミスがない限り）常に一致するが，そのような性質を有する残高試算表を，貸借対照表と損益計算書とに2つに分解するということは，分解したときに，それぞれの計算書で生じる貸借不一致差額は，同一の金額になるはずである。そして，この「それぞれの計算書で生じる貸借不一致差額」こそが，まず一方，貸借対照表でいえば，「財産法」による利益に，他方，損益計算書でいえば，損益法による利益に，それぞれ該当する。よって，両方法で算定された利益は，（残高試算表の貸借が一致する限りは）必ず一致することになる。

5 試算表が果たす機能

　これまでみたように，試算表は，企業の経済活動の全体を，企業資本の調達と運用というバランスの中で表現するものであるが，最後に，この試算表が果たす機能について検討してみよう。

　一般的には，試算表は，複式簿記の一連の手続においてミスがないか否かの検証機能を有しているとされる。すなわち，試算表は，貸借の合計が一致するかどうかで，転記ミスがないかをチェックすることが可能であり，この点，試算表は，決算期末にこのようなミスがないかチェックする検証機能を有するとされている。確かに，そういった面での貢献がない訳ではないが，しかしながら，この検証機能は完全なものではない。例えば，仕訳帳から，総勘定元帳に転記する際，貸借両方に同じ金額だけ誤った転記をしてしまったとすると（すなわち，貸借同じミスをしてしまったとすると），この場合は，貸借同額だけ余計に膨らんでしまっている（もしくは同額だけ少なくなってしまっている）ため，その転記ミスを試算表によって検証することは不可能である。このように考えるならば，試算表のこのような役割が，過度に全面に出されてしまい，試算表が決算整理のミスチェックのためだけに作成されているかのように捉えられてしまうことは，あまり望ましいことではないように思われるし，また，試算表の本質的な機能は，もっと別のところにあると考えた方がよいように思われる。

　それでは，試算表のヨリ本質的な機能は，一体どこにあるのだろうか。この点に関しては，1で確認した試算表の定義が重要となる。すなわち，試算表とは，企業の経済活動の全体を把握するために，総勘定元帳における各勘定の合計額や残高を全て集めた一覧表をいうが，この企業の経済活動の全体を把握という点にこそ，試算表の本質的な機能があるといえる。すなわち，これまで述べてきたとおり，試算表は，その時点までの総勘定元帳の全てを集計し一覧表化したものであるから，試算表を作成し，かつ分析することで，企業の経済活動の全体を，調達と運用という企業資本の循環プロセスのバランスの中で把握することが可能となるのである。会計情報の中で，このような全体像を一覧できるものは他にないし，また会計情報以外の情報の中でも，このような「企業の経済活動の全体を把握し得るという機能」を有するものは，他にないものと思われる。

　つまり，ここで決定的に重要な点は，試算表は，単に決算整理のためだけに作られるものではない，ということである。すなわち，試算表が有する「企業の経済活動の全体を把握し得るという機能」を鑑みれば，これを期中においても作成する意味は十分にあるといえるし，また，経済環境が激変する現代のビジネスシーンにおいて企業の経済活動を随時把握していくことが重要視されている昨今では，これをむしろ積極的に期中で作成していくことは極めて重要であるといえる。

第4章

現金預金に関する取引

1　現金の範囲

　まず最初に，簿記上，現金として取り扱われるものとしては，一体どのようなものがあるのか，ということについて考えてみよう。結論的にいえば，簿記上の「現金」勘定には，①一般にいうところの現金である通貨（紙幣，硬貨）のほか，②通貨代用証券（他人振出小切手，郵便為替証書，期限の到来した公社債の利札，株式配当金領収証等）と呼ばれるものも含まれる。これを図示すると，＜図4－1＞のようになる。

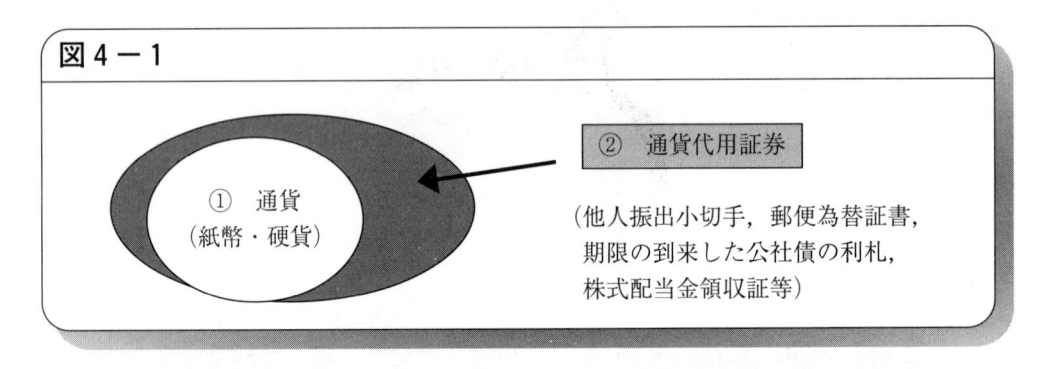

図4－1

① 通貨（紙幣・硬貨）

② 通貨代用証券
（他人振出小切手，郵便為替証書，期限の到来した公社債の利札，株式配当金領収証等）

　企業は様々な経済活動を行う中で，一般にいうところの現金である通貨（紙幣，硬貨）のほか，リスクを負うことなく，かつ即座に，こういった紙幣や硬貨に交換できるもの（「通貨代用証券」と呼ばれる）を授受することがある。具体例として，ここでは他人振出小切手と，郵便為替証書を取り上げて考えてみよう。

　まず，他人振出小切手について。企業は，売上債権の回収等代金決済に際して，しばしば得意先から，当該得意先が振り出した小切手を受け取ることがある。すなわち，企業の実際の商取引は，1回当たりの取引額が大きい場合がほとんどで，かつ，そういった取引が頻繁になされている。そしてこのように，多くの，かつ多額に及ぶ商取引の全てについて，紙幣・硬貨だけを用いて決済を行おうとすると，決済が煩雑になったり（一々多額の紙幣・硬貨を準備しなければならないし，また，そういった取引が頻繁にあるとなると事務的にも大変面倒），また，盗難や紛失等の危険もあったりして，何かと不便が多い。そこで，利便性および安全性を高める観点から，企業は商取引において，紙幣や硬貨の代わりに，小切手というものを振出して決済を行うことがある。そして，これを受け取った企業は，この得意先等相手企業が振出した小切手を，銀行にもっていくことで，何らのリスクを負うことなく，即座に通貨（紙幣・硬貨）を受け取ることができる（換金することができる）のである（なお，この際，相手企業の当座預金口座からは，その分の金額の引き落としがなされることとなるのだが，このような小切手の詳細な仕組みについては3で後述する）。

　また，郵便為替証書について。企業は，売上代金決済等に際して，まれに得意先から郵便為替証書を受け取ることがある。この郵便為替証書は，郵便局が発行している証券であり，これを郵便局の窓口にもっていけば，企業は，何らのリスクを負うことなく記載金額

を通貨（紙幣・硬貨）で受け取ることができる（換金することができる）のである（逆にいえば，得意先は，この証書を入手するために，記載金額を郵便局で支払う必要がある）。

このように，他人振出小切手や郵便為替証書などは，リスクを負うことなく，かつ即座に，通貨たる紙幣・硬貨に交換することができるものであり，これらは，「通貨代用証券」と呼ばれるのである。つまり，企業の実際の経済活動においては，「通貨ではないが，すぐに，そして無リスクで通貨に交換できるもの」である通貨代用証券が流通する場合があるが，このように，リスクを負うことなく，かつ即座に，紙幣・硬貨に交換できるのであれば，それは，通貨と同じように捉えても（取り扱っても）特に差し支えはないといえる。そこで，簿記上は，こうしたリスクを負うことなく，かつ即座に，通貨（紙幣・硬貨）化できる「通貨代用証券」についても，「現金」勘定で処理するのである。

【気をつけよう！】

> なお，現金と間違えやすいもの（「現金」勘定で処理されないもの）としては，例えば以下のようなものがある。
> ◆ 収入印紙，郵便切手………「貯蔵品」勘定
> ◆ 未渡小切手………「当座預金」勘定
> ◆ 期限未到来の公社債利札………貸借対照表に計上されない（単に将来利息を受け取る権利を表彰するものであり，あくまで期限が到来し換金可能になってから，資産として取り扱う）

設例 4-1

次の取引について，仕訳を行いなさい。

① 当社は，A社より売掛金の回収として，郵便為替証書¥50,000を受け取った。
② 当社は，B社に商品¥60,000を売上げ，代金のうち¥30,000はB社振出しの小切手で受取り，残額は現金で受け取った。
③ 本日，当社保有の公社債利札¥10,000分の期限が到来した。
④ 当社が株式を保有するB社から，株式配当金領収書¥30,000が送付されてきた。

解答

①	（借）	現　金	50,000	（貸）	売掛金	50,000
②	（借）	現　金	60,000	（貸）	売　上	60,000
③	（借）	現　金	10,000	（貸）	受取利息	10,000
④	（借）	現　金	30,000	（貸）	受取配当金	30,000

2　現金過不足

(1)「現金過不足」勘定の意義

　企業の日々の記帳業務の中では，帳簿上の「現金」勘定残高と，実際の現金有高とが一致しないというケースがしばしばある。それは例えば，単なる記帳漏れが原因であったり，もしくは，現金の盗難・不正等が原因であったりするのだが，いずれにせよ，このように不一致が生じるケースにおいては，当該不一致分（差異）について，企業内で早急に原因究明を図る必要がある。また，これを承けて，他方，帳簿上においても，そのような差異が存在し，かつその差異の原因を現在究明中であるということを明示しておく必要がある。そこで，そのような不一致を簿記的に表現する勘定が必要となるが，このような勘定は，「現金過不足」勘定と呼ばれる。イメージ的に捉えると，＜図4－2＞のようになる。

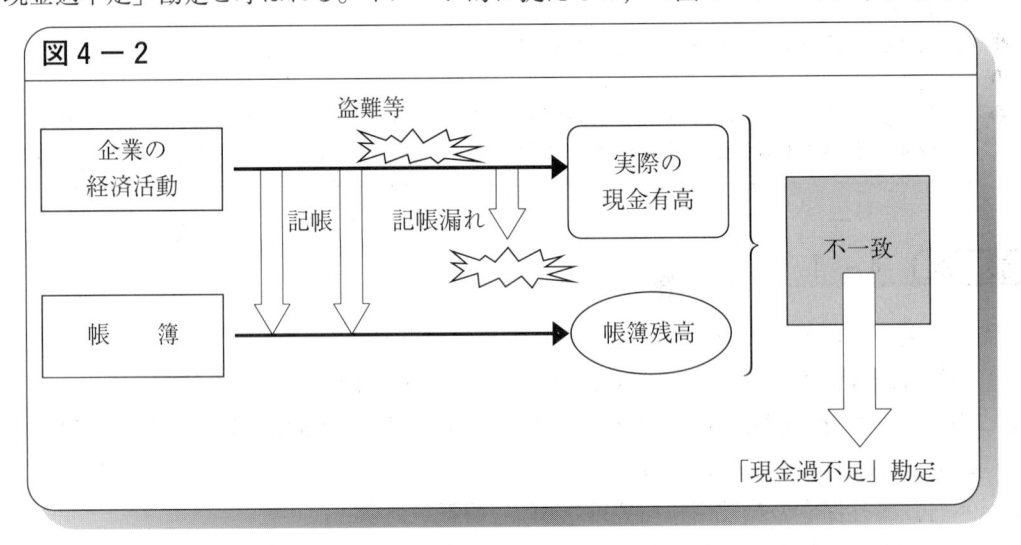

図4－2

```
            盗難等
企業の  ─記帳─ ＼／─────→ 実際の
経済活動       記帳漏れ          現金有高         ｝
         ─────＼／─────→                   不一致
帳　簿  ───────────→ 帳簿残高         ｝
                                                  ↓
                                          「現金過不足」勘定
```

(2) 現金過不足の2つのパターン

　ここでのポイントは，帳簿上の「現金」勘定残高が実際の現金有高に一致するように，「現金過不足」勘定を計上することである。すなわち，（しばしば「会計は企業を映し出す『鏡』である」と呼ばれるとおり）あくまで企業会計は企業の経済活動を忠実に描写するものであるから，このような不一致があった際には，帳簿残高を，実際有高にあわせるという作業が必要となるのである。ヨリ具体的には，以下のようになる。

◆**ケース1：実際有高が帳簿残高より少ない場合**（実際有高＜帳簿残高）
　「現金」勘定の帳簿残高を（実際有高にあわせて）減額する処理が必要となるため，「現金」勘定の帳簿残高を減額する（貸方記入する）と同時に，「現金過不足」勘定を借方側に計上

する仕訳を行う。なお，この際，「現金過不足」勘定は借方残高（資産側）となるが，これは，「『現金過不足』勘定で資産の埋め合わせをしなければならないほど，資産（＝現金）が足らない（その金額分だけ現金が足らない）」というようにイメージすると分かりやすいかもしれない。

　　　　（借）　現金過不足　　×××　　　　（貸）　現　　　金　　×××

◆ケース２：実際有高が帳簿残高より多い場合（実際有高＞帳簿残高）

　「現金」勘定の帳簿残高を（実際有高にあわせて）増額する処理が必要となるため，「現金」勘定の帳簿残高を増額する（借方記入する）と同時に，「現金過不足」勘定を貸方側に計上する処理を行う。なお，この際，「現金過不足」勘定は貸方残高（負債側）となるが，これは「『現金過不足』勘定で（資産の反対側の）貸方側の埋め合わせをしなければならないほど，資産（＝現金）が多い（その金額分だけ現金が多い）」というようにイメージすると分かりやすいかもしれない。

　　　　（借）　現　　　金　　×××　　　　（貸）　現金過不足　　×××

設例　4－2

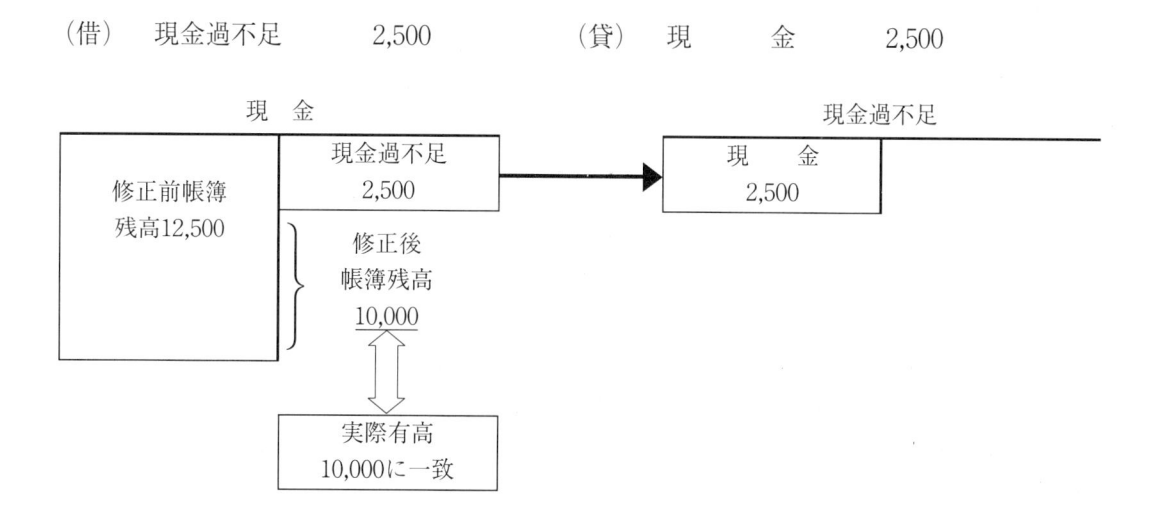

ケース1（実際有高＜帳簿残高）の場合の仕訳

　大和商会の本日の現金帳簿残高は，¥12,500だった。しかしながら，会計担当者が金庫の中の実際の現金を数えたところ，その残高は¥10,000であり，帳簿残高に比して¥2,500不足していることが判明した。

解　答

（借）　現金過不足　　2,500　　　　（貸）　現　　　金　　2,500

現　金		現金過不足
修正前帳簿残高12,500	現金過不足 2,500	現金 2,500
	修正後帳簿残高 10,000	
	実際有高 10,000に一致	

設例 4-3

ケース2（実際有高＞帳簿残高）の場合の仕訳

大和商会の本日の現金帳簿残高は，¥12,500だった。しかしながら，会計担当者が金庫の中の実際の現金を数えたところ，その残高は¥15,000であり，帳簿残高に比して¥2,500多いことが判明した。

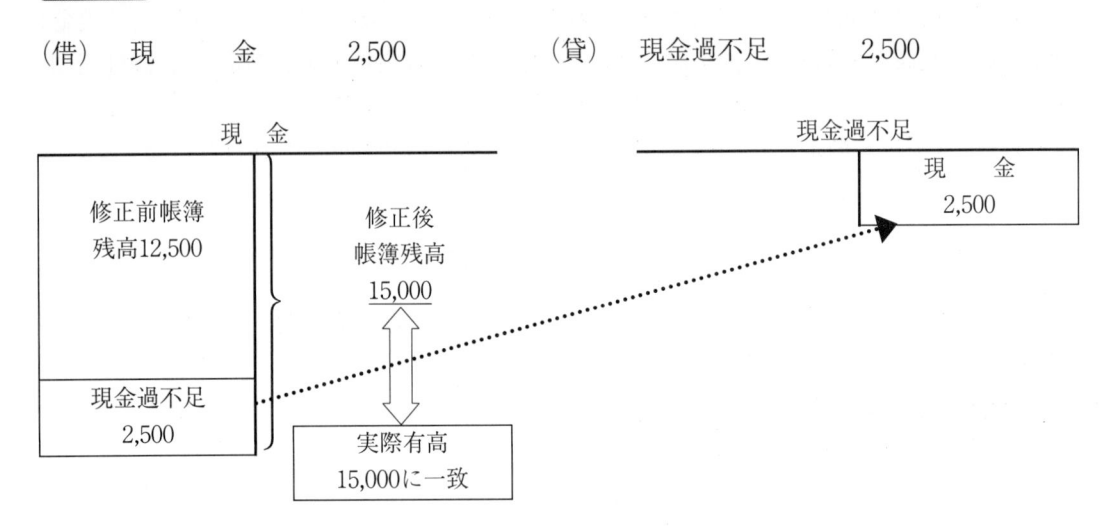

解答

（借）現　　金　　2,500　　　　（貸）現金過不足　　2,500

```
        現　金                           現金過不足
┌─────────────┬──────────┐         ┌──────────┬──────────┐
│ 修正前帳簿  │          │         │          │ 現　金   │
│ 残高12,500  │ 修正後   │         │          │ 2,500    │
│             │ 帳簿残高 │         │          │          │
│             │ 15,000   │         │          │          │
├─────────────┤          │         │          │          │
│ 現金過不足  │          │         │          │          │
│ 2,500       │          │         │          │          │
└─────────────┴──────────┘         └──────────┴──────────┘
                 ↕
             実際有高
           15,000に一致
```

（3）原因判明時および決算時の会計処理

先に述べたとおり，企業は，「現金過不足」の発生原因（帳簿残高と実際有高とのズレの原因）を究明する必要があるが，もし仮に期中ないし期末までの間において，この原因が明らかとなった場合には，その時点で，「現金過不足」勘定を適切な科目に振替える処理が必要となる。例えば，帳簿残高と実際有高とのズレの原因が，全て単なる水道料金の記帳漏れであったということが判明したとするならば，その時点で，「現金過不足」勘定を「水道光熱費」勘定へ振替える仕訳を行うこととなる。また，この場合，ズレの原因が全て明らかとなったのだから，「現金過不足」勘定の役割は全うされたこととなり，よってその残高もゼロということになる。

しかしながら，他方，実際の企業活動の中では，期末時点までに，その不一致ないしズレの原因が判明しないケースというのも十分に考えられる。そして，このようなケースにおいては，原因が不明な「現金過不足」勘定を「雑損」勘定もしくは「雑益」勘定に振替える仕訳を行う必要がある。もちろん，企業自体の取り組みとしては，そういった差異の原因を究明していく姿勢が求められるのだが，企業会計上は，以下のような理由から，「現金過不足」勘定を次期以降に引き継ぐことはせず，残高の全てを当期の損益に反映させる処理を行う。

すなわち，①「現金過不足」勘定は，あくまで仮勘定（暫定的に計上されているだけの勘定）であり，そういったものが貸借対照表上の資産・負債として計上されてしまうと，企業の財政状態（ないし投資のポジション）が歪められてしまう恐れがあること（しかも，もし仮に，次期以降においてもその原因が明らかとならず，長期間にわたりそのような仮勘定が計上されてしまうとすれば，そのような弊害は更に顕著となる），②適切な期間損益計算（適正な経営成績（投資の成果）の算定）の観点からすれば，当期に発生した過不足を次期以降に引き継ぐことはせずに，当期の何らかの損益として処理した方が望ましいこと（もちろん，次期以降，原因が判明した際に「過年度修正」として処理してもよいかもしれないが，原因が長期にわたり明らかにならないこともある（いつまでも「過年度修正」できない恐れもある）ため，そのようなリスクを加味して，今期中に損益として処理してしまう），③重要性の観点（もし金額的に重要性が乏しい場合は，それを簡便的に処理することが認められる。この場合は，次期以降に引き継ぐことをせず，今期の損益としてしまうことが簡便的といえる），という３つの理由である。

設例 4-4

次の取引について，仕訳を行いなさい。

3月20日　A社の本日の現金帳簿残高は，¥10,000だった。しかしながら，会計担当者が金庫の中の実際の現金を数えたところ，その残高は¥8,000であり，帳簿残高に比して¥2,000不足していることが判明した。

3月31日　決算日をむかえた。この間，社内で現金過不足¥2,000についての原因調査を行ったがその結果は以下のとおり。

　　　　うち¥1,000　水道料金を支払ったものの帳簿への記録を忘れていた
　　　　うち¥1,000　結局のところ原因は判明せず

解答

3/20	（借）	現金過不足	2,000	（貸）	現　　金	2,000
31	（借）	水道光熱費	1,000	（貸）	現金過不足	2,000
		雑　　損	1,000			

【各勘定の推移】

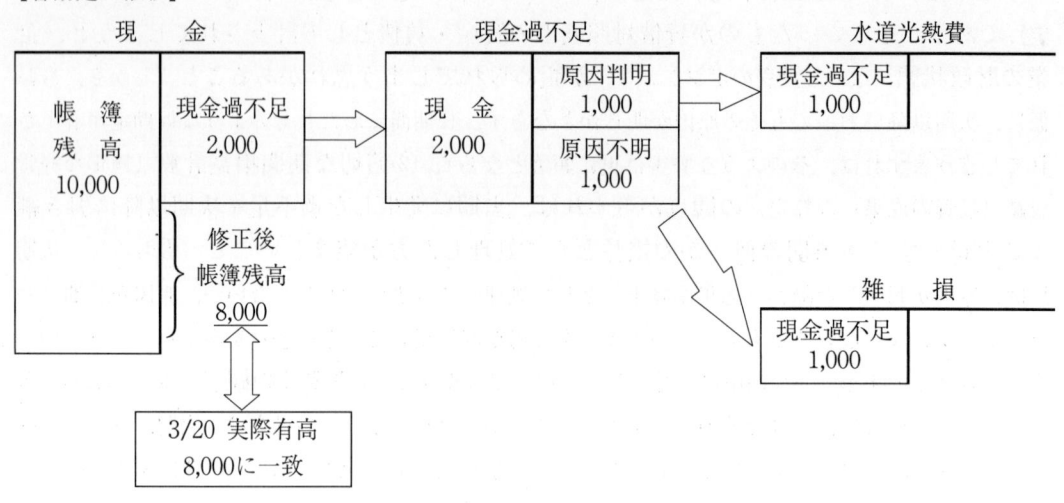

```
        現　　金                        現金過不足                 水道光熱費
┌─────────┬─────────┐            ┌─────────┬─────────┐        ┌─────────┐
│         │ 現金過不足│            │         │ 原因判明 │        │ 現金過不足│
│ 帳 簿   │  2,000  │ ────→      │ 現　金  │  1,000  │ ────→ │  1,000  │
│ 残 高   ├─────────┤            │  2,000  ├─────────┤        └─────────┘
│ 10,000  │ 修正後  │            │         │ 原因不明 │
│         │ 帳簿残高│            │         │  1,000  │
│         │  8,000  │            └─────────┴─────────┘
└─────────┴─────────┘                              │
              ↕                                    ↓
        ┌─────────────┐                        雑　　損
        │3/20 実際有高│                      ┌─────────┐
        │8,000に一致  │                      │ 現金過不足│
        └─────────────┘                      │  1,000  │
                                             └─────────┘
```

3　当座預金

（1）当座預金の意義

　当座預金とは，無利息の銀行預金のことをいい，何時でも引き出しを行うことができるが，引き出しには「小切手」を用いる点が特徴的である。

　企業の実際の商取引は，1回当たりの取引額が大きい場合がほとんどで，かつ，そういった取引が頻繁になされている。そしてこのように，多くの，そして1回当たりの金額も多額に及ぶ商取引の全てについて，手持ちの現金のみを用いて決済を行おうとすると，①決済が煩雑になったり（一々多額の紙幣や硬貨を準備しなければならないし，また，取引の都度，入金額，出金額，残高を検証する必要があるが，取引が頻繁にあるとなると，そういった検証作業に事務コストがかかる），また，②現金の持ち運びや保管には，盗難や紛失等の危険もあったりして，何かと不便が多い。

　そこで，このようなデメリットを排除し，利便性および安全性の高い取引を行うために，企業は，銀行と当座預金契約を結び，それを利用した決済を行うことが多い。すなわち，企業は，銀行と当座預金契約を結び，そこを基点として資金を動かせば，①銀行が入出金および残高に関する資料（当座勘定照合表）を発行してくれるため，入出金額や残高を検証する事務コストを省くことができるし，また，②一方，入金に関しては全て銀行の口座に入金させ，他方，出金に関しては小切手を利用することによって，現金を持ち歩いたり，自社で保管したりする際に生じる盗難や紛失等のリスクを回避することができるのである。

設例 4-5

次の取引について，仕訳を行いなさい。
① 当社は，現金¥1,000を当座預金に預け入れた。
② 当社は，大和商会より商品¥100を掛けで仕入れた。
③ 上記買掛金の支払いとして小切手¥100を振り出した。
④ 当社は，南都商会へ商品を¥200で販売し代金を現金で受け取り，すぐに当座預金に預け入れた。

解答

①	(借)	当座預金	1,000	(貸)	現　　金	1,000
②	(借)	仕　　入	100	(貸)	買　掛　金	100
③	(借)	買　掛　金	100	(貸)	当座預金	100
④	(借)	現　　金	200	(貸)	売　　上	200
	(借)	当座預金	200	(貸)	現　　金	200

```
          当座預金
 ①  1,000  │  ③   100
 ④    200  │
```

（2）当座借越

　当座預金は，原則的には残高を超えて小切手を振り出すことはできないものの，予め銀行と当座借越契約を結んでおけば，残高を超えて借入限度額までの小切手を振り出すことができる。すなわち，残高を超えて小切手を振り出した場合でも，超過額を一時的に銀行が融資してくれるのである。そして，その際の「融資額」(つまり，当社にとっての「借入額」)のことを「当座借越」と呼び，簿記上，これは「当座借越」勘定として処理される。

　このように，「当座借越」勘定は，実質的には銀行からの借入金であるため，貸借対照表上は，「短期借入金」として流動負債に分類されることになる。

　なお，当座借越の処理方法は，以下のように2つある。

① **2勘定制**……「当座預金」勘定（資産），「当座借越」勘定（負債）の両方を用いる方法
② **1勘定制**……「当座」勘定（資産・負債の両方の性質をもつ混合勘定）を用いる方法

設例 4-6

以下の取引について，①2勘定制を採用した場合，および②1勘定制を採用した場合の仕訳を行うとともに，それぞれの場合について，各勘定口座の記入を行いなさい。

4月1日 当社は大和商会より商品¥150,000を仕入れ，代金は小切手を振り出して支払った。なお，取引銀行と当座借越契約を結んでおり，現在の当座預金残高は¥120,000である。

30日 現金で¥200,000を当座預金に預け入れた。

解答

① 2勘定制

4/1	(借)	仕 入	150,000	(貸)	当座預金	120,000
					当座借越	30,000
4/30	(借)	当座借越	30,000	(貸)	現 金	200,000
		当座預金	170,000			

② 1勘定制

4/1	(借)	仕 入	150,000	(貸)	当 座	150,000
4/30	(借)	当 座	200,000	(貸)	現 金	200,000

① 2勘定制採用時の各勘定口座

```
        当座預金（資産）                     当座借越（負債）
         120,000 │ 4/1   120,000      4/30  30,000 │ 4/1   30,000
  4/30   170,000 │
```

② 1勘定制採用時の勘定口座

```
            当　座
         120,000 │ 4/1   150,000
  4/30   200,000 │
```

＜ポイント＞１勘定制のもとでの当座勘定残高の意味⇒２勘定制と結局同じ。

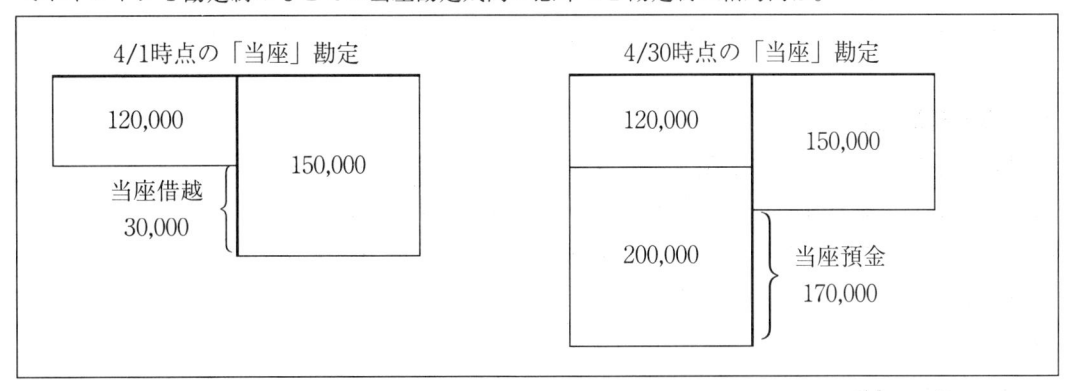

```
       4/1時点の「当座」勘定              4/30時点の「当座」勘定

    120,000                          120,000
              150,000                         150,000
    当座借越
    30,000                           200,000    当座預金
                                                170,000
```

4　小口現金

（１）小口現金の意義

　企業は，安全性や決済の利便性の観点から，自企業の資金の大部分を金融機関の口座に預け入れておくことが多い。しかしながら，日常頻繁に生じる各種の少額の出費（タクシー代，新聞代等）のために随時小切手を振出すことは不便であることから，このような少額出費に備え，用度係ないし小払資金係に，ある程度の現金を前もって渡しておくことがある。こういった少額出資のためにプールしておく資金のことを小口現金と呼び，その増減を記帳するための勘定のことを，「小口現金」勘定と呼ぶ。

（２）小口現金の管理方法

　小口現金の管理方法としては，次のような２つが考えられる。

① **定額資金前渡制度**（インプレスト・システム）
　定額資金前渡制度とは，以下のようなプロセスを踏む管理方法のことをいう。

(a)　ある一定期間における必要経費見積り額を算定する
(b)　用度係にその見積り額を定額支給する
(c)　当該一定期間経過後に担当者に実際支払額を報告させる
(d)　使用した分の資金を用度係に渡す（補充する）
　※以下，(c)(d)の繰返し

　ここでのポイントは(d)である。すなわち，実際に経費として使用した分の資金を担

第４章　現金預金に関する取引　45

当者に補充することで，一定期間の初めには，常に一定額(＝必要経費見積り額)の小口現金が，用度係の手許に保有されていることになるのが，この管理方法の大きな特徴となる。

② 臨時補給制度

臨時補給制度とは，①の定額資金前渡制度とは異なり，必要に応じて随時適当な金額を用度係に補給する管理方法のことをいう。この方法によれば，用度係の保有する現金額が絶えず変動してしまうし，また，小口現金が効率的に利用されているかその管理が困難となる。よってこの方法は，小口現金の管理という点からすると，①の定額資金前渡制度に劣る。

（3）会計処理方法

上記のように，小口現金の管理方法としては大きく2つがあるが，定額資金前渡制度の方が管理上も優れており，実務的にも多く用いられているようである。それに各種検定試験上も，この方法による出題がほとんどであることから，以下，この定額資金前渡制度を前提に，具体的な会計処理を考えてみよう。

具体的なプロセスとして，①小口現金支給時，②用度係による具体的な経費支払時，③用度係による支払額報告時，④小口現金の補充時，という4つを考える。これらの流れを図示すると，＜図4－3＞のようになる。

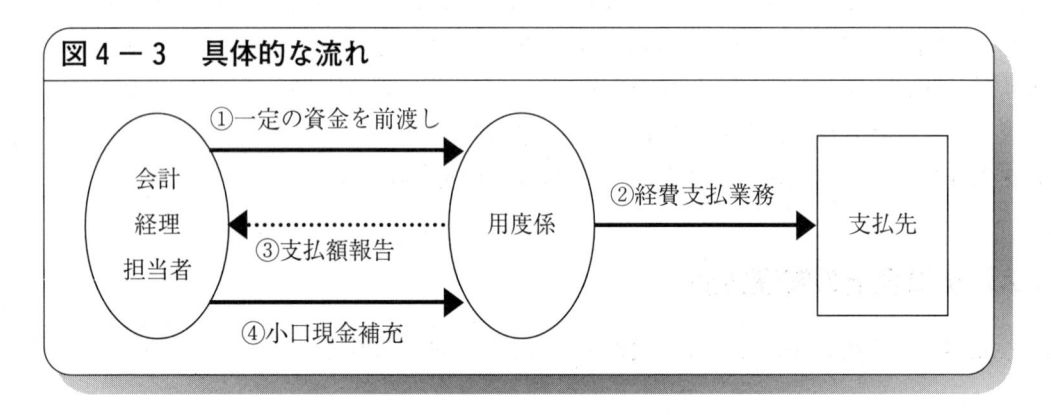

図4－3　具体的な流れ

まず，①小口現金支給時には，小口現金を計上する処理が必要となる。また，②用度係による具体的な経費支払時には，特に会計処理を行わないというのがここでのポイントとなる。すなわち，実際に記帳業務を行う会計・経理担当者が，その支払いの事実を知るのは，その後の支払額報告時であるから，このタイミングでは仕訳がなされないという点にはくれぐれも留意されたい。そして，③用度係による支払額報告時になってはじめて，そういった支払いの事実が，合計額で記帳されるのである。また，④小口現金の補充時には，その補充分だけ小口現金が計上されることとなる。また，（もし報告から補充までの間に別途支払いがないならば）この補充により，「小口現金」勘定の残高は，当初に前渡をした時の金額と同額となる。

設例 4-7

次の取引について，仕訳を行いなさい。

① 会計・経理担当者は，用度係に小切手¥100,000を振り出して資金を前渡した。
② 用度係は以下の支払いをした。交通費¥30,000，水道光熱費¥20,000，雑費¥5,000
③ 用度係は，会計・経理担当者に上記支払いにつき，内容および金額を報告した。
④ 会計・経理担当者は，報告を受けた¥55,000について，同額の小切手を振り出し資金補充を行った。

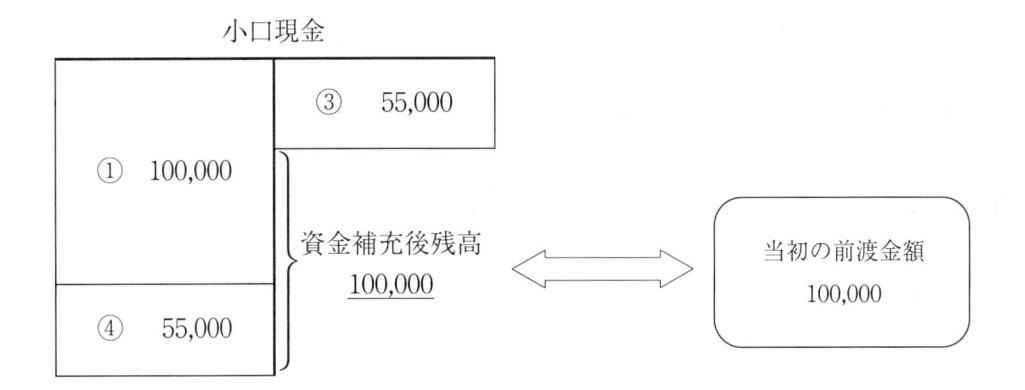

小口現金

	③ 55,000
① 100,000	資金補充後残高 100,000
④ 55,000	

⇔ 当初の前渡金額 100,000

解答

①	(借)	小 口 現 金	100,000	(貸)	当 座 預 金	100,000
②			仕訳なし			
③	(借)	交 通 費	30,000	(貸)	小 口 現 金	55,000
		水道光熱費	20,000			
		雑 費	5,000			
④	(借)	小 口 現 金	55,000	(貸)	当 座 預 金	55,000

練習問題

練習問題 4 − 1

以下の取引について仕訳を行いなさい。

① 当社は，S社に商品¥50,000を売上げ，代金のうち¥40,000はS社振出しの小切手で受取り，残額は現金で受け取った。
② 当社は，W社より売掛金の回収として，郵便為替証書¥10,000を受け取った。
③ 本日，当社保有の公社債利札（¥3,000分）の期限が到来した。なお，残り¥30,000分については，まだ期限が到来していない。
④ 当社が株式を保有するV社から，株式配当金領収書¥1,000が送付されてきた。

練習問題 4 − 2

当社の金庫の中には以下のようなものが入っている。そこで，現在時点における当社の「現金」勘定の残高を求めなさい。なお，当社は，この金庫以外には，通貨および通貨代用証券を保管していないものとする。

① 紙幣：¥10,000札10枚，¥1,000札5枚
② 通貨：¥100玉5枚，¥10玉2枚
③ 他社振出しの小切手：¥10,000
④ 郵便為替証書：¥20,000
⑤ 公社債利札：期限到来分¥1,000，期限未到来分¥9,000
⑥ 株式配当金領収書¥500
⑦ 収入印紙：¥5,000分
⑧ 郵便切手：¥980分

練習問題 4 − 3

以下の取引について，仕訳を行いなさい。

当社の本日の現金帳簿残高は，¥100,000だった。しかしながら，会計担当者が金庫の中の実際の現金を数えたところ，その残高は¥89,000であった。なお，当社には，当該金庫の他に現金を保管しているところはないものとする。

練習問題 4 − 4

以下の取引について仕訳を行うとともに，総勘定元帳における各勘定の金額を埋めよ。

3月29日　河崎商店の本日の現金帳簿残高は，¥50,000だった。しかしながら，会計担当者が金庫の中の実際の現金を数えたところ，その残高は¥42,000であった。

3月31日　決算日をむかえた。この間，社内で現金過不足￥8,000についての原因調査を行ったがその結果は以下のとおり。

　　　　うち￥3,000　交通費の計上漏れ
　　　　うち￥3,000　水道料金の計上漏れ
　　　　うち￥2,000　結局のところ原因は判明せず

練習問題 4 － 5

以下の取引について仕訳を行うとともに，総勘定元帳における「当座預金」勘定の記帳を行いなさい。

① 当社は，現金￥10,000を当座預金に預け入れた。
② 当社は，仕入先内田商会への買掛金の支払いとして小切手￥5,000を振り出した。
③ 当社は，宮沢商店へ商品を￥1,000で販売し代金を現金で受け取り，すぐに当座預金に預け入れた。
④ 当社は，森ツ商会へ商品を￥40,000で販売し，代金は全て森ツ商会振出しの小切手で受け取った。

練習問題 4 － 6

以下の取引について，①2勘定制を採用した場合，および②1勘定制を採用した場合の仕訳を行うとともに，それぞれの場合について，各勘定口座の記入を行いなさい。

5月1日　当社は，仕入先森ツ商会への買掛金￥200,000の決済に際し，小切手を振り出した。なお取引銀行と当座借越契約を結んでおり，現在の当座預金残高は￥100,000である。
　31日　現金で￥150,000を当座預金に預け入れた。

練習問題 4 － 7

以下の取引について仕訳を行うとともに，「小口現金」勘定について，総勘定元帳の記帳を行いなさい。

① 当社は新たに小口現金につき定額資金前渡制度を導入することとし，会計・経理担当者は，用度係に小切手￥50,000を振り出して資金を前渡した。
② 用度係は以下の支払いをした。
　　会議費￥20,000，交通費￥15,000，水道光熱費￥5,000
③ 用度係は，会計・経理担当者に上記支払いにつき，内容および金額を報告した。
④ 会計・経理担当者は，報告を受けた金額について，同額の小切手を振出し資金補充を行った。

第5章

商品に関する取引

1 商品に関する取引の記帳方法

　企業の経済活動のうち，最も重要なもののひとつとしては，商品に関する取引があるが，簿記上は，こういった商品取引に関していくつかの記帳方法がある。

（1）分　記　法

　分記法とは，商品原価（「商品」勘定）と販売益（「商品売買益」勘定）とを分けて記帳する方法をいう。ヨリ具体的には，まず，商品を仕入れた際には，仕入金額を「商品」勘定の借方に記載する。また，商品を販売した際には，売上原価を「商品」勘定の貸方に記載すると同時に，売価と原価との差額を「商品売買益」勘定の貸方に記載する。

　この方法によれば，「商品」勘定は，常に手許商品保有高を表すことになる。また他方，「商品売買益」勘定は，常にそのときまでに生じた商品販売に係る利益を表すこととなる。

　このように分記法は，非常に分かりやすい記帳方法であるが，その反面，販売の都度，売上高を原価部分と利益部分とに分けて（つまり，一方，原価部分を商品勘定の貸方側に，他方，売価と原価との差額を商品売買益の貸方側に）記帳しなければならないため，個別に商品を管理しているのでなければ，その適用は煩雑ないし不可能となる場合もある。

設例 5-1

　次の取引について，分記法で仕訳を行いなさい。
① 商品購入：1個￥10,000の商品を現金で10個仕入れた。
② 商品販売：上記の商品のうち5個を，1個当たり￥20,000で売り上げた（現金売上）。

解　答

①	（借）	商　　　品	100,000	（貸）	現　　　金	100,000
②	（借）	現　　　金	100,000	（貸）	商　　　品	50,000
					商品売買益	50,000

【各勘定口座】

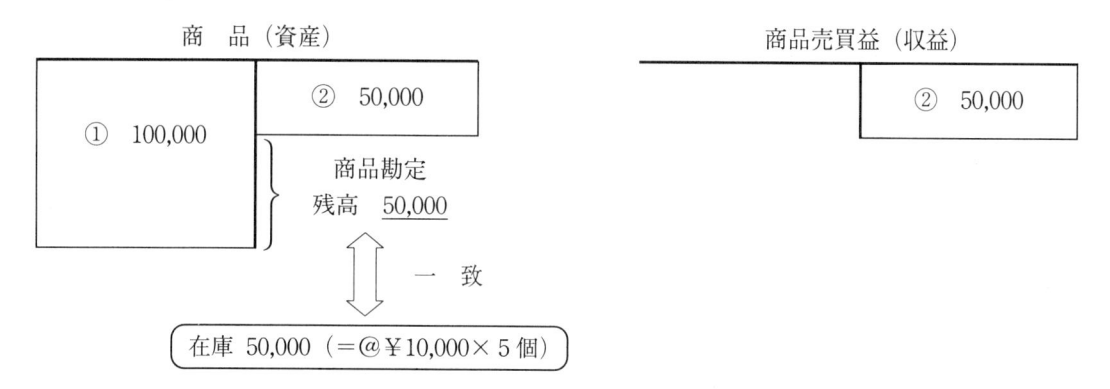

```
       商　品（資産）                          商品売買益（収益）
┌─────────┬─────────┐                    ──────────┬─────────
│         │ ②  50,000 │                              │ ②  50,000
│ ① 100,000│─────────┤                              │
│         │ 商品勘定  │
│         │ 残高 50,000│
└─────────┴─────────┘
              ⇅ 一致
         ┌─────────────────┐
         │ 在庫 50,000（＝＠¥10,000×5個）│
         └─────────────────┘
```

（2）総 記 法

　総記法とは，商品の仕入取引および販売取引について，全て「商品」勘定だけで記帳する方法をいう。ヨリ具体的には，商品を仕入れた際には，仕入金額を「商品」勘定の借方に記載する（これは分記法と同様である）。また，商品を販売した際には，売上高（原価だけでなく，販売益をも含めた金額）を「商品」勘定の貸方に記載する。

　この方法のもとでは，「商品」勘定の借方には原価が，貸方には売価が，それぞれ積み上げられることとなるため，「商品」勘定の残高は（特に決算整理をしない限り）意味を持たない金額となってしまう。つまり，この方法における「商品」勘定は，混合勘定としての性質を帯びることとなる。

設　例　5－2

次の取引について，総記法で仕訳を行いなさい。
① 商品購入：1個¥10,000の商品を現金で10個仕入れた。
② 商品販売：上記の商品のうち5個を，1個当たり¥20,000で売り上げた（現金売上）。

解　答

① （借）商　　品　100,000　　（貸）現　　金　100,000
② （借）現　　金　100,000　　（貸）商　　品　100,000

【勘定口座】

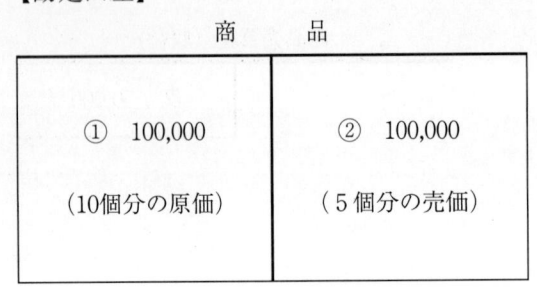

```
              商    品
   ┌─────────────┬─────────────┐
   │ ① 100,000   │ ② 100,000   │
   │             │             │
   │（10個分の原価）│（5個分の売価）│
   └─────────────┴─────────────┘
```

　　　　　　　　残高＝0　←　特に意味のない数値

（3）3　分　法

　3分法とは，商品売買について，「仕入」勘定，「売上」勘定，および「繰越商品」勘定という3つの勘定を用いて処理する方法をいう。「繰越商品」勘定は，今期首（前期末）商品棚卸高および今期末商品棚卸高を記帳する資産勘定である。「仕入」勘定は，借方に仕入高を記帳する費用勘定であり，また「売上」勘定は，貸方に売上高を記帳する収益勘定である。それぞれの勘定のイメージを図示すると，＜図5－1＞のようになる。

図5－1　3分法のイメージ図

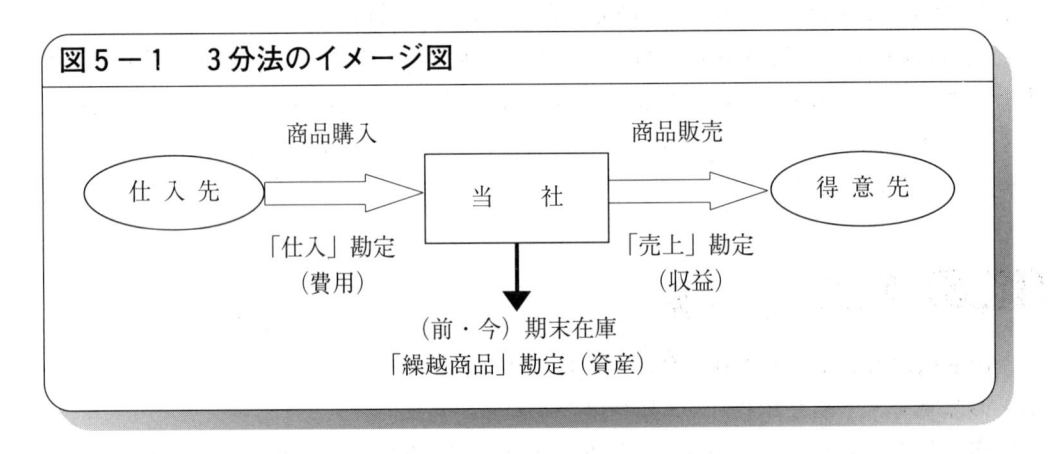

　　　　　　商品購入　　　　　　　　商品販売
　仕入先　━━━━━▶　当　社　━━━━━▶　得意先
　　　　　「仕入」勘定　　↓　　「売上」勘定
　　　　　　（費用）　　　　　　　（収益）
　　　　　　　　　（前・今）期末在庫
　　　　　　　　「繰越商品」勘定（資産）

設例 5－3

　次の取引について，3分法で仕訳を行いなさい。
① 商品購入：1個￥10,000の商品を現金で10個仕入れた。
② 商品販売：上記の商品のうち5個を，1個当たり￥20,000で売り上げた（現金売上）。

【各勘定口座】

```
    仕    入（費用）              売    上（収益）              繰越商品（資産）
①  100,000                                    ②  100,000
```

※「繰越商品」勘定については，7で学習する。

解 答

| ① | （借） | 仕 | 入 | 100,000 | （貸） | 現 | 金 | 100,000 |
| ② | （借） | 現 | 金 | 100,000 | （貸） | 売 | 上 | 100,000 |

（4）その他の記帳方法

その他の記帳方法としては，売上原価対立法，小売棚卸法，五分法等があるが，本章では省略することにする。

2 掛け取引

企業は，商品売買において，現金や小切手等によりすぐさま代金決済を行うほか，後日まとめて代金決済を行うよう互いに約束することもある。このように，商品売買の代金決済を後日まとめて行う取引のことを「掛け取引」という。なお，このような約束に基づく取引は，お互いの信用ないし信頼関係がなければなし得ないことから，「信用取引」と呼ばれることもある。

（1）掛け仕入

商品購入について，代金支払いを後日行うことを仕入先と約束する場合，当該仕入のことを「掛け仕入」と呼ぶ。このとき，商品を仕入れた企業には，「買掛金」という負債（仕入債務）が発生する。この「買掛金」は，「将来ある時点までに（お互いで約束した期日までに）仕入先にお金を払わなければならない義務」であるため，企業の貸借対照表上，負債（流動負債）として計上されることとなる。

設例 5-4

次の取引について、仕訳を行いなさい。
① 商品購入時：商品¥100,000を掛けで仕入れた。ただし、3分法を前提とする。
② 代金決済時：①の代金決済につき、現金を¥100,000支払った。

解答

①	(借)	仕 入	100,000	(貸)	買 掛 金	100,000
②	(借)	買 掛 金	100,000	(貸)	現 金	100,000

```
         仕    入                   買 掛 金
① 100,000   |              ② 100,000 | ① 100,000
```

(2) 掛け売上

　商品販売について、代金受取を後日行うことを得意先と約束する場合、当該売上のことを「掛け売上」と呼ぶ。このとき、商品を販売した企業には、「売掛金」という資産（売上債権）が発生する。この「売掛金」は、「将来ある時点までに（お互いで約束した期日までに）得意先からお金を受け取ることのできる権利」であるため、企業の貸借対照表上、資産（流動資産）として計上されることとなる。

設例 5-5

次の取引について、仕訳を行いなさい。
① 商品販売時：商品¥100,000を掛けで販売した。
② 代金決済時：①の代金を現金で受け取った。

解答

①	(借)	売 掛 金	100,000	(貸)	売 上	100,000
②	(借)	現 金	100,000	(貸)	売 掛 金	100,000

```
         売    上                   売 掛 金
             | ① 100,000    ① 100,000 | ② 100,000
```

3　返品・値引・割戻

　企業は，商品売買において，商品が傷んでいたり，もしくは，品違いであった場合に，商品を返却したり（返品），またはその分の代金を減額したりする（値引）ことがある。もしくは，一定期間に商品を大量に売買したことによる見返りとして，代金を一部減額することもある（割戻）。
　このような返品・値引・割戻は，それぞれ条件や形態は異なるものの，簿記上は，いずれも商品売買取引の一部取消ないしは減額として取り扱われることとなる。以下，具体的に検討してみよう。

（1）返　　品

　返品とは，購入した商品を返すこと，もしくは，販売した商品が返ってくることである。理由としては，商品が傷んでいたり，もしくは，品違いであったり，ということが挙げられる。仕入において当社から返品する場合を「仕入戻し」，売上において得意先から返品される場合を「売上戻り」と呼ぶ。簿記上は，どちらの場合でも，返品金額につき，仕入時または売上時の逆仕訳を行う。

設　例　5－6

次の取引について，商品購入者と商品販売者それぞれの仕訳を行いなさい。
① 商品掛け仕入・売上（¥100で）。ただし，3分法を前提とする。
② 上記のうち¥10を返品。

解　答

商品購入者の仕訳
① （借）仕　　　　入　　100　　（貸）買　掛　金　　100
② （借）買　掛　金　　 10　　（貸）仕　　　　入　　 10
商品販売者の仕訳
① （借）売　掛　金　　100　　（貸）売　　　　上　　100
② （借）売　　　　上　　 10　　（貸）売　掛　金　　 10

設例 5-7

次の取引について，商品購入者と商品販売者それぞれの仕訳を行いなさい。
① 原価￥50の商品を￥100で掛け仕入・売上。ただし，分記法を前提とする。
② 上記のうち￥10（原価￥5）を返品。ただし，分記法を前提とする。

解答

商品購入者の仕訳
① （借）商　　　品　　100　　（貸）買　掛　金　　100
② （借）買　掛　金　　 10　　（貸）商　　　品　　 10

商品販売者の仕訳
① （借）売　掛　金　　100　　（貸）商　　　品　　 50
　　　　　　　　　　　　　　　　　　商品売買益　　 50
② （借）商　　　品　　　5　　（貸）売　掛　金　　 10
　　　　商品売買益　　　5

（2）値　　引

　値引とは，商品代金の一部を減額してもらうこと（減額すること）である。理由としては，商品の品質不良などが挙げられる。仕入において減額してもらう場合を「仕入値引」，売上において減額する場合を「売上値引」と呼ぶ。簿記上は，どちらの場合でも，返品の場合と同様，値引金額につき，仕入時または売上時の逆仕訳を行う。ただし，売上値引は，販売益の減少のみを意味するので，もし商品売買の記帳方法として分記法を採用している場合には，単なる逆仕訳ではなく，「商品売買益」勘定の減少仕訳を行うことになる。

設例 5-8

次の取引について，商品購入者と商品販売者それぞれの仕訳を行いなさい。
① 商品掛け仕入・売上（￥100で）。ただし，3分法を前提とする。
② 上記のうち￥5を値引。

【解 答】

商品購入者の仕訳
① (借) 仕　　　入　　100　　(貸) 買　掛　金　　100
② (借) 買　掛　金　　　5　　(貸) 仕　　　入　　　5
商品販売者の仕訳
① (借) 売　掛　金　　100　　(貸) 売　　　上　　100
② (借) 売　　　上　　　5　　(貸) 売　掛　金　　　5

【設 例】 5－9

次の取引について，商品購入者と商品販売者それぞれの仕訳を行いなさい。
① 原価¥50の商品につき¥100で掛け仕入・売上。ただし，分記法を前提とする。
② 上記のうち¥5を値引する。

【解 答】

商品購入者の仕訳
① (借) 商　　　品　　100　　(貸) 買　掛　金　　100
② (借) 買　掛　金　　　5　　(貸) 商　　　品　　　5
商品販売者の仕訳
① (借) 売　掛　金　　100　　(貸) 商　　　品　　　50
　　　　　　　　　　　　　　　　　商品売買益　　　50
② (借) 商品売買益　　　5　　(貸) 売　掛　金　　　5

(3) 割　　戻

　割戻とは，一定期間に多額のまたは多量の商品を売買したことによる見返りとして，代金を一部減額すること（減額してもらうこと）をいい，リベートとも呼ばれる。仕入において減額してもらう場合を「仕入割戻」，売上において減額する場合を「売上割戻」と呼ぶ。商品の移動を伴わずに代金が減額されるという点では，値引と同様であることから，簿記上も，値引の場合と同様に取り扱われる。

設 例 5-10

次の取引について，商品購入者と商品販売者それぞれの仕訳を行いなさい。
① 商品掛け仕入・売上（¥100で）。ただし，3分法を前提とする。
② 上記のうち¥5を割戻。

解 答

商品購入者の仕訳
① （借）仕　　入　　100　　（貸）買　掛　金　　100
② （借）買　掛　金　　　5　　（貸）仕　　入　　　　5
商品販売者の仕訳
① （借）売　掛　金　　100　　（貸）売　　上　　　100
② （借）売　　上　　　　5　　（貸）売　掛　金　　　5

設 例 5-11

次の取引について，商品購入者と商品販売者それぞれの仕訳を行いなさい。
① 原価¥50の商品につき¥100で掛け仕入・売上。ただし，分記法を前提とする。
② 上記のうち¥5を割戻。

解 答

商品購入者の仕訳
① （借）商　　品　　100　　（貸）買　掛　金　　100
② （借）買　掛　金　　　5　　（貸）商　　品　　　　5
商品販売者の仕訳
① （借）売　掛　金　　100　　（貸）商　　品　　　50
　　　　　　　　　　　　　　　　　　商品売買益　　　50
② （借）商品売買益　　　5　　（貸）売　掛　金　　　5

4　割　引

　割引とは，買掛金ないし売掛金の決済が，契約上の決済日より早期に行われる場合に，当該買掛金ないし売掛金の金額のうち一定割合を減額して決済することをいう。仕入において減額してもらう場合を「仕入割引」，売上において減額する場合を「売上割引」と呼ぶ。

　これは，代金の減額という点では，一見すると，返品，値引，割戻と類似しているが，その原因ないし本質が異なる。すなわち，割引の本質は，企業の財務努力により代金決済が早期に行われることに対する財務成果であるから，簿記上も，財務上の損益として取り扱うのが望ましく，「仕入割引」勘定ないし「売上割引」勘定で別建処理するのが望ましい。つまり，返品，値引，割戻のように，一部逆仕訳を行うのではない（三分法で言えば「仕入」勘定や「売上」勘定に影響を及ぼすのではない）という点には，くれぐれも留意されたい。

　なお，この「仕入割引」勘定および「売上割引」勘定は，それぞれ財務収益，財務費用であることから，損益計算書上は，営業外収益および営業外費用へ計上されることになる。

設 例　5－12

次の取引について，商品購入者と商品販売者それぞれの仕訳を行いなさい。
① 商品￥100を掛け仕入・売上。代金決済は1ヶ月後とし，もし10日以内に支払えば10％割引く契約を結んだ。なお，3分法を前提とする。
② ①の10日以内に全額現金で決済された。その際，条件どおり割引が行われた。

解　答

商品購入者の仕訳
① （借）　仕　　　　入　　　100　　（貸）　買　掛　金　　　100
② （借）　買　掛　金　　　100　　（貸）　現　　　　金　　　 90
　　　　　　　　　　　　　　　　　　　　　仕 入 割 引　　　 10

商品販売者の仕訳
① （借）　売　掛　金　　　100　　（貸）　売　　　　上　　　100
② （借）　現　　　　金　　　 90　　（貸）　売　掛　金　　　100
　　　　　売 上 割 引　　　 10

【購入側の勘定口座】

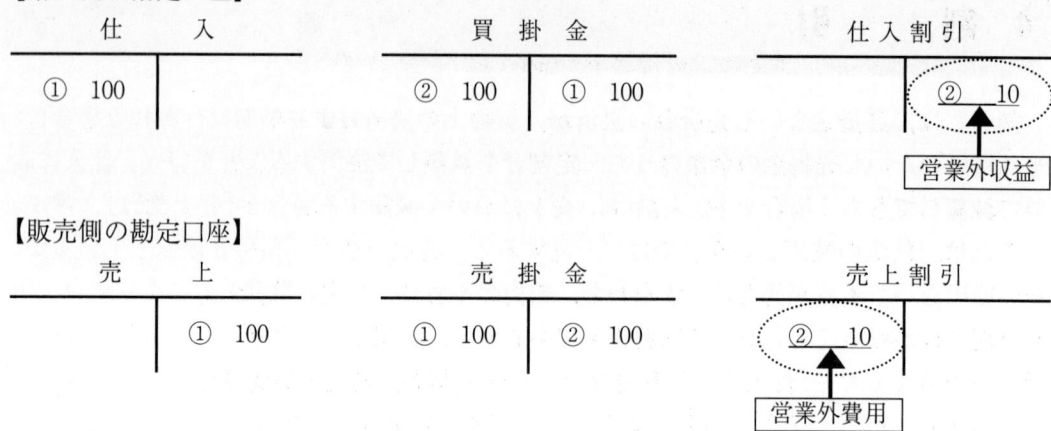

仕 入		買 掛 金		仕入割引	
① 100		② 100	① 100		② 10

②10 → 営業外収益

【販売側の勘定口座】

売 上		売 掛 金		売上割引	
	① 100	① 100	② 100	② 10	

②10 → 営業外費用

5　付随費用

　企業は，商品売買取引に際して，運賃・保険料・関税などの付随費用を支払わなければならない場合がある。このような付随費用のことを「仕入諸掛」ないし「販売諸掛」という。イメージを図示すると，＜図5－2＞のようになる。

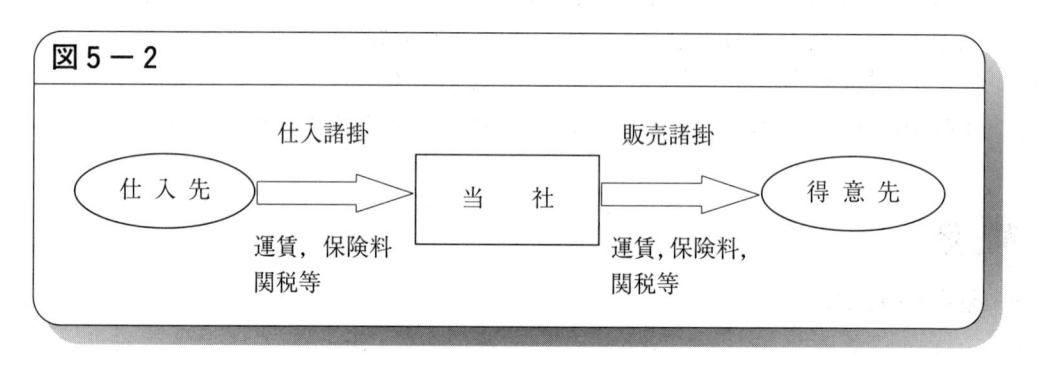

図5－2

仕入先 →（仕入諸掛：運賃，保険料，関税等）→ 当社 →（販売諸掛：運賃，保険料，関税等）→ 得意先

（1）仕入諸掛

　仕入諸掛とは，商品仕入時にかかる付随費用のことをいう。すなわち，商品の仕入の際には，購入代価のほか，引取運賃や保険料などの付随費用が発生する。そしてこのような仕入諸掛は，商品の取得原価に含めて処理されるのが簿記上の原則となる。

設例 5-13

次の取引について，仕訳を行いなさい。
商品¥100を掛けで仕入れ，これに伴う諸費用として現金¥10支払った（3分法を前提）。

解答

① （借）仕　　　　入　　110　　　（貸）買　掛　金　　100
　　　　　　　　　　　　　　　　　　　現　　　金　　 10

（2）販売諸掛

　販売諸掛とは，商品販売時にかかる付随費用をいう。すなわち，商品の販売・引渡しの際には，運賃や荷造費などが発生する場合があるが，このような販売諸掛は，通常の販売費として，費用の種目別に別途適切な費用勘定を設けて処理するのが簿記上の原則となる。例えば，商品発送にかかる費用は，「発送費」勘定で別建処理する。

設例 5-14

次の取引について，仕訳を行いなさい。
商品を¥200で掛売りし，発送費用として現金¥10支払った。（3分法を前提）

解答

（借）売　掛　金　　200　　　（貸）売　　　　上　　200
　　　発　送　費　　 10　　　　　　現　　　金　　 10

（3）相手負担の場合

　上記（1）（2）は，仕入諸掛ないし販売諸掛を，全て自社が負担するケースを想定したものである。しかしながら，場合によっては，このような付随費用を，取引の相手方が負担するケースも考えられる。例えば，一方，仕入諸掛であれば，それを仕入先が，他方，販売諸掛であれば，それを得意先が，それぞれ負担するケースというのも，実際の企業活動においては十分ありうる。
　そしてこのような場合は，簿記上は，これらを以下のように処理することとなる。

① 仕入諸掛

商品を仕入れる際の仕入諸掛を（差し当たり当社が支払うものの，最終的には）仕入先に負担してもらう場合は，簿記上は，当面それを立替金で処理する。そしてその上で，立替金の精算の際に，買掛金等仕入債務と相殺する（なお，精算時まで待たずに，立替金計上時にすぐさま買掛金等仕入債務と相殺してしまう場合もある）。

設例 5－15

次の取引について，仕訳を行いなさい。
① 商品¥100を掛けで仕入れ，これに伴う付随費用として現金¥10支払った。なお，この付随費用は，最終的には仕入先が負担するものとする。
② 買掛金の決済と同時に，上記立替金の決済も行うこととし，両者を相殺した差額分の現金をやりとりすることとした。

解答

①	（借）	仕　　　入	100	（貸）	買　掛　金	100		
		立　替　金	10		現　　　金	10		
②	（借）	買　掛　金	100	（貸）	立　替　金	10		
					現　　　金	90		

設例 5－16

次の取引について，仕訳を行いなさい。
① 商品¥100を掛けで仕入れ，これに伴う付随費用として現金¥10支払った。なお，この付随費用は，最終的には仕入先が負担するものとし，その分だけ買掛金を減額する（すぐさま相殺する）。
② 買掛金の決済を行った。

解答

①	（借）	仕　　　入	100	（貸）	買　掛　金	90	
					現　　　金	10	
②	（借）	買　掛　金	90	（貸）	現　　　金	90	

※①の仕訳を，2つのステップに分けて考えてみよう。

【ステップ1】立替金計上　　　　　（借方）仕　　入　　100　　（貸方）買掛金　100
　　　　　　　　　　　　　　　　　　　　　立替金　　 10　　　　　　現　金　 10
【ステップ2】これをすぐさま相殺　（借方）買掛金　　 10　　（貸方）立替金　 10

　すなわち，上記①の仕訳は，要するに，【ステップ1】と【ステップ2】を統合した仕訳に他ならず，結局，この仕訳の本質は，設例5－15となんら変わらないという点にはくれぐれも留意されたい。

②　販売諸掛

　商品を販売する際の販売諸掛を（差し当たり当社が支払うものの，最終的には）得意先に負担してもらう場合は，簿記上，当面それを立替金で処理する。そしてその上で，立替金の精算の時に，売掛金等売上債権に加算して決済することとなる（なお，精算時まで待たずに，立替金計上時にすぐさま売掛金等売上債権に含めてしまう場合もある）。つまり，基本的な考え方は，①仕入諸掛のケースと同様と考えてよい。

【設　例】5－17

次の取引について，仕訳を行いなさい。
①　商品を¥200で掛売りし，発送費用として現金¥10支払った。なお，この発送費用は，最終的には得意先が負担する。
②　上記売掛金の決済と同時に立替金の決済も行うこととし，両者を統合した額の現金を受け取った。

【解　答】

① （借）売　掛　金　　200　　（貸）売　　　上　　200
　　　　立　替　金　　 10　　　　　現　　　金　　 10
② （借）現　　　金　　210　　（貸）売　掛　金　　200
　　　　　　　　　　　　　　　　　立　替　金　　 10

設例 5-18

次の取引について、仕訳を行いなさい。
① 商品を¥200で掛売りし、発送費用として現金¥10支払った。なお、この発送費用は、最終的には得意先が負担するものとし、その分だけ売掛金にチャージ（加算）する。
② 上記売掛金の決済を行った。

解 答

①	（借）	売　掛　金	210	（貸）	売　　　上	200
					現　　　金	10
②	（借）	現　　　金	210	（貸）	売　掛　金	210

※①の仕訳を、2つのステップに分けて考えてみよう。

【ステップ１】立替金計上　　　（借方）売掛金　200　　（貸方）売　上　200
　　　　　　　　　　　　　　　　　　立替金　 10　　　　　　現　金　 10
【ステップ２】これをすぐさまチャージ（借方）売掛金　 10　（貸方）立替金　 10

　すなわち、上記①の仕訳は、要するに、【ステップ１】と【ステップ２】を統合した仕訳に他ならず、結局、この仕訳の本質は、設例5-17となんら変わらないという点にはくれぐれも留意されたい。

（4）小　　　括

　付随費用の簿記上の処理について、自己負担のケースと相手負担のケースとを比較すると、＜図5-3＞のようになる。

図5-3　付随費用　—自己負担と相手負担—

	自己負担の場合	相手負担の場合
仕入諸掛	原則として取得原価に含める	立替金（または即座に仕入債務と相殺）
販売諸掛	適切な費用勘定で別建計上	立替金（または即座に売上債権にチャージ）

6　商品有高帳

(1) 商品有高帳の意義

　商品有高帳とは，商品の仕入・売上のたびに，その数量・単価・金額を記録し，在庫の商品を明らかにする補助元帳をいう。商品有高帳は，各商品種別に作成されるため，商品別の適切な在庫管理が可能となる。また，在庫管理という点から言えば，ここでの商品は全て原価で管理ないし記帳され，売価のデータを含まないという点もひとつ重要となる。つまり，「商品有高帳＝企業の'倉庫'」と捉える視点が重要となろう（＜図5－4＞）。

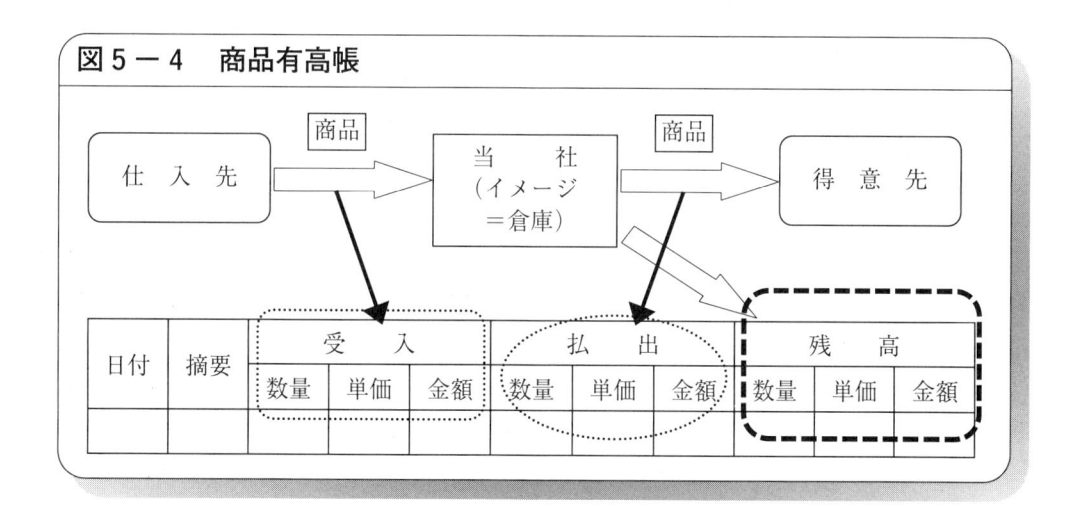

図5－4　商品有高帳

設例 5－19

次の取引を商品有高帳に記帳しなさい。

4/ 1	前月繰越	商品A	10個	＠¥10
4/10	仕　　入	商品A	10個	＠¥10
4/25	売　　上	商品A	15個	販売単価＠¥20

解 答

商品有高帳

日付	摘要	受入			払出			残高		
		数量	単価	金額	数量	単価	金額	数量	単価	金額
4/1	前月繰越	10	10	100				10	10	100
4/10	仕　入	10	10	100				20	10	200
4/25	売　上				15	10	150	5	10	50
4/30	次月繰越				5	10	50			
		20		200	20		200			
5/1	前月繰越	5	10	50				5	10	50

※4/25「売上」の払出単価…販売単価(売価)の「20」としないこと(あくまで原価で記帳する)

(2) 払出単価の決定方法

　設例5-19のように，仕入単価が常に一定である場合は，払出単価も当然一定となるので，記帳上，特に問題が生じることはないが，他方，現実世界を考えてみると，仕入単価は一定ではなく，随時変動しているのが一般的と言える。そしてこのとき，払出単価として，一体いつの仕入単価を用いるかが大きな問題となろう。例えば，先の設例5-19でうとすれば，もし仮に4/10の仕入単価が@¥20であったとしたら，4/25の商品A15個の販売は，一体どのタイミングで仕入れたものが(つまり，前期から繰り越された@¥10のものか，それとも4/10に仕入れた@¥20のものか，どちらが)払い出されたと考えればよいのだろうか。

　この点について，もっともプリミティブな方法として，個別法と呼ばれるものがある。個別法とは，実際に払い出された商品の単価を個別に調べて(追跡して)払出単価を決定する方法である。これは，先の例でいえば以下のようになる。まず，4/25に販売された商品A15個1つ1つについて，それぞれ個別に「いつ購入したものか(前月から繰り越されたものか，それとも4/10に購入されたものか)」を調査する。そして，追跡調査の結果，販売分15個のうち，例えば前月から繰り越されたものが10個(@¥10)，4/10に購入したものが5個(@¥20)ということであれば，払出単価は，15個のうち10個分が@¥10，5個分が@¥20，ということになる(なお，払出原価は，@¥10×10個+@¥20×5個=¥200となる)。

　このように，確かにこの方法によれば，仕入単価が随時異なる状況であっても，実際にどれを払い出したか追跡調査しているため，その払出単価は，実際の物の動きに即して決定すればよいということになる。しかしながら，この個別法は，(商品数が少ないものについては実行可能であるし，また，仕入単価が非常に高額な商品については個別法が望ましいと言えるのであるが，他方，)商品数が多いような場合は，そのような追跡調査が困難かつ煩雑(場合によっては不可能)であるし，また仕入単価が少額な場合は，その煩雑さに見合うだ

けの管理上のベネフィットが得られるか疑問符が付くため,一般的には採用されないことが多い。

むしろ簿記上は,計算上,「ある一定の仮定」を置いて,払出単価を決定するのが一般的である。例えば,「先に購入したものから徐々に払い出されていく」(先入先出法),「後に購入したものから徐々に払いだされていく」(後入先出法),もしくは,「商品の払出直前の加重平均単価が払出単価を表す」(移動平均法),といった様々な仮定をおいて,払出単価を決定するのである。以下,「先入先出法」と「移動平均法」についてのみ,具体的に考えてみよう。

① 先入先出法

先入先出法とは,先に購入したものから徐々に払い出されていく(古い順に商品が販売されていく)という仮定をおいて,払出単価を決定する方法をいう。

設 例 5－20

次の資料より,商品の増減を<u>先入先出法</u>で商品有高帳に記帳しなさい。

3/1　前月繰越　　20個　　＠¥100
3/10　仕　　入　　30個　　＠¥200
3/20　売　　上　　30個　　＠¥500（販売単価）

解 答

商 品 有 高 帳

日付	摘 要	受 入			払 出			残 高		
		数量	単価	金額	数量	単価	金額	数量	単価	金額
3/1	前月繰越	20	100	2,000				20	100	2,000
3/10	仕入	30	200	6,000				{ 20	100	2,000
								30	200	6,000
3/20	売上				{ 20	100	2,000			
					10	200	2,000	20	200	4,000

※3/20の売上の内訳
◆前期繰越分　＠¥100×20個　　→販売へ　20個 ｝3/20 販売分
◆3/10仕入分　＠¥200×30個　｛→販売へ　10個 ｝30個
　　　　　　　　　　　　　　　　　 →在庫　　20個

② 移動平均法

移動平均法とは，商品の払出直前の加重平均単価が払出単価を表すという仮定をおいて，払出単価を決定する方法をいう。

設 例 5-21

次の資料より，商品の増減を**移動平均法**で商品有高帳に記帳しなさい。

3/1　前月繰越　　20個　　@¥100
3/10　仕　　入　　30個　　@¥200
3/20　売　　上　　30個　　@¥500（販売単価）

解 答

商 品 有 高 帳

日付	摘要	受入			払出			残高		
		数量	単価	金額	数量	単価	金額	数量	単価	金額
3/1	前月繰越	20	100	2,000				20	100	2,000
3/10	仕　入	30	200	6,000				50	160	8,000
3/20	売　上				30	160	4,800	20	160	3,200

※加重平均単価＝（@¥100×20個＋@¥200×30個）÷ 50個 ＝ @¥160

（3）返品・値引・割戻時の記帳

次に，3で学習した返品・値引・割戻があった場合，商品有高帳にはどのように記帳すべきか考えてみよう。

まず，返品について考えてみると，「仕入戻し」は，仕入れた商品が，倉庫から出ていくことであるから，商品有高帳の「払出」欄に記入される。他方，「売上戻り」は，販売した商品が，倉庫に返ってくる（入ってくる）ことであるから，原価で「受入」欄に記入される（ただし，それぞれ「受入」欄のマイナスや「払出」欄のマイナスとする方法もある）。

また，値引について考えてみると，「仕入値引」は，商品が倉庫から直接出て行くわけではないが，「原価ベースの価値減少→原価ベースの価値が倉庫から出て行く」と捉えられ，「払出」欄に記入される（ただし，「受入」欄のマイナスとする方法もある）。他方，売上値引は，売上高（売価）の減少であり，モノの動きも，原価ベースの価値の減少もないので，原価を管理する帳簿である商品有高帳においては，特に記帳を行わない。

また，割戻については，値引と同様である。以上をイメージ的にまとめると，＜図5－5＞のようになる。

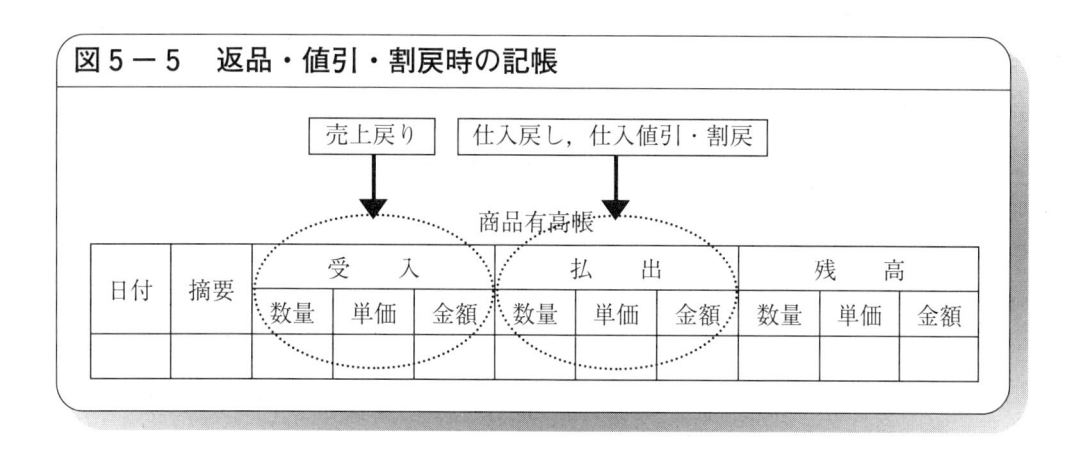

図5－5　返品・値引・割戻時の記帳

```
         売上戻り      仕入戻し,仕入値引・割戻
            ↓              ↓
                   商品有高帳
```

日付	摘要	受　入			払　出			残　高		
		数量	単価	金額	数量	単価	金額	数量	単価	金額

設例 5－22

次の資料より，商品の増減を商品有高帳に記帳しなさい。

3/10　仕　　入　　30個　@¥200
3/20　仕入戻し　　上記商品のうち10個を返品した。
3/22　売　　上　　15個　@¥500（販売単価）
3/25　売上戻り　　上記販売商品のうち，5個が返品された。

解答

商品有高帳

日付	摘　要	受　入			払　出			残　高		
		数量	単価	金額	数量	単価	金額	数量	単価	金額
3/10	仕　　入	30	200	6,000				30	200	6,000
3/20	仕入戻し				10	200	2,000	20	200	4,000
3/22	売　　上				15	200	3,000	5	200	1,000
3/25	売上戻り	5	200	1,000				10	200	2,000

設例 5－23

次の資料より，商品の増減を商品有高帳に記帳しなさい。

3/10　仕　　入　　50個　@¥200
3/20　仕入値引　　上記商品に一部キズがあったため，¥2,000の値引を受けた。
3/22　売　　上　　20個　@¥500（販売単価）
3/25　売上値引　　上記販売商品について，¥100の値引を行った。

解　答

商　品　有　高　帳

日付	摘要	受入			払出			残高		
		数量	単価	金額	数量	単価	金額	数量	単価	金額
3/10	仕　入	50	200	10,000				50	200	10,000
3/20	仕入値引						2,000	50	160	8,000
3/22	売　上				20	160	3,200	30	160	4,800

◆3/20の仕入値引時の「払出」欄は，金額のみ記載されている点，および仕入値引により，「残高」欄の商品単価が＠¥200から＠¥160に変わっている点には，くれぐれも留意されたい。

◆また，3/25の売上値引は，売価の修正であるから，原価管理帳である商品有高帳には記載されない。

7　各記帳方法のもとでの期末整理

　商品売買取引に関して，簿記上重要となるのは，期末時における売上原価（ないし売上総利益）および期末商品棚卸高の算定ないし勘定表現である。すなわち，これらの重要な金額を，簿記上どのように算定ないし表現するかが重要な問題となる。

　ここで売上原価とは，当期に販売された商品の原価をいい，具体的には，以下のような算定式で計算できる。

売上原価＝期首商品棚卸高＋当期商品仕入高－期末商品棚卸高

　そしてこの売上原価（ないし，売上高から売上原価を差し引いた売上総利益）を簿記上どのように算定・表現していくのかがまず第1のポイントである。また，このような売上原価算定のプロセスの中で，簿記上，期末商品棚卸高をどのように表現するかが第2のポイントとなろう。そこで以下，この2つのポイントについて，各記帳方法ごとに，検討していくことにするが，その前提として，企業における「商品の流れ」というものを原価ベースの金額で図示すると，＜図5－6＞のようになる。以下ではこれをもとに検討を進めていくことにする。なお，記帳方法としては，本稿では，分記法と3分法のみを取り扱うことにする。

図表5－6　企業における「商品の流れ」

【設例】
- ◆期首商品棚卸高（前期繰越高）：¥20,000
- ◆当期仕入高：¥100,000（現金仕入を想定）
- ◆当期商品販売高¥200,000（売価。現金販売を想定）
- ◆期末商品棚卸高（期末在庫）：¥10,000

商品の流れ図（原価ベース）

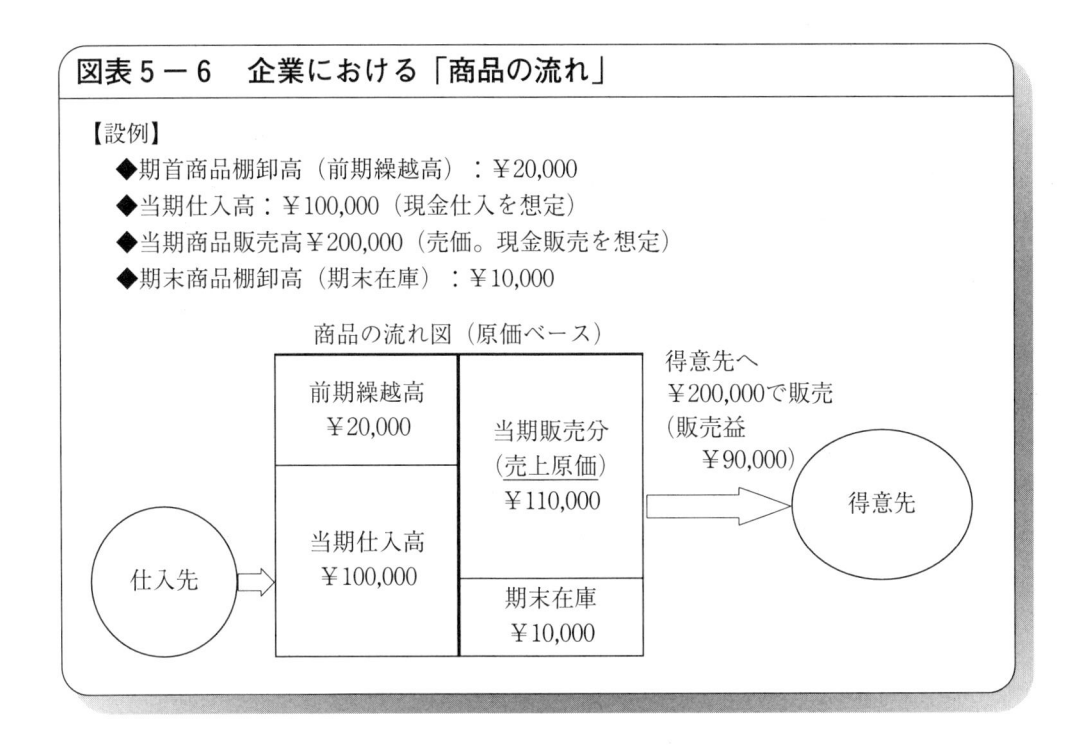

```
                 ┌───────────┬───────────┐
                 │ 前期繰越高 │           │     得意先へ
                 │  ¥20,000  │ 当期販売分 │  ¥200,000で販売
                 │           │ (売上原価) │   （販売益
                 ├───────────┤  ¥110,000 │   ¥90,000）
   ┌──┐          │           │           │         ┌──┐
   │仕│ ⇒        │ 当期仕入高├───────────┤   ⇒     │得│
   │入│          │  ¥100,000 │  期末在庫 │         │意│
   │先│          │           │  ¥10,000  │         │先│
   └──┘          └───────────┴───────────┘         └──┘
```

(1) 分　記　法

　先に1で検討したように，分記法のもとでは，「商品」勘定は，常に手許商品保有高を表すことになるし，他方，「商品売買益」勘定は，常にそのときまでに生じた商品販売に係る利益を表すこととなる。このことを＜図5－6＞の設例を用いて確認してみると，仕訳及び各勘定口座の記入は以下のようになる。

① 商品購入
　　（借）商　　　　品　　100,000　　（貸）現　　　　金　　100,000
② 商品販売
　　（借）現　　　　金　　200,000　　（貸）商　　　　品　　110,000
　　　　　　　　　　　　　　　　　　　　　　商品売買益　　　90,000

【各勘定口座】

```
       商　品（資産）                商品売買益（収益）
┌──────────┬──────────┐         ┌──────────┬──────────┐
│ 期首在庫 │          │         │          │ ② 90,000 │
│  20,000  │          │         │          │          │
│          │ ② 110,000│         │          │          │
│          │          │         └──────────┴──────────┘
│ ① 100,000│          │
│          ├──────────┤
│          │決算整理前│
│          │残高10,000│
└──────────┴──────────┘
```

第5章　商品に関する取引　73

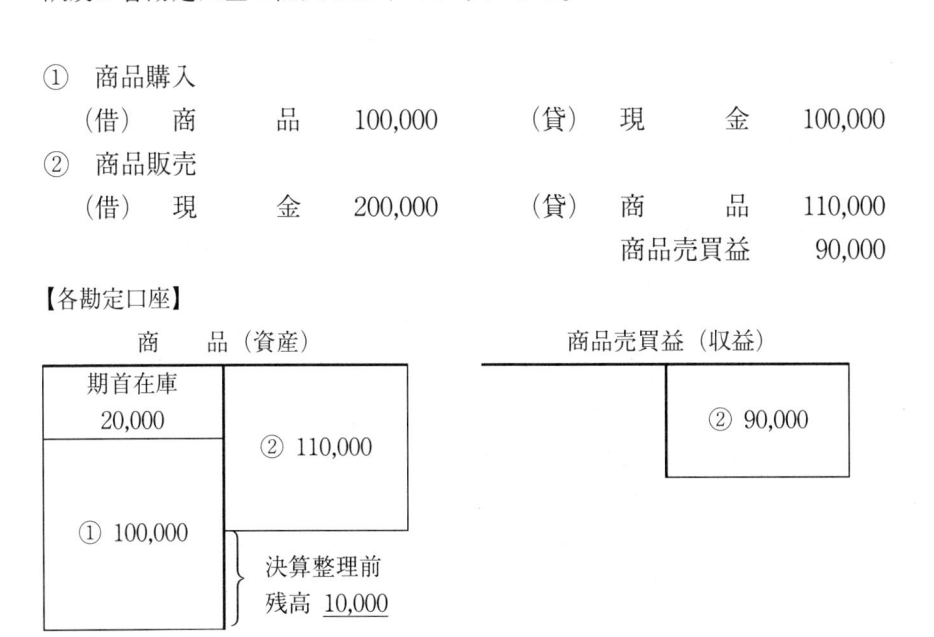

ここで「商品」勘定の決算整理前残高は¥10,000であり,期末在庫の金額¥10,000と一致している(なお,「商品」勘定の借方・貸方をみると,これはまさに<図5-6>における「商品の流れ図(原価ベース)」そのものであることが分かる)。また,売上総利益は,売上高¥200,000-売上原価¥110,000=¥90,000となるが,これは「商品売買益」勘定によって適切に表現されていることが分かる。よって,分記法のもとでは,決算整理において,追加的な期末整理仕訳は不要であるといえる。

(2) 3 分 法

3分法のもとでは,決算整理前の「繰越商品」勘定残高は,前期末(=当期首)商品棚卸高を,また「仕入」勘定残高は,当期商品仕入高を,それぞれ表している。ではここで,期末商品棚卸高や売上原価を簿記上計算・表現するには,どのようにしたらよいだろうか。

ここで,<図5-6>における設例を用いて,決算整理前の各勘定の推移を具体的に把握してみよう。すなわち,具体的な仕訳および各勘定口座の記入は以下のようになる。

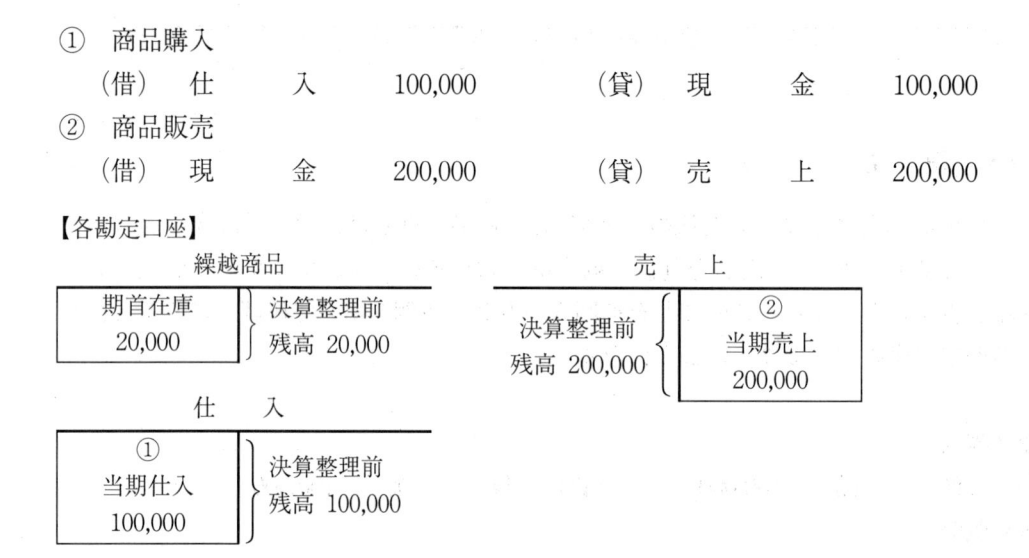

① 商品購入
(借) 仕　　　　入　　100,000　　　(貸) 現　　　　金　　100,000
② 商品販売
(借) 現　　　　金　　200,000　　　(貸) 売　　　　上　　200,000

【各勘定口座】

繰越商品		売　上	
期首在庫 20,000	決算整理前 残高 20,000	決算整理前 残高 200,000	② 当期売上 200,000

仕　入	
① 当期仕入 100,000	決算整理前 残高 100,000

ここで上記の各勘定口座,特に原価ベースの金額が記帳されている「繰越商品」勘定および「仕入勘定」と,<図5-6>における「商品の流れ図(原価ベース)」とを比較してみると,決算整理前の「繰越商品」勘定と「仕入」勘定とを合算したものが,「商品の流れ図(原価ベース)」の左側に来ているということが分かる。よって,もし「仕入」勘定で売上原価を算定するのであれば,「仕入」勘定に,①「繰越商品」勘定(の決算整理前残高)を振替え,かつ,ここから,②期末商品棚卸高を差し引けば,それが達成されることになる。また,②のプロセスで(「仕入」勘定から期末商品棚卸高を差し引く際に),「仕入」勘定から「繰越商品」勘定へ当該金額を振替えれば,「繰越商品」勘定で,期末商品棚卸高を表現することもできる。以上のプロセスを図示すると,<図5-7>のようになる。

図5－7　3分法における決算整理

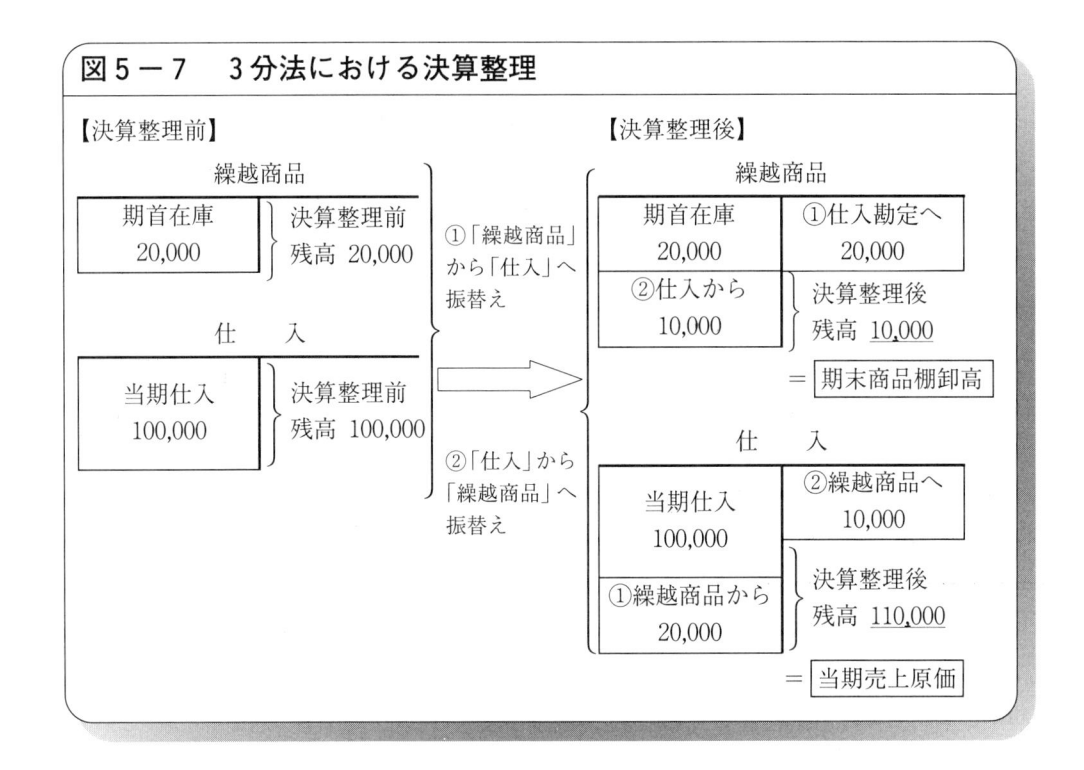

【決算整理前】

繰越商品
| 期首在庫 20,000 | 決算整理前残高 20,000 |

仕入
| 当期仕入 100,000 | 決算整理前残高 100,000 |

① 「繰越商品」から「仕入」へ振替え
② 「仕入」から「繰越商品」へ振替え

【決算整理後】

繰越商品
| 期首在庫 20,000 | ①仕入勘定へ 20,000 |
| ②仕入から 10,000 | 決算整理後残高 10,000 |

＝ 期末商品棚卸高

仕入
| 当期仕入 100,000 | ②繰越商品へ 10,000 |
| ①繰越商品から 20,000 | 決算整理後残高 110,000 |

＝ 当期売上原価

以上を仕訳で示すと次のようになる。

①期首商品棚卸高の振替え
　　（借）　仕　　　入　　　20,000　　　（貸）　繰 越 商 品　　　20,000
②期末商品棚卸高の振替え
　　（借）　繰 越 商 品　　　10,000　　　（貸）　仕　　　入　　　10,000

設例 5－24

次の取引について，仕訳を行いなさい。

① 商品¥2,000を掛けで仕入れた。
② 商品を¥4,000で掛売りした。
③ 期末を迎えたので決算整理を行う。なお，期首商品棚卸高は¥300，期末商品棚卸高は¥400である。

解　答

①	(借)	仕　　　入	2,000	(貸)	買　掛　金	2,000
②	(借)	売　掛　金	4,000	(貸)	売　　　上	4,000
③	(借)	仕　　　入	300	(貸)	繰 越 商 品	300
		繰 越 商 品	400		仕　　　入	400

【各勘定口座】

```
         繰越商品
┌─────────┬─────────┐
│ 期首在庫  │ ③仕入へ   │
│   300    │   300    │
├─────────┼─────────┐
│ ③仕入から │          │  決算整理後残高
│   400    │          │  400 ＝ 期末商品棚卸高
└─────────┴─────────┘
```

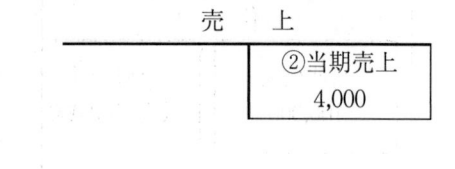

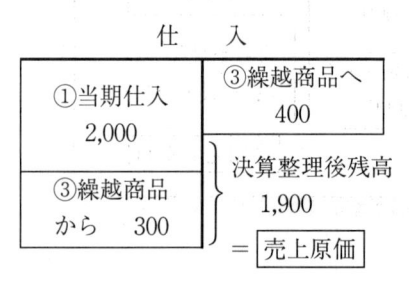

```
         売　　上
┌─────────┬─────────┐
│          │ ②当期売上 │
│          │  4,000   │
└─────────┴─────────┘
```

```
         仕　　入
┌─────────┬─────────┐
│ ①当期仕入 │ ③繰越商品へ│
│  2,000   │   400    │
├─────────┼─────────┐
│ ③繰越商品 │          │  決算整理後残高
│ から 300  │          │  1,900
│          │          │  ＝ 売上原価
└─────────┴─────────┘
```

8　商品の期末評価

　期末商品棚卸高は，各商品ごとに「商品単価×商品数量」によって表現されるが，記録上の単価や数量に対して，実際の単価や数量を確認してみると，一方，紛失や盗難などにより商品の実際数量が商品有高帳等記録上の数量より減少している可能性もあるし（棚卸減耗），また他方，時価の下落により，実際の商品単価が記録上の単価より下落している可能性もある（商品評価損）。そこで簿記上は，決算整理において，これらの要素も加味することとなる。

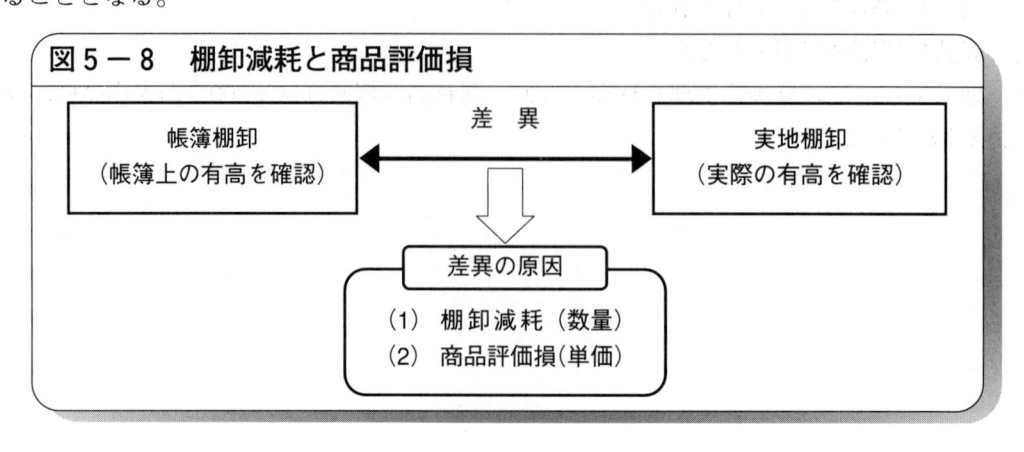

図5－8　棚卸減耗と商品評価損

帳簿棚卸（帳簿上の有高を確認） ←　差　異　→ 実地棚卸（実際の有高を確認）

差異の原因
(1) 棚卸減耗（数量）
(2) 商品評価損（単価）

（1）棚卸減耗 －数量の減少－

　企業は，各商品ごとに商品有高帳等により入庫・払出数量および残部の数量を，随時継続記録的に把握しているが，実際には，紛失や盗難等により，記録上の数量よりも，実際上の数量の方が少ない場合もしばしばある。そして，このような実際数量の（記録上の数量からの）減少は，棚卸減耗と呼ばれる。簿記上は，このような数量の減少による期末商品棚卸高の減少額を，「棚卸減耗費」勘定により当期の費用として処理する（損益計算書上は，原価性がある場合（毎期経常的に発生する場合）は，「売上原価」の内訳項目もしくは「販売費」として，他方，原価性がない場合（非経常的な場合）は，「特別損失」もしくは「営業外費用」として，それぞれ計上される）。

設例 5－25

次の取引について，仕訳を行いなさい。

　当社は，決算期末を迎えたので商品について期末整理仕訳を行う（期首商品棚卸高＝¥1,000，期末商品棚卸高（帳簿上の金額）＝¥5,000（＝@¥100×50個））。ただし，実際に棚卸を行ったところ，期末商品は40個しかなかった。

【図表】

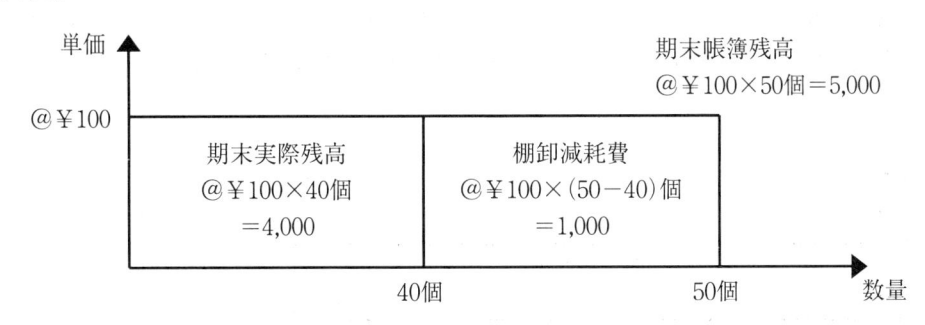

```
単価 ↑
                                          期末帳簿残高
                                          @¥100×50個＝5,000
@¥100 ┼──────────┬──────────┐
      │ 期末実際残高      │ 棚卸減耗費        │
      │ @¥100×40個       │ @¥100×(50－40)個 │
      │ ＝4,000           │ ＝1,000           │
      └──────────┴──────────┘→
                  40個              50個      数量
```

解答

売上原価算定
　　（借）仕　　　　　入　　1,000　　（貸）繰　越　商　品　　1,000
　　（借）繰　越　商　品　　5,000　　（貸）仕　　　　　入　　5,000
棚卸減耗の把握
　　（借）棚　卸　減　耗　費　1,000　　（貸）繰　越　商　品　　1,000

（2）商品評価損　―単価の減少―

　企業は，各商品ごとに商品有高帳等により入庫・払出単価および残部の単価を，随時継続記録的に把握しているが，実際には，時価の下落により，実際の商品単価が記録上の単価より下落している可能性もある（商品評価損）。

　これに対して簿記上は，時価の下落を反映させない方法（原価法）と，時価の下落を反映させる方法（低価法）との2つの会計処理が考えられるが，この点についてわが国の新しい『棚卸資産の評価に関する会計基準』は，低価法を原則としている。すなわち，期末における正味売却価額（実際の時価）が取得原価（記録上の単価）よりも下落している場合には，収益性が低下していると捉えられるので，当該正味売却価額をもって貸借対照表価額とし，評価損を売上原価もしくは製造原価とする（簿価切下額が臨時の事象に起因し，かつ多額である場合は特別損失に計上する）旨の規定がある。なお，評価損の処理方法としては，洗替え法と切放し法の2つがあるが，以下では切放し法のみを取り扱うものとする。

設例 5-26

　次の取引について，仕訳を行いなさい。
　当社は，決算期末を迎えたので商品について期末整理仕訳を行う（期首商品棚卸高＝¥1,000，期末商品棚卸高（帳簿上）＝¥5,000（＝@¥100×50個））。なお，期末実際数量は帳簿上の数量と同じであるが，商品時価（正味売却価額）は@¥80に下落している。

【図表】

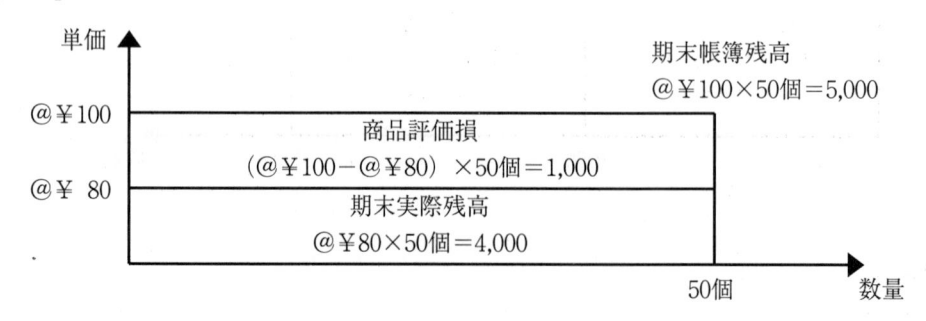

```
単価
 ↑
         │                期末帳簿残高
         │                @¥100×50個=5,000
@¥100 ───┼──────────────────────────┐
         │      商品評価損          │
         │  (@¥100－@¥80)×50個=1,000│
@¥ 80 ───┼──────────────────────────┤
         │      期末実際残高        │
         │      @¥80×50個=4,000     │
         │                          │
         └──────────────────────────┴──→ 数量
                                 50個
```

解答

売上原価算定
　　（借）　仕　　　　入　　　1,000　　（貸）　繰　越　商　品　　　1,000
　　（借）　繰　越　商　品　　5,000　　（貸）　仕　　　　入　　　5,000
商品評価損の把握
　　（借）　商 品 評 価 損　　1,000　　（貸）　繰　越　商　品　　　1,000

練習問題

練習問題 5 − 1
以下の取引について，分記法により仕訳を行うとともに，各勘定口座の記帳を行いなさい。
① 商品¥5,000を現金で仕入れた。
② 上記商品の全てを，現金で¥10,000で売り上げた。

練習問題 5 − 2
以下の取引について，総記法により仕訳を行うとともに，勘定口座の記帳を行いなさい。
③ 商品¥5,000を現金で仕入れた。
④ 上記商品の全てを，現金で¥10,000で売り上げた。

練習問題 5 − 3
以下の取引について，3分法により仕訳を行うとともに，各勘定口座の記帳を行いなさい。
⑤ 商品¥5,000を現金で仕入れた。
⑥ 上記商品の全てを，現金で¥10,000で売り上げた。

練習問題 5 − 4
以下の取引について，仕訳を行うとともに，各勘定口座の記帳を行いなさい。なお，商品売買の記帳方法としては3分法を採用しているものとする。
① 当社は，商品¥40,000を掛けで仕入れた。
② 当社は，①の代金決済につき，仕入先に現金¥40,000を支払った。

練習問題 5 − 5
以下の取引について，仕訳を行うとともに，各勘定口座の記帳を行いなさい。なお，商品売買の記帳方法としては3分法を採用しているものとする。
① 当社は，商品¥30,000を掛けで売り上げた。
② 当社は，①の代金決済につき，得意先から現金¥30,000を受け取った。

練習問題 5 − 6
以下の取引について，商品購入側の仕訳と商品販売側の仕訳を，それぞれ行いなさい。なお，どちらの企業においても，商品売買の記帳方法としては3分法が採用されているものとする。

① 商品￥30,000を掛けで仕入および売上。
② ①の商品のうち，￥5,000が品違いとして返品された。

練習問題5−7
以下の取引について，商品購入側の仕訳と商品販売側の仕訳を，それぞれ行いなさい。なお，どちらの企業においても，商品売買の記帳方法としては3分法が採用されているものとする。
① 商品￥60,000を掛けで仕入および売上。
② ①の商品の一部が品質不良であったため，￥10,000だけ値引がなされた。

練習問題5−8
以下の取引について，商品購入側の仕訳と商品販売側の仕訳を，それぞれ行いなさい。なお，どちらの企業においても，商品売買の記帳方法としては3分法が採用されているものとする。
① 商品￥10,000を掛けで仕入および売上。代金決済は2ヶ月後とし，もし2週間以内に支払えば代金の5％分を割引く契約を結んだ。
② ①の2週間以内に全額現金で決済された。その際，条件どおり割引が行われた。

練習問題5−9
以下の取引について，仕訳を行うとともに，各勘定口座の記帳を行いなさい。なお，商品売買の記帳方法としては3分法を採用しているものとする。
① 当社は，商品￥5,500を掛けで仕入れ，発送運賃￥600を現金で支払った。
② 当社は，上記商品を￥20,000で掛売りし，発送運賃￥1,000を現金で支払った。

練習問題5−10
以下の取引について，仕訳を行いなさい。なお，商品売買の記帳方法としては3分法を採用しているものとする。
① 当社は，商品￥5,500を掛けで仕入れ，発送運賃￥600を現金で支払った。なお，当該発送運賃は，最終的には仕入先が負担するものとする（精算するまで立替金で処理する）。
② 当社は，上記商品を￥20,000で掛売りし，発送運賃￥1,000を現金で支払った。なお，当該発送運賃は，最終的には，得意先が負担するものとする（精算するまで立替金で処理する）。

練習問題 5－11

次の資料より，商品の増減を①先入先出法および②移動平均法で商品有高帳に記帳せよ。

5 / 1　前月繰越　　100個　@¥100
5 /10　仕　　入　　300個　@¥120
5 /20　売　　上　　200個　@¥300（販売単価）

【解答欄】

① 先入先出法

商品有高帳

日付	摘要	受入			払出			残高		
		数量	単価	金額	数量	単価	金額	数量	単価	金額

② 移動平均法

商品有高帳

日付	摘要	受入			払出			残高		
		数量	単価	金額	数量	単価	金額	数量	単価	金額

練習問題 5－12

次の資料より，商品の増減を商品有高帳に記帳しなさい。

3 /10　仕　　入　　2,000個　@¥50
3 /20　仕入戻し　　上記商品のうち10個を返品した。
3 /22　売　　上　　1,000個　@¥200（販売単価）
3 /25　売上値引　　上記販売商品の一部が劣化していたことが判明したので，¥50,000の値引を行った。

【解答欄】

商 品 有 高 帳

日付	摘要	受入			払出			残高		
		数量	単価	金額	数量	単価	金額	数量	単価	金額

練習問題 5 －13

以下の取引について，3分法で仕訳を行うとともに，各勘定口座の記入も行いなさい。
① 商品￥300,000を掛けで仕入れた。
② 商品を￥500,000で掛売りした。
③ 期末を迎えたので決算整理を行う。なお，当社の期首商品棚卸高は￥12,500，期末商品棚卸高は￥23,000である。

練習問題 5 －14

当社は，決算期末を迎えたので商品について期末整理仕訳を行う。なお，期首商品棚卸高は￥30,000，期末商品棚卸高（帳簿上の金額）は￥20,000（＝＠￥200×100個）である。しかし，実際に棚卸を行ったところ，期末商品は80個しかなかった。

練習問題 5 －15

当社は，決算期末を迎えたので商品について期末整理仕訳を行う。期首商品棚卸高は￥30,000，期末商品棚卸高（帳簿上の金額）は￥20,000（＝＠￥200×100個）である。なお，実際に棚卸を行ったところ，期末商品数量は帳簿上の数量と一致していたが，商品単価（正味売却価額）が＠￥150に下落していたことが判明した。

練習問題 5 －16

以下の資料をもとに，商品に係る決算整理仕訳を行いなさい。
期末商品の数量： 帳簿上＝150個，実際＝142個
期末商品の単価： 原価＝＠￥80，時価＝＠￥75
期首商品棚卸高＝￥10,600

第6章

特殊商品売買取引

1　特殊商品売買取引

通常の商品売買取引では，商品を受けとったときに仕入という費用勘定を用いて仕訳し，商品を販売したときに売上という収益勘定を用いて仕訳する。しかし，仕入や売上の計上の時期が通常の商品売買取引のときと異なる特殊な形態の商品売買取引も日常的に行われている。このような取引を特殊商品売買取引という。特殊商品売買取引には，未着品取引，委託販売，受託販売，割賦販売，試用販売，そして予約販売がある。

2　未着品取引

（1）貨物代表証券の受取

海外に拠点を置く企業との取引のように，遠隔地にある仕入先から商品を購入し運送する場合，商品が到着する前に運送業者が発行する，商品の所有権を証明する証券である貨物代表証券（貨物引換証または船荷証券）を受け取ることがある。貨物代表証券を受け取ったときは，運送中の商品と手許商品を区別するために，直ちに仕入に計上せず未着品（または未着商品）勘定の借方に記入する。

＜掛けで仕入れた商品の貨物代表証券を受け取ったとき＞
　　　（借）　未　着　品　　×××　　　（貸）　買　掛　金　　×××

（2）商品の受取

商品が到着し，貨物代表証券と引換にその商品を受け取ったときには，手許商品と区別する必要がなくなるため，原価を未着品勘定から仕入勘定の借方に振り替える。

＜商品が到着したとき＞
　　　（借）　仕　　　　入　　×××　　　（貸）　未　着　品　　×××

（3）未着品の販売

運送中の商品が到着する前に，その商品の購入希望者と売買契約を結ぶことがある。この場合，受け取った貨物代表証券は未だ手許にない商品の所有権を表しているため，貨物代表証券を売却することにより，未着品の所有権を第三者に転売することができる。転売

した場合，販売価額を未着品売上勘定または売上勘定の貸方に記入し，原価を未着品勘定から仕入勘定の借方に振り替える。未着品勘定から仕入勘定の借方への振替は，転売せずに到着した未着品を引き取ったときと同様，仕入勘定で売上原価を計算するためである。

＜貨物代表証券を転売したとき＞

（借）　現　　　金　　×××　　　　（貸）　未 着 品 売 上　　×××
　　　　（販売価額で記入）　　　　　　　　　　　　（販売価額で記入）
（借）　仕　　　入　　×××　　　　（貸）　未　着　品　　×××
　　　　（原価で記入）　　　　　　　　　　　　　（原価で記入）

設例 6-1

次の取引を仕訳しなさい。
① 遠隔地にある北海道商店から掛で仕入れた商品¥800,000の貨物引換証を受け取った。
② 上記の貨物引換証を¥1,000,000で沖縄商店に売却し，代金は現金で受け取った。

解答

①	（借）	未　着　品	800,000	（貸）	買　掛　金	800,000	
②	（借）	現　　　金	1,000,000	（貸）	未 着 品 売 上	1,000,000	
		仕　　　入	800,000		未　着　品	800,000	

3 委託販売と受託販売

(1) 委託販売

　遠隔地にある取引先や販売力のある百貨店などの他者に，自己の所有する商品の販売を依頼する販売形態を委託販売という。販売の依頼主を委託者といい，販売依頼を請け負う取引先などの他者を受託者という。委託販売においては，商品を販売することで生じる損益は委託者に帰属し，受託者は委託者の商品を販売したことについての手数料を受け取るのみである。

① 商品の積送

　委託者が受託者に販売依頼のために送付した商品を積送品といい，積送品の所有権は販売されるまで委託者に帰属する。委託者は積送品を手許商品と区別するために，原価で仕入勘定から積送品勘定に振り替えておく。

＜委託者が受託者に商品を送付したとき＞
　　　　（借）　積　送　品　　×××　　　　（貸）　仕　　　入　　×××

② 付 随 費 用

運賃，荷造費，保険料など委託者が受託者に商品を発送する際に支払った付随費用は積送品勘定の借方に記入して売上原価に算入するか，または積送諸掛勘定を設けてその借方に記入する。

③ 積送品の売上

委託販売では，原則として積送品が受託者により販売されたときに売上収益を計上するが，販売のつど受託者から売上計算書が送付されている場合は，売上計算書を受け取ったときに売上収益を計上することができる。売上収益を計上する場合，売り上げた積送品を原価で積送品勘定から仕入勘定の借方に再び振り替えるとともに，売上計算書の手取金額を売上勘定または積送品売上勘定の貸方に記入する。手取金額でなく手数料や諸経費を控除する前の総売上高で売上計上する方法もある。

＜委託品を販売したとき＞
　　　　（借）　売　掛　金　　×××　　　　（貸）　積送品売上　　×××
　　　　　　　　仕　　　入　　×××　　　　　　　　積　送　品　　×××

④ 受託者に対する売掛金・前受金

委託販売では委託者は受託者に対して売掛金や前受金が生じる。売上計算書に記載された手取金は売掛金または未収金としての性格をもつ一種の債権であり，反対に，積送品の貨物代表証券を担保に荷為替（P.123参照）を組み，それを銀行で割り引いて現金化した金額は売上代金の一部としての前受金の性格をもつ。このような売掛金または前受金は委託販売勘定で処理し，売掛金が生じた場合は借方に，前受金が生じた場合は貸方に記入する方法もある。そのため，委託販売勘定は混合勘定としての性格をもつ。

　　　　　　　　　　　　　　　委託販売
売掛金（売上計算書の手取金）	前受金（現金化した荷為替）

設例 6-2

次の取引を仕訳しなさい。
① 委託販売のため旭川商店へ商品（原価￥200,000，売価￥250,000）を積送し，その際に運賃，保険料などの諸掛￥7,000を現金で支払った。
② 旭川商店から上記商品についての売上計算書（売上高￥250,000，販売手数料￥9,000，手取金￥241,000）を受け取った。
③ 旭川商店から，手取金￥241,000を同店振出しの小切手で受け取り，ただちに当座預金とした。

解答

①	（借）積　送　品	207,000	（貸）仕　　　入	200,000
			現　　　金	7,000
②	（借）売　掛　金	241,000	（貸）積送品売上	241,000
	仕　　　入	207,000	積　送　品	207,000
③	（借）当座預金	241,000	（貸）売　掛　金	241,000

※売掛金は委託販売としてもよい。

（2）受託販売

委託販売を依頼された側からみると受託販売になる。受託者は委託者から商品売買を依頼されるが，商品の所有権やその販売から生じる損益は委託者に帰属するため，受託者は販売手数料を受け取るだけである。受託品は委託者が所有権を持つ商品であるため，それを受け取っても商品の保管場所を提供しただけと考えて仕訳しない。

受託販売では受託者は委託者に対して立替金や預り金が生じる。受託品の引取費用・保管料など委託者が負担すべき諸掛は委託者に対する立替金であり，受託品の売上代金は，後日委託者に返す預り金である。これらの立替金・預り金は受託販売勘定で一括して処理する。

受託販売でも販売行為自体は受託者の名で行われるので，売上代金を現金で受け取れば現金勘定で，掛で販売すれば売掛金勘定で記録する。

受託販売	
立替金（取引費用・保管料）	預り金（受託金の売上代金）

＜引取費用を立替払いしたとき＞
　　　（借）受　託　販　売　　×××　　（貸）現　　　金　　×××
　　　　　（立替金を意味する）　　　　　　　　　（引取代金の支払）

<委託された商品を販売したとき>
　　　（借）現　　　金　×××　　　（貸）受 託 販 売　×××
　　　　　　（売上代金）　　　　　　　　　（預り金を意味する）

<販売手数料を計上したとき>
　　　（借）受 託 販 売　×××　　　（貸）受 取 手 数 料　×××

<売上代金から立替金や販売手数料を差引した残額を委託者に送金したとき>
　　　（借）受 託 販 売　×××　　　（貸）現　　　金　×××
　　（預り金の減少を意味する）

設例 6-3

次の取引を受託者（旭川商店）側から仕訳しなさい。
① 委託販売のため旭川商店へ商品（原価￥200,000，売価￥250,000）を積送し，その際に運賃，保険料などの諸掛￥7,000を現金で支払った。
② 旭川商店から上記商品についての売上計算書（売上高￥250,000，販売手数料￥9,000，手取金￥241,000）を受け取った。
③ 旭川商店から，手取金￥241,000を同店振出しの小切手で受け取り，ただちに当座預金とした。

解答

① 仕訳なし
② （借）現　　　金　　250,000　　（貸）受 託 販 売　　250,000
③ （借）受 託 販 売　　250,000　　（貸）当 座 預 金　　241,000
　　　　　　　　　　　　　　　　　　　　受 取 手 数 料　　　9,000

4　割賦販売

　月賦等の方法で，商品等の代金を数回に分割して一定期間内に支払うことを賦払という。代金について賦払で受け取る契約を結んだ販売形態を割賦販売という。割賦販売については，販売金額をどの時点で売上勘定に記帳するのかという違いによって，販売基準と回収基準の2つの処理方法がある。

(1) 販売基準による処理

　一般の信用取引と同様に商品を掛で販売したと考え，商品を引き渡したときに販売金額を割賦売掛金（または売掛金）勘定の借方と割賦売上（または売上）の貸方に記入する方法である。割賦金を受け取るつど，割賦売掛金（または売掛金）を減少させる。

＜分割払い契約で商品販売したとき＞
　　　（借）　割賦売掛金　　×××　　　　（貸）　割　賦　売　上　×××

＜割賦金が入金されたとき＞
　　　（借）　現　　　　金　　×××　　　　（貸）　割賦売掛金　　×××

(2) 回収基準による処理

　通常の掛販売と異なり，販売商品の代金を長期にわたって分割して回収する割賦販売では，貸倒の危険性が高く，回収手続が煩雑であるという特徴をもつ。そのような特徴を考慮し，売上収益の計上を慎重にしようという配慮から，回収基準による処理が特別に認められている。回収基準とは，割賦金が入金するつど，入金額のみ売上計上する方法であり，その処理方法としては，対照勘定法と未実現利益控除法がある。

①　対照勘定法

　対照勘定法では，商品を引渡したときは売上収益に計上せず，割賦販売契約勘定の借方と割賦販売仮売上勘定（または割賦販売勘定）の貸方に売上金額を記入し，対照勘定による備忘記録を行う。
　割賦金が入金されるつど，その入金額を売上収益として割賦売上勘定に貸方記入し，同時に対照勘定を同額だけ貸借反対の仕訳をして相殺する。この方法によるとき，期末に未回収の割賦金が存在する場合は，その金額分の商品は未販売であるので，その原価分を未販売の手許商品と同じと考え期末商品棚卸高に算入し，売上高と対応する売上原価を算定する。

＜分割払いで販売したとき＞
　　　（借）　割賦販売契約　　×××　　　　（貸）　割賦販売仮売上　×××
　　　　　　（売価で記入）　　　　　　　　　　　　（売価で記入）

＜割賦金を受け取ったとき＞
　　　（借）　現　　　　金　　×××　　　　（貸）　割 賦 売 上　×××
　　　　　　割賦販売仮売上　×××　　　　　　　　割賦販売契約　×××
　　　　　　（入金額で記入）　　　　　　　　　　　（入金額で記入）

＜期末の未回収分の割賦金に含まれる原価分を期末商品棚卸高に算入＞
　　　（借）　繰 越 商 品　　×××　　　　（貸）　仕　　　　入　×××
　　　　（未回収分の割賦金に含まれる原価分で記入）　　（未回収分の割賦金に含まれる原価分で記入）

②　未実現利益控除法

　未実現利益控除法では，商品を引渡したときは，通常の販売基準と同じように全額売上に計上し，決算時に未回収の割賦金に含まれる利益を未実現利益として全体の売上総利益から控除して次期に繰り延べる。

　未実現利益控除法によると，通常の販売基準と同じく，割賦金の金額が売上として計上される。また，売上原価も期末商品に含まれないので，割賦販売された商品の仕入価額が計上されることになる。そこで，未回収の割賦金に含まれる売買益に相当する分を全体の売上総利益から控除すると，結果的に，回収された割賦金に含まれる売上総利益だけが当期の売上総利益として計上されることになる。

＜分割払いで販売したとき＞
　　　（借）　割賦売掛金　　×××　　　　（貸）　割 賦 売 上　×××
　　　　　　（売価で記入）　　　　　　　　　　　（売価で記入）

＜割賦金を受け取ったとき＞
　　　（借）　現　　　　金　　×××　　　　（貸）　割賦売掛金　×××
　　　　　　（入金額で記入）　　　　　　　　　　（入金額で記入）

＜未回収の割賦金に含まれる売買益相当分を控除するとき＞
　　　（借）　未実現利益控除　×××　　　（貸）　未実現利益　×××
　　　　　　（未実現の売買益分を記入）　　　　　　（未実現の売買益分を記入）

設例 6-4

次の取引を回収基準（対照勘定法）で仕訳しなさい。
① 商品¥360,000（原価¥300,000）を毎月均等額払いの12ヶ月月賦で売り渡した。
② 第1回目の月賦代金を現金で受け取った。
③ 第6回目の月賦代金を現金で受け取ったところで決算を迎えた。

解 答

①	（借）	割賦販売契約	360,000	（貸）	割賦販売仮売上	360,000
②	（借）	現　　金	30,000	（貸）	割 賦 売 上	30,000
		割賦販売仮売上	30,000		割賦販売契約	30,000
③	（借）	現　　金	30,000	（貸）	割 賦 売 上	30,000
		割賦販売仮売上	30,000		割賦販売契約	30,000
		繰 越 商 品	150,000		仕　　入	150,000

5　試用販売・予約販売

（1）試用販売

　試用販売とは，顧客にあらかじめ商品を送付，あるいは引き渡して試験的に使用させ，その結果，顧客が買取の意思表示をすれば販売し，そうでなければ商品を返品させる（引取る）販売形態をいう。そのため，試用販売では，商品を送付または引き渡した段階ではまだ販売が成立しておらず，顧客が買取の意思を示したときに売上を計上する。試用販売の処理には対照勘定法および手許商品と区分する方法がある。

① 対照勘定法

　対照勘定法では，試用のために商品を送付または引き渡したときには，売上収益に計上せず，試用販売売掛金勘定の借方と試用販売仮売上勘定（または試用販売勘定）の貸方に売価を記入し，対照勘定による備忘記録を行う（商品が試用先にあるということを明確にする）。顧客が買取の意思を示した場合は，売上を試用品売上（または売上）勘定の貸方に記入し，売上収益を計上する。そして対照勘定を貸借反対に仕訳をして備忘記録を消滅させる。

<商品を送付したとき＞

　　　（借）　試用販売売掛金　×××　　　　（貸）　試 用 販 売　×××
　　　　　　　（売価で記入）　　　　　　　　　　　　（売価で記入）

＜買取の意思表示を受けたとき＞

　　　（借）　試 用 売 掛 金　×××　　　　（貸）　試 用 品 売 上　×××
　　　　　　　試 用 販 売　×××　　　　　　　　試用販売売掛金　×××
　　　　　（販売分に相当する売価で記入）　　　　　（販売分に相当する売価で記入）

＜返品されたとき＞

　　　（借）　試 用 販 売　×××　　　　　　　　　試用販売売掛金　×××

② **手許商品と区分する方法**

　試用品と手許商品と区分して管理するために，試用商品を送付または引き渡した時に仕入勘定から試用品勘定または試送品勘定にその原価を振り替えておき，買取りの意思表示を受けたときに売上収益を計上する。手許商品と区分する方法では，期末に試用品勘定または試送品勘定から仕入勘定に再び振り替えて決算整理を行うことになる。また，買取の意思表示がなかったものについても，仕入勘定に再び振り替える。

＜商品を送付したとき＞

　　　（借）　試 用 品　×××　　　　（貸）　仕 入　×××
　　　　　　　（原価で記入）　　　　　　　　　　　（原価で記入）

＜買取の意思表示を受けたとき＞

　　　（借）　売 掛 金　×××　　　　（貸）　売 上　×××
　　　　　　　（売価で記入）　　　　　　　　　　　（売価で記入）
　　　　　　　仕 入　×××　　　　　　　　試 用 品　×××
　　　　　（販売分に相当する原価で記入）　　　　　（販売分に相当する原価で記入）

設 例　6－5

次の取引を対照勘定法で仕訳しなさい。
① 試用販売のために，商品¥37,000（原価¥30,000）を豊中商店へ発送した。
② 豊中商店より商品買取の意思表示を受けた。

【解　答】

①	(借)	試用販売売掛金	37,000	(貸)	試 用 販 売	37,000
②	(借)	売　掛　金	37,000	(貸)	試用品売上	37,000
		試 用 売 上	37,000		試用販売売掛金	37,000

（2）予約販売

　予約販売とは，将来の特定期日に商品の引渡またはサービスの提供を行う条件で，一定の予約金を徴収して販売契約を結ぶ販売形態をいう。

　予約金を受け取った時点では，まだ商品を引き渡していないので売上を計上することはできない。そのため前受金（または予約販売前受金）という負債勘定の貸方に記入する。その後，商品を引き渡したときに，売上収益を計上し，その代金はあらかじめ受け取っている前受金を当てるという仕訳をする。

【設　例】6－6

次の取引を仕訳しなさい。
① 本町書店は，来月販売の専門書の予約受付をし，予約金¥5,000を現金で受け取った。
② 本町書店は，専門書を入荷したので，これを予約客に引き渡した。

【解　答】

①	(借)	現　　　金	5,000	(貸)	前　受　金	5,000
②	(借)	前　受　金	5,000	(貸)	売　　　上	5,000

第6章　特殊商品売買取引

練　習　問　題

練習問題 6 － 1

次の取引について，佐賀商店と鹿児島商店の双方の仕訳をしなさい。

① 佐賀商店は，岩手商店からＡ商品￥300,000とＢ商品￥500,000を掛で仕入れ，それぞれの船荷証券を受け取った。
② 佐賀商店は，Ａ商品の船荷証券を￥600,000で鹿児島商店に掛で売却した。
③ 佐賀商店は，Ｂ商品が到着したので船荷証券と引き換えに商品を引き取った。なお，引取運賃￥8,000は現金で支払った。
④ 鹿児島商店は，Ａ商品が到着したので船荷証券と引き換えにこれを引き取り，引取運賃￥5,000は現金で支払った。

練習問題 6 － 2

次の取引を仕訳しなさい。

① 鳥取商店は，委託販売のために島根商店へ商品（原価￥60,000, 売価￥90,000）を積送し，運賃・保険料などの諸掛￥3,000を現金で支払った。
② 上記商品を販売委託された島根商店は，積送された商品を受け取り，その３分の１を山口商店に掛売りした
③ 島根商店は，鳥取商店に対して上記の商品販売に関する売上計算書を作成して送付するとともに，手取金を小切手を振り出して送金した。このときの販売手数料は￥3,000である。
④ 鳥取商店は，上記の売上計算書を受け取った。
⑤ 鳥取商店は，島根商店より上記の手取金を小切手で受け取り，ただちに当座預金とした。

練習問題 6 － 3

次の取引を回収基準（未実現利益控除法）を用いて仕訳しなさい。

① 商品￥360,000（原価￥300,000）を毎月均等額払いの12ヶ月月賦で売り渡した。
② 第１回目の月賦代金を現金で受け取った。
③ 第６回目の月賦代金を現金で受け取ったところで決算を迎えた。

練習問題 6 － 4

次の取引を手許商品と区分する方法を用いて仕訳しなさい。

① 試用販売のために，商品￥37,000（原価￥30,000）を豊中商店へ発送した。
② 豊中商店より商品買取の意思表示を受けた。

第7章

売掛金と買掛金

1　掛　取　引

（1）売掛金勘定と買掛金勘定

　商品を売買する時点では代金を精算せず，後にまとめて精算する取引を掛取引という。取引先に対する信用を基にした取引のため信用取引ともいう。売掛金は，得意先に商品を信用取引によって販売し，その代金を将来回収することにしたときの未収代金であり，商品売買にともなって発生した債権であるため，未収金ないし未収入金とは区別される。売掛金勘定は資産を表す勘定のため，掛取引により売掛金が増加したときは借方に記入し，現金による回収など，売掛金が減少したときは貸方に記入する。

　買掛金は，仕入先から商品を信用取引によって購入し，その代金を将来支払うことにしたときの未払代金のことであり，商品の売買にともなって発生した債務であるため，それ以外の未払金とは区別される。買掛金勘定は負債を表す勘定であるので，掛仕入によって買掛金が増加したときは貸方に記入し，現金による支払など，買掛金が減少したときは借方に記入する。

＜信用取引で販売したとき＞
　　　（借）　売　掛　金　　×××　　　　　（貸）　売　　　上　　×××
　　　　　（債権（資産）の増加）　　　　　　　　　　（収益の発生）

＜売掛代金の受取時＞
　　　（借）　現　　　金　　×××　　　　　（貸）　売　掛　金　　×××
　　　　　　　　　　　　　　　　　　　　　　　　（債権（資産）の減少）

＜信用取引で仕入れたとき＞
　　　（借）　仕　　　入　　×××　　　　　（貸）　買　掛　金　　×××
　　　　　（費用の発生）　　　　　　　　　　　　（債務（負債）の増加）

＜買掛代金の支払時＞
　　　（借）　買　掛　金　　×××　　　　　（貸）　現　　　金　　×××
　　　　　（債務（負債）の減少）

設例 7-1

次の取引を仕訳しなさい。
① 得意先の宮崎商店に商品￥400,000を売上げ，代金は掛とした。
② 月末につき，宮崎商店より今月分の掛代金￥400,000を現金で受け取った。

解答

①	（借）	売 掛 金	400,000	（貸）	売　　上	400,000
②	（借）	現　　金	400,000	（貸）	売 掛 金	400,000

（2）人名勘定

　企業が多くの取引先と信用取引をしている場合，信用取引により生じた売掛金は売掛金勘定に，買掛金は買掛金勘定にとそれぞれ1つの勘定によって処理されるため，それぞれの勘定において売掛金または買掛金の増減および残高について信用取引全体の金額を把握することは可能である。しかし，取引先ごとの売掛金または買掛金の増減および残高は，それぞれの勘定に記入された記録からは直接把握することはできない。

　そのため，取引先ごとに勘定を用意し，取引先ごとの売掛金または買掛金の増減をそれぞれ勘定に個別的に記録する方法がある。個別的に記録するために用いられる勘定は，取引先ごとの名称が付されることから，人名勘定とよばれている。

　人名勘定を用いる場合，信用取引で商品を販売した場合は，その得意先を表す人名勘定の借方に記入する。得意先に対する売掛金を回収したとき，または販売した商品につき値引をしたり，返品を受けた場合は，その人名勘定の貸方に記入する。

　反対に，信用取引で商品を購入した場合は，その仕入先を表す人名勘定の貸方に記入する。仕入先に対する買掛金を支払ったとき，または仕入れた商品につき値引を受けたり，返品した場合は，その人名勘定の借方に記入する。

　上記の設例を，人名勘定を用いて仕訳すると次のようになる。

①	（借）	宮 崎 商 店	400,000	（貸）	売　　上	400,000
②	（借）	現　　金	400,000	（貸）	宮 崎 商 店	400,000

2　売掛金元帳と買掛金元帳

　既述したように，人名勘定を用いない場合，信用取引により生じる売掛金は売掛金勘定に，買掛金は買掛金勘定にとそれぞれ1つの勘定に処理されるため，それぞれの勘定において売掛金または買掛金の増減および残高について信用取引全体の金額を把握することは可能だが，取引先ごとの売掛金または買掛金の増減および残高をそれぞれの勘定に記入された記録から直接把握することはできない。反対に，人名勘定を用いて仕訳すると，総勘定元帳上に個別の人名勘定をすべて設けることになり，取引先ごとの個別的な記録を把握することはできるが，企業規模が拡大し取引先が増加するにつれて勘定の数も増加し，総勘定元帳への記録の手続がかえって煩雑となる。

　そのため，総勘定元帳には，売掛金勘定と買掛金勘定だけを設けて売掛金や買掛金の増減などの全体の金額を記録する。と同時に売掛金元帳ないし得意先元帳と買掛金元帳ないし仕入先元帳という補助簿すなわち補助元帳を用意し，個人的に人名勘定を設けるという二段構えの方法が一般的にとられる。たとえば，信用取引により商品が販売された場合，総勘定元帳において売掛金勘定の借方に記入すると同時に，売掛金元帳のその得意先を表す人名勘定の借方にも記入する。

　したがって，総勘定元帳の売掛金勘定の借方合計および貸方合計は，売掛金元帳の各人名勘定の借方合計の総計および貸方合計の総計にそれぞれ必ず一致する。同様に，総勘定元帳の買掛金勘定の借方合計および貸方合計は，買掛金元帳の各人名勘定の借方合計の総計および貸方合計の総計にそれぞれ必ず一致する。すなわち，売掛金勘定や買掛金勘定は補助簿の各勘定の集合としての性格を持つ勘定であり，統制勘定ないし総括勘定という。

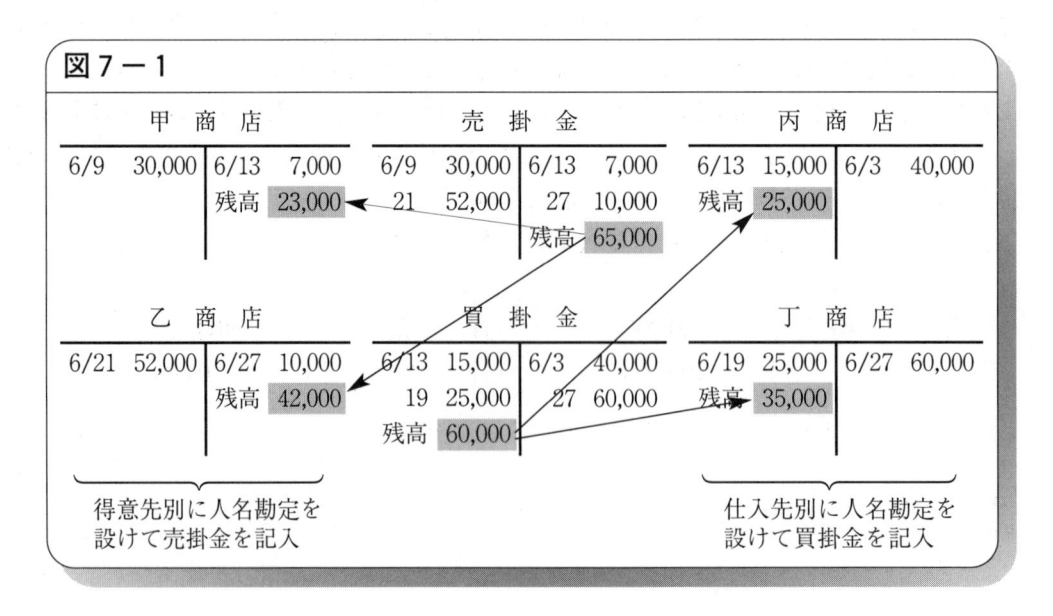

図7－1

甲商店		売掛金		丙商店	
6/9　30,000	6/13　7,000	6/9　30,000	6/13　7,000	6/13　15,000	6/3　40,000
	残高　23,000	21　52,000	27　10,000	残高　25,000	
			残高　65,000		

乙商店		買掛金		丁商店	
6/21　52,000	6/27　10,000	6/13　15,000	6/3　40,000	6/19　25,000	6/27　60,000
	残高　42,000	19　25,000	27　60,000	残高　35,000	
		残高　60,000			

得意先別に人名勘定を設けて売掛金を記入　　　　仕入先別に人名勘定を設けて買掛金を記入

3　売掛金明細表と買掛金明細表

　売掛金の増減について，総勘定元帳の売掛金勘定への記入と売掛金元帳の各人名勘定への記入とが正しく行われているかどうか検証するために，得意先ごとに売掛金残高をまとめた明細表を作成することがある。これを売掛金明細表という。

　また，買掛金についても，総勘定元帳の買掛金勘定残高と買掛金元帳の各人名勘定の残高の合計とが一致していることを確かめるため，買掛金明細表が作成されることがある。

　これらの明細表は総勘定元帳の売掛金勘定残高，買掛金勘定残高が売掛金元帳，買掛金元帳の各人名勘定の残高合計とそれぞれ一致するかどうかを検証するためばかりでなく，売掛金および買掛金の取引先別残高一覧表としても利用される。

図7－2

売掛金明細表

得意先名	6月1日残高	6月30日残高
甲商店	0	23,000
乙商店	0	42,000
合計	0	65,000

買掛金明細表

得意先名	6月1日残高	6月30日残高
丙商店	0	25,000
丁商店	0	35,000
合計	0	60,000

4　貸倒と貸倒損失

（1）債権の貸倒と貸倒損失

　得意先の倒産などにより，売掛金や受取手形などの売上債権が回収できなくなることを貸倒という。貸倒となった金額（回収不能額）は貸倒損失勘定または貸倒償却勘定の借方に記入して費用計上するとともに，売掛金勘定の貸方に記入して売掛金を減少させる。貸倒償却勘定は，貸倒損失と後に説明する貸倒引当金繰入の2つを意味する勘定として使われるが，貸倒損失と貸倒引当金繰入は明確に区別して用いられなければならない。

＜得意先の債権が貸倒れになったとき＞
　　　（借）　貸倒損失　　×××　　　（貸）　売　掛　金　　×××
　　　　　　（費用の発生）　　　　　　　　　　（資産の減少）

（2）貸倒引当金の見積もり

　売掛金や受取手形などの売上債権は貸倒になる危険が高いため，決算にあたっては，過去の貸倒実績率等に基づいて予想される貸倒額をあらかじめ費用とする会計処理が認められている。これを実績法という。売掛金の貸倒を予想した時点では，売掛金は実際にはまだ貸倒になっているわけではないので，売掛金勘定を直ちに減少させることはできない。そのため，売掛金勘定を減少させるかわりに，貸倒引当金勘定を総勘定元帳に設け，そこに貸方記入する。このような処理を，貸倒引当金の設定という。

＜決算日に売掛金の貸倒を見積もったとき＞
　　　　（借）　貸倒引当金繰入　　×××　　　（貸）　貸倒引当金　　×××
　　　　　　　（費用の発生）　　　　　　　　　　　　（資産のマイナス勘定）
　　　　貸倒引当金繰入…債権が回収不能になることによる損害額を当期の費用に計上。
　　　　貸倒引当金…本来，減少させるべき資産勘定の代わりに貸方に記入。

　上記の仕訳は，将来生ずるかもしれない貸倒のうち，当期にその原因が発生していると考えられる金額を当期の費用として計上している。つまり，貸倒引当金繰入勘定という費用勘定の借方にその予想額を記入するとともに，貸倒引当金勘定の貸方に同額を記入する。既述したように，貸倒引当金繰入勘定のかわりに貸倒償却勘定，もしくは貸倒引当損勘定を用いてもよい。
　実際に売上債権を回収できない状況が生じたとき，貸倒引当金勘定の借方に記入して貸倒引当金を減少させるとともに売掛金を減少させる。このような処理を貸倒引当金の充当または取崩という。なお，実際に貸倒となった金額が，貸倒引当金勘定残高を超える場合には，その超える金額を貸倒損失勘定の借方に記入する。

＜貸倒引当金見積額を超えない貸倒が発生したとき＞
　　　　（借）　貸倒引当金　　×××　　（貸）　売　掛　金　　×××
　　　　　　　　　　　　　　　　　　　　　　　（実際に債権を減少させる）

＜貸倒引当金見積額を超える貸倒が発生したとき＞
　　　　（借）　貸倒引当金　　×××　　（貸）　売　掛　金　　×××
　　　　　　　貸　倒　損　失　×××
　　　（貸倒引当金と貸倒額の差額。費用の発生）

設例　7−2

次の取引を仕訳しなさい。
①　×1年12月31日に，大分商店の売掛金残高¥30,000に対して，貸倒引当金を¥1,500設

定する。
② 大分商店は売掛金¥2,000を残して倒産したため、売掛金が実際に回収不能になった。

解　答

①	（借）	貸倒引当金繰入	1,500	（貸）	貸倒引当金	1,500
②	（借）	貸倒引当金	1,500	（貸）	売　掛　金	2,000
		貸倒損失	500			

（3）差額補充法

　決算において、前期末に設定した貸倒引当金に残高がある場合には、当期末における貸倒れの見積額と、前期末に設定した貸倒引当金勘定残高との差額を、貸倒引当金繰入勘定の借方と貸倒引当金勘定の貸方に計上する。この処理方法を差額補充法という。

　なお、前期末に設定した貸倒引当金の残高よりも当期末の売上債権に対する貸倒の見積額の方が大きい場合には、当期末の債権に対する貸倒の見積額と、前期末に設定した貸倒引当金の残高との差額を貸倒引当金繰入勘定の借方に記入し、同時に貸倒引当金勘定の貸方にその差額を追加する会計処理方法を行う。

＜貸倒見積額（¥5,000）＞貸倒引当金残高（¥2,000）の場合＞

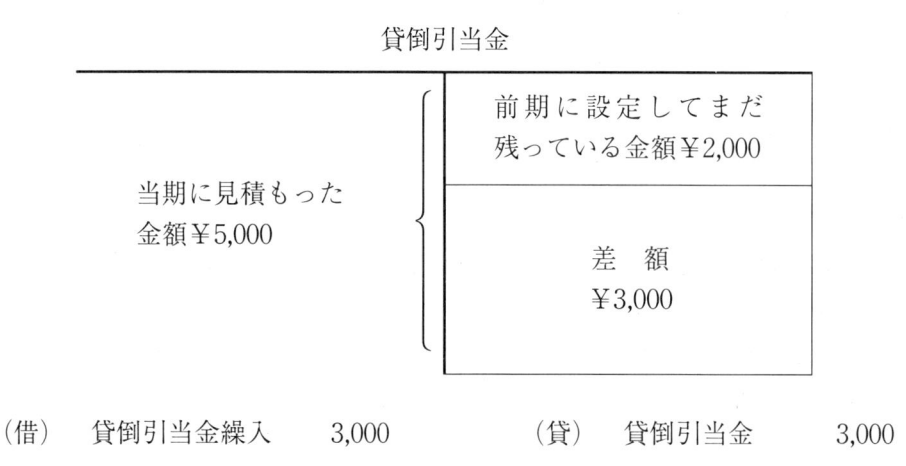

貸倒引当金

当期に見積もった金額¥5,000	前期に設定してまだ残っている金額¥2,000
	差　額 ¥3,000

（借）　貸倒引当金繰入　　3,000　　　（貸）　貸倒引当金　　3,000

　反対に、当期末の売上債権に対する貸倒の見積額よりも前期末に設定した貸倒引当金の残高の方が大きい場合には、前期末からの貸倒引当金の残高が、貸倒の見積額を超える差額だけ貸倒引当金を取り崩すとともに貸倒引当金戻入勘定の貸方に記入する。前期末において貸倒引当金繰入という費用を過大計上したことになるので、貸倒引当金戻入は前期の損失の修正という意味を持つ。

＜貸倒見積額（¥5,000）＜貸倒引当金残高（¥8,000）の場合＞

貸倒引当金

| 当期に見積もった金額¥5,000 | 前期に設定してまだ残っている金額¥8,000 |
| 差額の¥3,000を減らす | |

↓

貸倒引当金

| 減らした¥3,000 | 前期に設定してまだ残っている金額¥8,000 |
| 当期に見積もった金額¥5,000 | |

（借）貸倒引当金　　3,000　　（貸）貸倒引当金戻入　　3,000
　　　　　　　　　　　　　　　　　　（収益の発生）

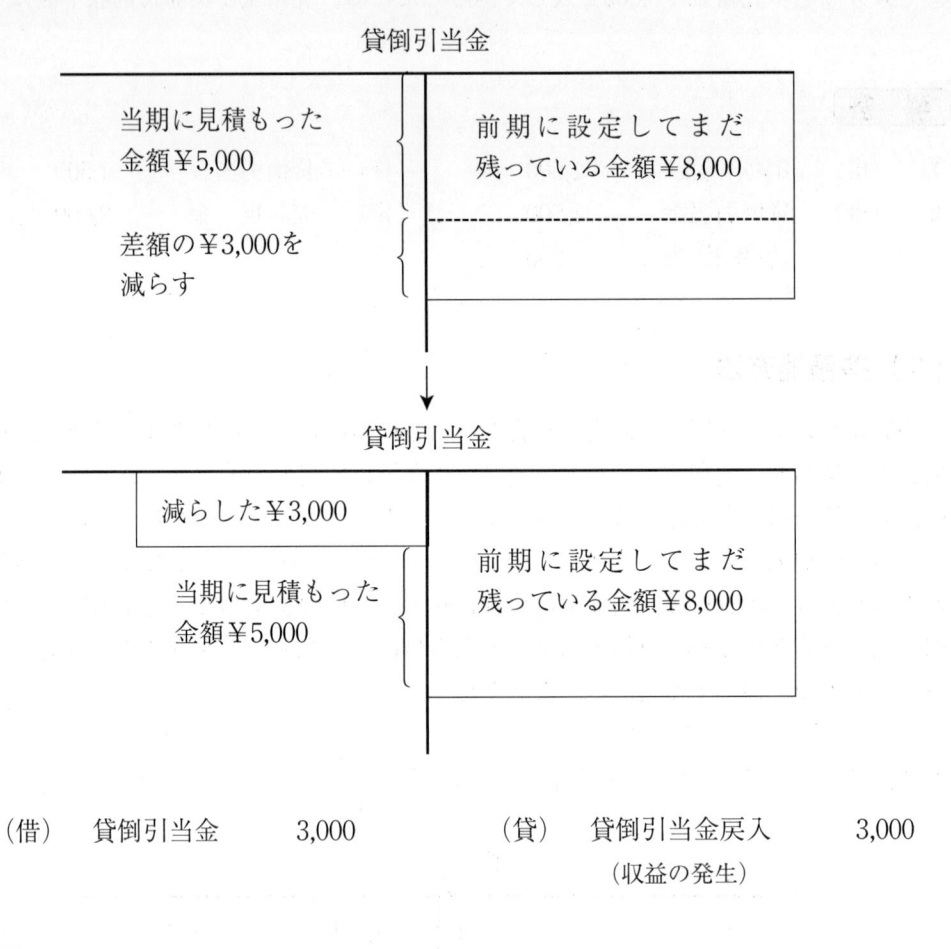

設例 7－3

次の取引を仕訳しなさい。
① 期末の売掛金残高¥1,500,000に対して，2％の貸倒れを見積もった。ただし，貸倒引当金の残高が¥10,000ある。
② 期末の売掛金残高¥1,500,000に対して，2％の貸倒れを見積もった。ただし，貸倒引当金の残高が¥40,000ある。

【解答】

① （借）貸倒引当金繰入　20,000　（貸）貸倒引当金　　20,000
② （借）貸倒引当金　　　10,000　（貸）貸倒引当金戻入　10,000

5　償却債権取立益勘定

　前期以前にすでに貸倒として費用処理した売掛金や受取手形の一部または全部が当期になって回収された場合，回収できた金額を償却債権取立益勘定の貸方に記入する。償却債権取立益はすでに貸倒として費用処理された債権が回収されたものであるので，過年度の損益の修正という性格をもつ。

＜貸倒処理した債権を回収したとき＞
　　　（借）　現　　　金　　×××　　　（貸）　償却債権取立益　　×××
　　　　　　　　　　　　　　　　　　　　　　　（収益の発生）

練 習 問 題

練習問題 7 − 1
資料をもとに，次の取引を仕訳しなさい。

<資料> 前月からの繰越高
　　　　売掛金　¥300,000（千葉商会　¥180,000，船橋商会　¥120,000）
　　　　買掛金　¥150,000（市原商会　¥100,000，大木商会　¥50,000）

8月4日　千葉商会に商品¥100,000を掛売りした。
　6日　市原商会より商品¥30,000を掛で仕入れた。
　12日　船橋商会に，商品¥150,000を売却し，代金のうち半分は小切手で受け取り，残額は掛とした。
　14日　12日に船橋商会に販売した掛売上分の商品のうち¥8,000が不良品として返品された。
　15日　6日に市原商会から仕入れた商品について¥3,000の値引きを受けた。
　20日　大木商会から商品¥88,000仕入れ，代金のうち¥50,000は小切手を振り出して支払い，残額は掛とした。
　22日　千葉商会より¥200,000，船橋商会より¥60,000の売掛金を小切手で受け取り，ただちに当座預金とした。
　27日　買掛金のうち，市原商会に¥100,000，大木商会に¥50,000を，それぞれ小切手を振り出して支払った。

練習問題 7 − 2
次の取引について仕訳をしなさい。
① 決算において，東海商店に対する売掛金残高のうち¥500,000に対して，3％の貸倒れを見積もった。なお貸倒引当金の残高は¥12,000である。
② 上記の東海商店が倒産し，同店に対する売掛金¥20,000が貸倒となった。
③ 前期に貸倒として処理していた東海商店に対する売掛金¥20,000のうち半分を現金で回収した。

第8章

手形取引

1 手形とは

　手形は，手形に記載されている金額を将来の一定の期日（支払期日）に支払うことが約束された証券であり，法律上，約束手形と為替手形の2種類がある。簿記会計では，約束手形と為替手形を区別することなく，いずれの場合でも，手形上の債権を取得したとき（手形の債権者の立場に立ったとき）には受取手形勘定，手形上の債務を負ったとき（手形の債務者の立場に立ったとき）には支払手形勘定を用いて仕訳する。

(1) 約束手形

① 約束手形とは

　約束手形は，手形の発行者が手形に記載されている特定の支払期日（満期ないし満期日という）に，手形に記載されている金額を取引相手（手形の受取人）に支払うことを約束した証券である。約束手形の発行者を振出人，取引相手（手形の受取人）を名宛人という。

　約束手形の振出人は手形の発行者であると同時に債務者として支払義務を負うことになる。また，約束手形の名宛人は手形の受取人ないし所持人であると同時に債権者として手形金額を受け取る権利を取得する。

② 約束手形の処理

　約束手形の処理を，立場別に，順を追って説明する。最初に，手形の振出人（支払人）側の処理は次のとおりである。

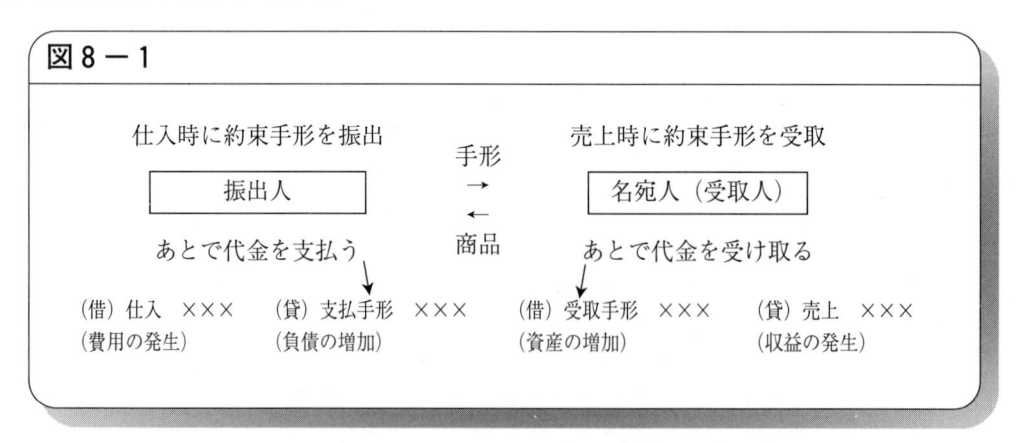

```
図8－1

      仕入時に約束手形を振出              売上時に約束手形を受取
         ┌─────────┐     手形     ┌─────────────┐
         │  振出人  │      →      │  名宛人（受取人） │
         └─────────┘      ←      └─────────────┘
        あとで代金を支払う    商品     あとで代金を受け取る

   (借) 仕入 ×××  (貸) 支払手形 ×××   (借) 受取手形 ×××  (貸) 売上 ×××
     (費用の発生)    (負債の増加)          (資産の増加)      (収益の発生)
```

＜約束手形を振り出したとき＞
　　　　（借）　仕　　　入　　×××　　　　（貸）　支　払　手　形　　×××
　　　　　　　　（費用の発生）　　　　　　　　　　　　（負債の増加）

＜約束手形の金額を支払ったとき＞
　　　（借）　支 払 手 形　　×××　　　（貸）　当 座 預 金　　×××
　　　　　　　（負債の減少）　　　　　　　　　　　（資産の減少）

次に名宛人（受取人）側の仕訳は次のとおりである。
＜約束手形を受け取ったとき＞
　　　（借）　受 取 手 形　　×××　　　（貸）　売　　　　上　　×××
　　　　　　　（資産の増加）　　　　　　　　　　　（収益の発生）

＜約束手形の金額を受け取ったとき＞
　　　（借）　当 座 預 金　　×××　　　（貸）　受 取 手 形　　×××
　　　　　　　（資産の増加）　　　　　　　　　　　（資産の減少）

設例 8−1

次の取引について神奈川商店と和歌山商店のそれぞれの仕訳を示しなさい。
① 神奈川商店は仕入先和歌山商店に対する買掛金¥20,000を支払うため，同商店宛の約束手形を振り出した。
② 上記手形の決済日につき，神奈川商店は手形代金を小切手を振り出して支払った。

解 答

神奈川商店
①　（借）　買　掛　金　　20,000　　（貸）　支 払 手 形　　20,000
②　（借）　支 払 手 形　　20,000　　（貸）　当 座 預 金　　20,000
和歌山商店
①　（借）　受 取 手 形　　20,000　　（貸）　売　掛　金　　20,000
②　（借）　現　　　金　　20,000　　（貸）　受 取 手 形　　20,000

（2）為 替 手 形

① 為替手形とは

為替手形は，手形の振出人が名宛人（振出人に支払義務を負っている債務者）に対して将来の特定日に手形に記載されている金額を，手形に記載されている指図人（振出人より支払を受ける予定の債権者）に支払うことを依頼する証券である。為替手形は，振出人が支払人に宛てて手形代金の支払を依頼する形式の手形であり，振出人が自分で支払うのではなく，第三者に支払を依頼する点で約束手形と異なる。

② 為替手形の処理

為替手形の処理を，設例を用いて説明する。

設例 8-2

次の取引を仕訳しなさい。

① 群馬商店は，栃木商店に対する買掛金¥80,000の支払のため，得意先埼玉商店を名宛人とする為替手形を同店の引受を得て振出し，栃木商店に渡した。
② 手形の期日になり，埼玉商店から栃木商店に手形代金が現金で支払われた。

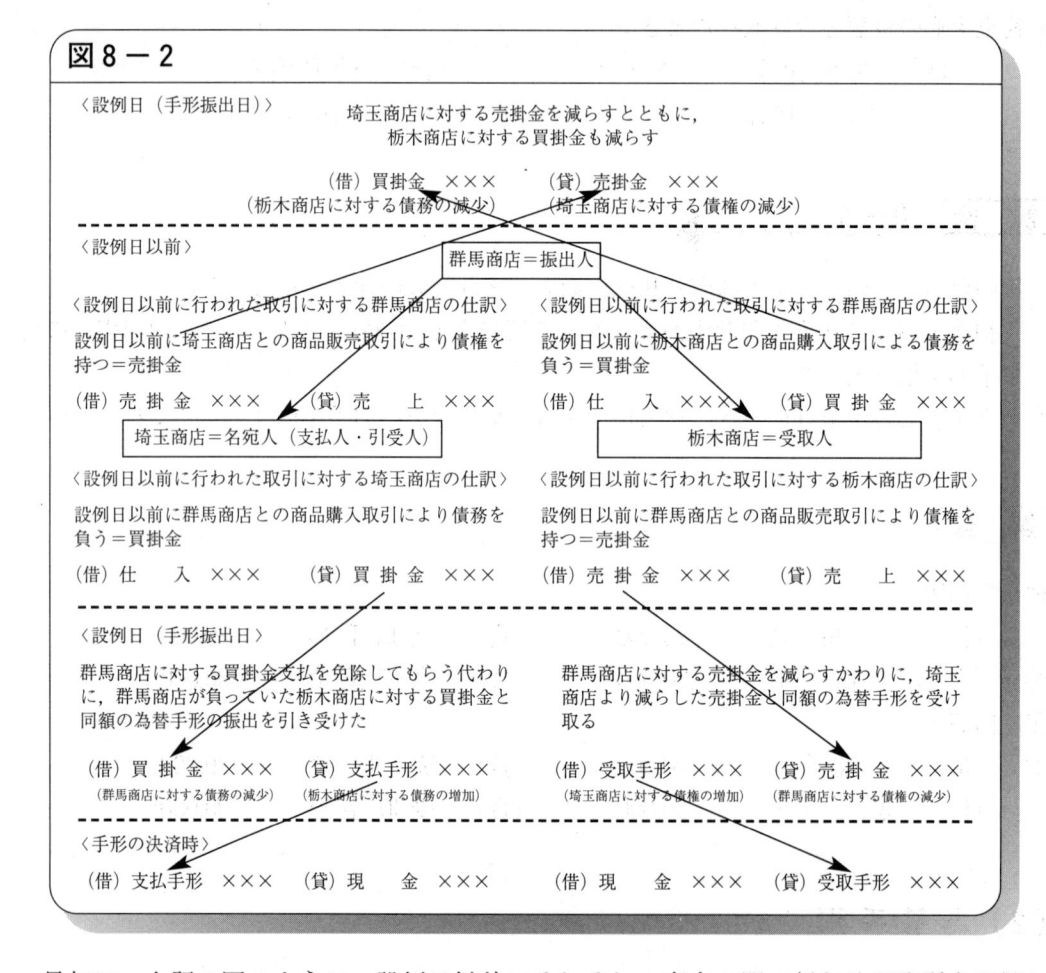

図8-2

〈設例日（手形振出日）〉
埼玉商店に対する売掛金を減らすとともに，
栃木商店に対する買掛金も減らす

（借）買掛金 ×××　　（貸）売掛金 ×××
（栃木商店に対する債務の減少）　（埼玉商店に対する債権の減少）

――――――――――――――――――――――――――
〈設例日以前〉

群馬商店＝振出人

〈設例日以前に行われた取引に対する群馬商店の仕訳〉
設例日以前に埼玉商店との商品販売取引により債権を持つ＝売掛金

（借）売掛金 ×××　（貸）売　上 ×××

埼玉商店＝名宛人（支払人・引受人）

〈設例日以前に行われた取引に対する埼玉商店の仕訳〉
設例日以前に群馬商店との商品購入取引により債務を負う＝買掛金

（借）仕　入 ×××　（貸）買掛金 ×××

〈設例日以前に行われた取引に対する群馬商店の仕訳〉
設例日以前に栃木商店との商品購入取引による債務を負う＝買掛金

（借）仕　入 ×××　（貸）買掛金 ×××

栃木商店＝受取人

〈設例日以前に行われた取引に対する栃木商店の仕訳〉
設例日以前に群馬商店との商品販売取引により債権を持つ＝売掛金

（借）売掛金 ×××　（貸）売　上 ×××

――――――――――――――――――――――――――
〈設例日（手形振出日）〉

群馬商店に対する買掛金支払を免除してもらう代わりに，群馬商店が負っていた栃木商店に対する買掛金と同額の為替手形の振出を引き受けた

（借）買掛金 ×××　（貸）支払手形 ×××
（群馬商店に対する債務の減少）　（栃木商店に対する債務の増加）

群馬商店に対する売掛金を減らすかわりに，埼玉商店より減らした売掛金と同額の為替手形を受け取る

（借）受取手形 ×××　（貸）売掛金 ×××
（埼玉商店に対する債権の増加）　（群馬商店に対する債権の減少）

――――――――――――――――――――――――――
〈手形の決済時〉

（借）支払手形 ×××　（貸）現　金 ×××　　（借）現　金 ×××　（貸）受取手形 ×××

最初に，上記の図のように，設例日以前にそれぞれの商店の間で行われた取引を理解しておく。次に，各商店が行うべき手形の処理を整理する。

1）群馬商店
＜為替手形を振り出したとき＞
群馬商店は，満期日に栃木商店に対する手形代金の支払を依頼する為替手形を振り出し，

埼玉商店の引受を得たため，埼玉商店に対する買掛金を減らすとともに，栃木商店に対する売掛金も減らす。これは，群馬商店が保有する埼玉商店に対する売掛金の免除を条件に，埼玉商店に栃木商店への支払（免除される売掛金と同額）を引き受けてもらうからである。

　　　　（借）　買　掛　金　　80,000　　　　（貸）　売　掛　金　　80,000
　　　　　　（栃木商店に対する債務の減少）　　　　　　（埼玉商店に対する債権の減少）

＜為替手形が決済されたとき＞
　　　仕訳なし

2）埼玉商店
＜為替手形を振り出したとき＞
　埼玉商店は，満期日に栃木商店に対する手形代金の支払を引き受け，群馬商店に対する買掛金を減らすとともに，栃木商店に対する支払手形の増加として処理する。

　　　　（借）　買　掛　金　　80,000　　　　（貸）　支　払　手　形　　80,000
　　　　　　（群馬商店に対する債務の減少）　　　　　　（栃木商店に対する債務の増加）

＜為替手形の金額を支払ったとき＞
　設例どおり，満期日に手形代金を栃木商店に支払う。

　　　　（借）　支　払　手　形　　80,000　　　　（貸）　現　　　金　　80,000
　　　　　　（栃木商店に対する債務の減少）

3）栃木商店
＜為替手形を振り出したとき＞
　栃木商店は，群馬商店より連絡を受け，群馬商店に対する売掛金を減らすとともに，埼玉商店から同額の手形を受け取るため受取手形勘定の増加として処理する。

　　　　（借）　受　取　手　形　　80,000　　　　（貸）　売　掛　金　　80,000
　　　　　　（埼玉商店が支払義務をもつ債権の増加）　　　　（群馬商店に対する債権の減少）

＜為替手形の金額を受け取ったとき＞
　設例どおり，満期日に手形代金を埼玉商店より受け取る。

　　　　（借）　現　　　金　　80,000　　　　（貸）　受　取　手　形　　80,000

（3）自己宛為替手形，自己指図為替手形

① 自己宛為替手形

通常は，為替手形の振出人と名宛人（支払人）とは別人であるが，ときに，振出人自身が手形代金の名宛人（支払人）となるよう為替手形を振り出し，振出人自身が引受をすることがある。このような為替手形を自己宛為替手形という。この手形は，遠隔地にある支店に引受をさせて仕入先に支払をするよう依頼するときなどに用いられる。

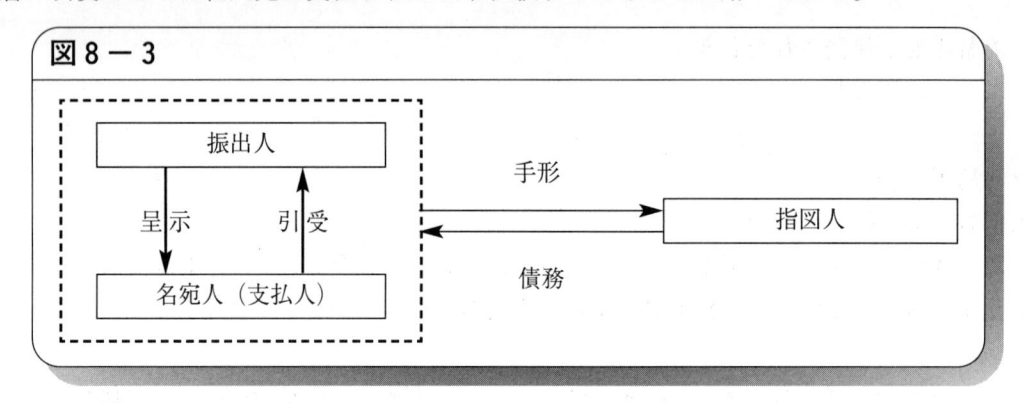

```
図8－3
  ┌─────────────────────────────────────────────┐
  │ ┌- - - - - - - - - - - - ┐                  │
  │ ┆    ┌──────────┐       ┆        手形        │
  │ ┆    │  振出人   │       ┆ ──────────→ ┌──────────┐│
  │ ┆    └──────────┘       ┆              │  指図人   ││
  │ ┆     ↓呈示  ↑引受      ┆ ←──────────  └──────────┘│
  │ ┆    ┌──────────┐       ┆        債務        │
  │ ┆    │名宛人(支払人)│   ┆                  │
  │ ┆    └──────────┘       ┆                  │
  │ └- - - - - - - - - - - - ┘                  │
  └─────────────────────────────────────────────┘
```

自己宛為替手形の振出人の仕訳は次のとおりである。振出人は，将来，代金を支払わなければならない義務が生じるので支払手形が増加する。したがって，自己宛為替手形は法律上は為替手形であるが，実質的な経済効果という点では，約束手形を振り出した場合と同じである。

＜買掛金の支払のため振出人が自己宛為替手形を振り出したとき＞
　　　　（借）　買　掛　金　　×××　　　　（貸）　支　払　手　形　　×××
　（振出人として指図人に対する債務の減少）　　（名宛人として指図人に対する債務の増加）

満期日に自己宛為替手形は決済され，指図人は手形代金を受け取る。
＜自己宛為替手形が決済されたとき＞
　　　　（借）　支　払　手　形　　×××　　　　（貸）　当　座　預　金　　×××
　（名宛人として指図人に対する債務の減少）

自己宛為替手形の指図人の仕訳は次のとおりである。
＜買掛金の支払のため振出人が自己宛為替手形を振り出したとき＞
　　　　（借）　受　取　手　形　　×××　　　　（貸）　売　掛　金　　×××
　（名宛人（＝振出人）に対する債権の増加）　　（振出人（＝名宛人）に対する債権の減少）

満期日に自己宛為替手形は決済され，名宛人でもある振出人の支払手形が減少する。
＜自己宛為替手形が決済されたとき＞
　　　　（借）　当　座　預　金　　×××　　　　（貸）　受　取　手　形　　×××
　　　　　　　　　　　　　　　　　　　　　　　（名宛人（＝振出人）に対する債権の減少）

② 自己指図為替手形（自己受為替手形）

　自己宛為替手形とは反対に，振出人自身が手形代金の指図人（受取人）となるよう為替手形を振り出し，名宛人にこれを呈示し，引受を得ることがある。このような為替手形を自己指図為替手形または自己受為替手形という。この手形は，名宛人に対する売掛金を受取手形にすることにより支払期日を明確にしたり，引受を得た後，割引や裏書によって流通させる目的などに用いられる。また，当店の所定の手形用紙に引受を得て，手形上の債権を発生させるときにも用いられる。

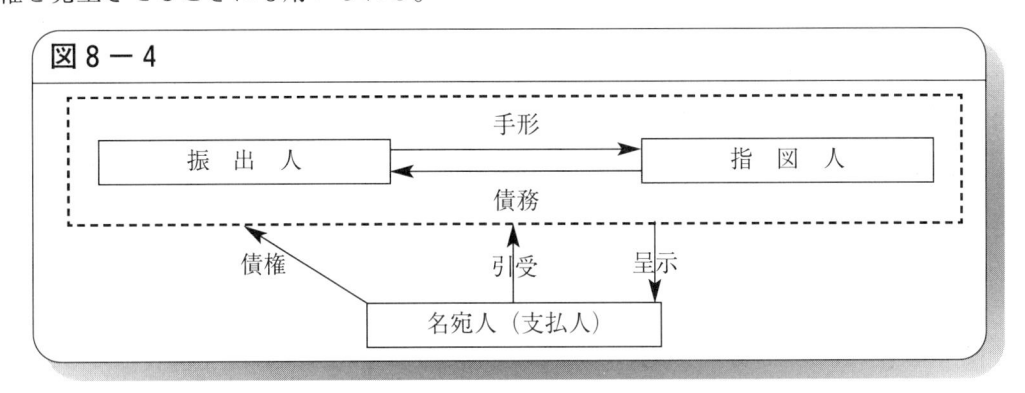

```
図8-4
     ┌──────────────────────────────────────────┐
     │                   手形                   │
     │    ┌─────────┐──────→┌─────────┐        │
     │    │ 振 出 人 │        │ 指 図 人 │        │
     │    └─────────┘←──────└─────────┘        │
     │                   債務                   │
     └──────────────────────────────────────────┘
         ↑債権       ↑引受       ↓呈示
              ┌────────────────────┐
              │   名宛人（支払人）   │
              └────────────────────┘
```

　自己指図為替手形の振出人の仕訳は次のとおりである。振出人は，指図人でもあるので，将来，代金を受け取る権利が生じる。

＜振出人が自己指図為替手形を振り出したとき＞
　　　（借）　受 取 手 形　×××　　　（貸）　売 掛 金　×××
　（指図人(＝振出人)の名宛人に対する債権の増加）　（振出人(＝指図人)の名宛人に対する債権の減少）

　満期日に自己指図為替手形は決済され，手形代金を支払う。
＜自己指図為替手形が決済されたとき＞
　　　（借）　当 座 預 金　×××　　　（貸）　受 取 手 形　×××
　　　　　　　　　　　　　　　　　（指図人(＝振出人)の名宛人に対する債権の減少）

　自己指図為替手形の名宛人の仕訳は次のとおりである。
＜振出人が自己指図為替手形を振り出したとき＞
　　　（借）　買 掛 金　×××　　　（貸）　支 払 手 形　×××
　（振出人(＝指図人)に対する債務の減少）　　（指図人(＝振出人)に対する債務の増加）

　満期日に自己宛為替手形は決済され，振出人＝指図人の受取手形が減少する。
＜自己指図為替手形が決済されたとき＞
　　　（借）　支 払 手 形　×××　　　（貸）　当 座 預 金　×××
　（指図人(＝振出人)に対する債務の減少）

2 手形の裏書・割引

（1）手形の裏書

　手形は，手形法上，権利内容，関係当事者など，絶対に必要な記載事項が定められている証券であり，その受取は，これまで売掛金という単に慣習に基づく信用を担保とした債権であったものを法的に強い効力をもつ債権に変えたということを意味する。そのため，手形の受取は法的に担保力を強めた手形債権を取得したということになり，その担保力を活かして，手形を資金として利用することが可能となる。

　利用方法の1つとして裏書譲渡がある。裏書譲渡とは，仕入代金の支払や債務の弁済のために，手形の所持人が満期日到来前に手形の裏面に署名して第三者である取引相手にその手形上の債権を譲渡する取引である。手形を裏書譲渡する人を裏書人，譲渡先の第三者を被裏書人という。

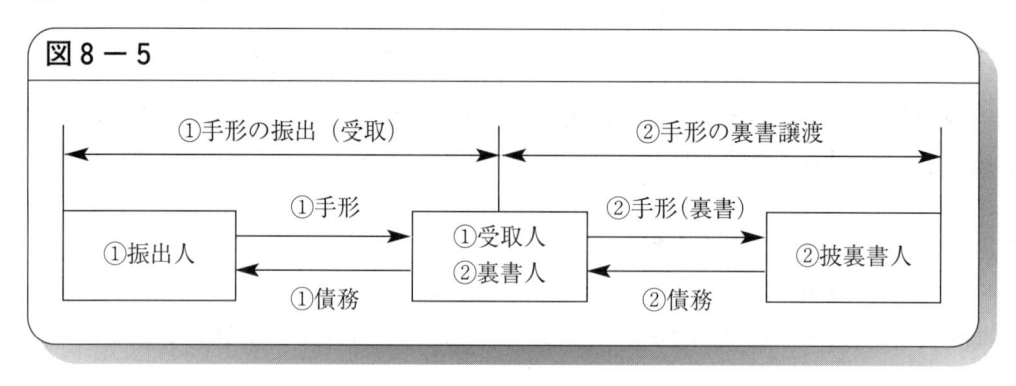

```
図8-5
              ①手形の振出（受取）            ②手形の裏書譲渡
                   ①手形                        ②手形（裏書）
        ┌──────┐         ┌──────┐         ┌──────┐
        │①振出人│ ←────→ │①受取人│ ←────→ │②被裏書人│
        │      │         │②裏書人│         │      │
        └──────┘         └──────┘         └──────┘
                   ①債務                        ②債務
```

＜商品を仕入れ，他社が振り出した手形を譲渡し仕入の支払にあてたとき＞
　　　（借）　仕　　　入　　×××　　　（貸）　受　取　手　形　　×××
　　　　　　　　　　　　　　　　　　　　　　　（他社が振出した手形を譲渡＝資産の減少）

　通常，被裏書人は，後日の手形の満期日に，手形債権者から手形代金を回収する。しかし，手形債権者が満期日に支払請求に応じない場合，被裏書人は手形の流通過程における自己の上流にある裏書人に対して代わりに支払を請求することができる。言いかえれば，手形債権者より支払が拒絶された場合，裏書人は被裏書人に対して支払義務が生じる。被裏書人による手形代金の償還請求を遡求といい，遡求を受けた場合のように，将来一定の条件が満たされた（あるいは満たされない）場合に生ずる支払義務を偶発債務という。裏書譲渡にともなう偶発債務は，手形が不渡りになった場合に支払義務を負うことになるため，裏書譲渡に伴う偶発債務を評価し，その時価相当額を保証債務勘定の貸方と保証債務費用勘定の借方に計上する。裏書譲渡した手形が満期日に決済されたとき，または，手形が不渡りになって被裏書人から償還請求に応じて債務を履行したときに，保証債務は取り崩し

て保証債務取崩益勘定に振り替える。ただし，不渡りの危険性が低く，保証債務の評価額がゼロの場合は保証債務を計上しない。

なお，手形の裏書譲渡高を貸借対照表に注記するために裏書譲渡した手形の額面金額を備忘的に仕訳する場合には，対照勘定を用いる方法と評価勘定を用いる方法がある。

① 対照勘定を用いる方法

対照勘定法とは，手形を裏書した時点で受取手形勘定を減少させる仕訳を行い，偶発債務である遡及権を表す手形裏書義務見返勘定を借方に，偶発債務を表す手形裏書義務勘定を貸方に，同じ金額で記帳することで偶発債務の可能性を備忘記録しておく方法である。手形裏書義務見返勘定と手形裏書義務勘定のように，表と裏の関係にあり一対をなす勘定のことを対照勘定という。手形の満期日を迎え，無事に手形の支払が済んだと推定されれば，偶発債務はなくなるため，備忘仕訳を取り消す。

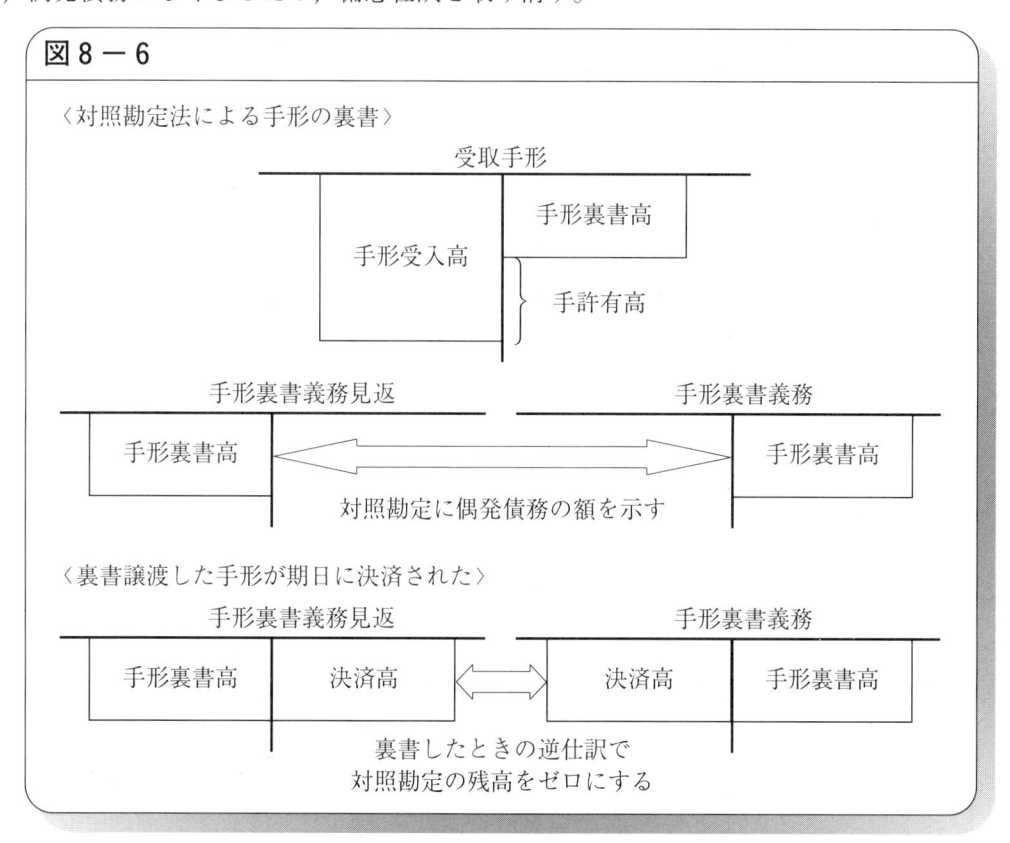

図 8－6

〈対照勘定法による手形の裏書〉

受取手形：手形受入高／手形裏書高／手許有高

手形裏書義務見返（借方：手形裏書高）⇔ 手形裏書義務（貸方：手形裏書高）
対照勘定に偶発債務の額を示す

〈裏書譲渡した手形が期日に決済された〉

手形裏書義務見返（手形裏書高／決済高）⇔ 手形裏書義務（決済高／手形裏書高）
裏書したときの逆仕訳で対照勘定の残高をゼロにする

〈手形を裏書譲渡したとき〉

（借）	仕　　　　入	×××	（貸）	受　取　手　形	×××
	手形裏書義務見返	×××		手形裏書義務	×××
	（遡及権）			（偶発債務があることを示す）	
	保証債務費用	×××		保　証　債　務	×××
	（偶発債務の評価額）			（負債の増加）	

第8章　手形取引　113

＜裏書譲渡した手形が決済された時＞
（借）　手形裏書義務　　×××　　　　（貸）　手形裏書義務見返　×××
　　　（偶発債務の消滅）
　　　　保　証　債　務　　×××　　　　　　　保証債務取崩益　　×××

② 評価勘定を用いる方法

　裏書譲渡した時点では受取手形勘定はそのままにしておき，裏書手形勘定の貸方に手形金額を記入することによって偶発債務についての備忘記録する方法が，評価勘定法である。裏書手形勘定が受取手形勘定の金額のうちいくら裏書譲渡されているかを表しており，手許に受取手形がいくら残っているかを知るためには，受取手形勘定の残高から裏書手形の残高を差し引かなくてはならないことから，評価勘定といわれる。

　評価勘定を用いる方法では，裏書をしたときに受取手形を減らしていないため，裏書譲渡した手形が無事決済され偶発債務がなくなったときに受取手形勘定を減らすことになる。そのために，裏書手形と受取手形を相殺する仕訳をする。

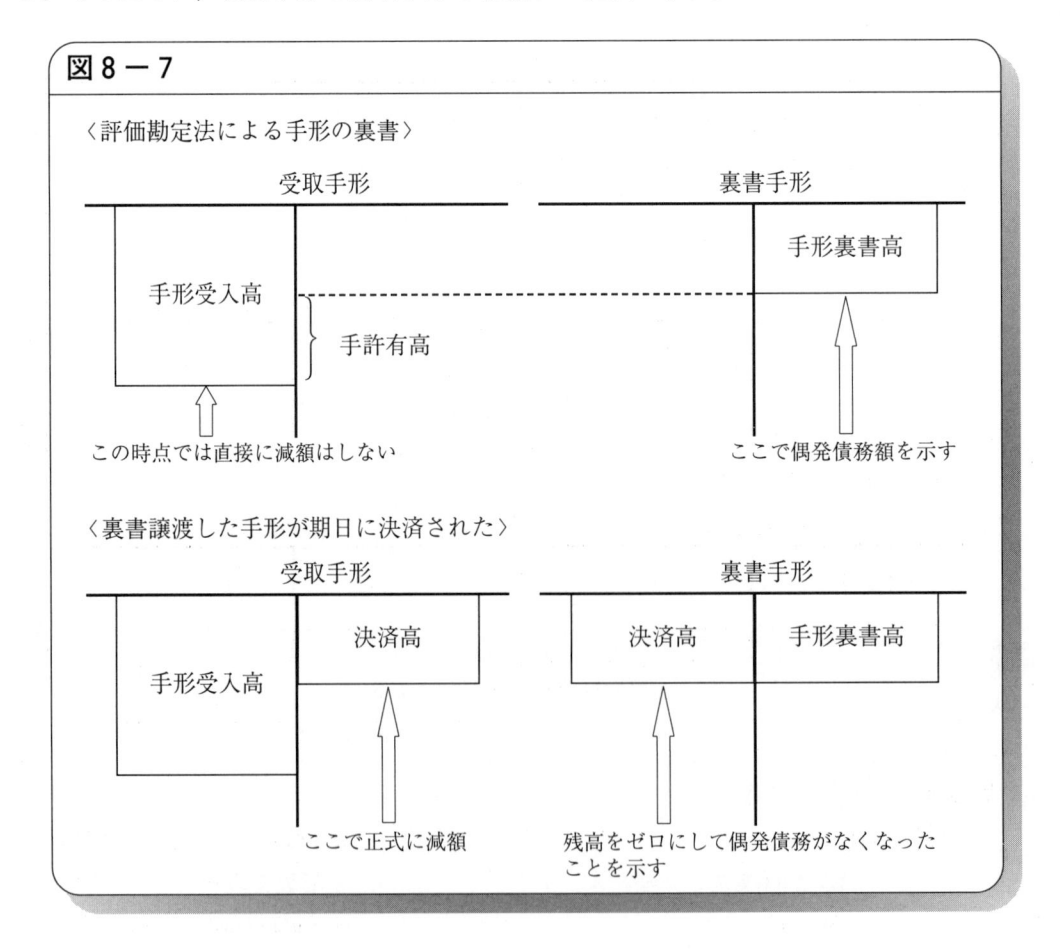

図8－7

〈評価勘定法による手形の裏書〉

　受取手形　　　　　　　　　　　　裏書手形

手形受入高　　　　　　　　　　　　　　手形裏書高
　　　　　　　手許有高

この時点では直接に減額はしない　　　　ここで偶発債務額を示す

〈裏書譲渡した手形が期日に決済された〉

　受取手形　　　　　　　　　　　　裏書手形

手形受入高　　決済高　　　　　決済高　　手形裏書高

ここで正式に減額　　　残高をゼロにして偶発債務がなくなったことを示す

<手形を裏書譲渡したとき>
　　　（借）　仕　　　入　　×××　　　　　（貸）　裏　書　手　形　×××
　　　　　　　　　　　　　　　　　　　　　　　　（偶発債務があることを示す）
　　　　　　　保証債務費用　　×××　　　　　　　　保　証　債　務　×××
　　　　　　（偶発債務の評価額）　　　　　　　　　　（負債の増加）

<裏書譲渡した手形が決済された時>
　　　（借）　裏　書　手　形　×××　　　　　（貸）　受　取　手　形　×××
　　　　　　（偶発債務の消滅）　　　　　　（支払を受けたので債権である受取手形を実際に減らす）
　　　　　　　保　証　債　務　×××　　　　　　　　保証債務取崩益　×××

（2）手形の割引

　金融機関にて，手形と引換に満期までの利息に相当する金額を差し引いて，手取金を現金として受け取る方法で満期日到来前の手形を換金することを手形の割引という。割引も，売掛金という単に慣習に基づく信用を担保とした債権から手形債権に変わり，債権の担保力が法的に強くなったことで可能となる。企業にとっては手形を資金として利用することができる一方，銀行にとっても，手形の支払が確実であり，再割引により換金することができるので有利となる。手形の割引も裏書と同様に，手形債権の譲渡とそれに伴う偶発債務を負うため，偶発債務を評価し，その時価相当額を保証債務費用勘定と保証債務勘定に計上する。また手形を割引く際に支払う割引料は，手形の売買取引により発生すると見なされるため，次に示した計算式を用いて計算し，手形売却損勘定（または支払割引料勘定）で処理する。

$$手形額面金額 \times 割引率 \times \frac{割引日数}{365日} = 割引料$$

　割引に付した手形が満期日に決済されたとき，または，手形が不渡りになって披裏書人から償還請求に応じて債務を履行したときに，保証債務は取り崩して保証債務取崩益勘定に振り替える。ただし，不渡りの危険性が低く，保証債務の評価額がゼロの場合は保証債務は計上しない。

　なお，手形の割引高を貸借対照表に注記するために割引に付した手形の額面金額を備忘的に仕訳する場合には，対照勘定を用いる方法と評価勘定を用いる方法がある。

図8-8

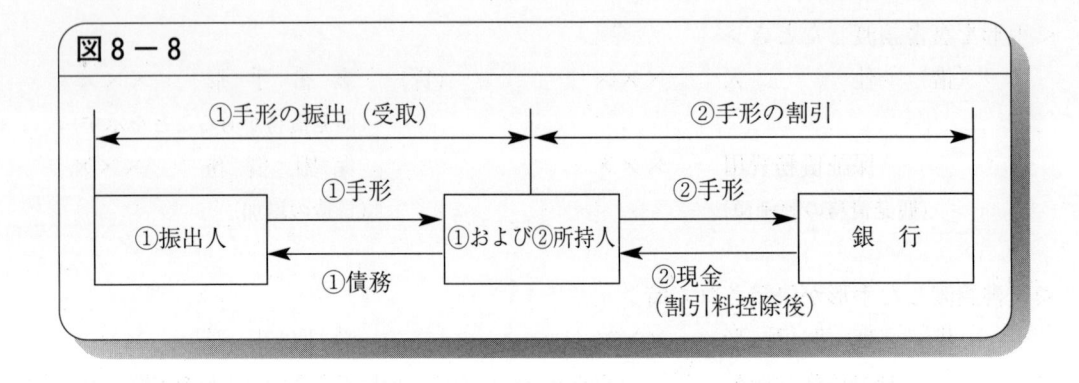

```
←―――①手形の振出（受取）―――→←―――②手形の割引―――→
              ①手形                ②手形
  ①振出人  ――――――→ ①および②所持人 ――――――→  銀 行
           ←――――――                ←――――――
              ①債務                ②現金
                                  （割引料控除後）
```

① 対照勘定を用いる方法

　手形を割引に付した時に受取手形勘定を減少させ，偶発債務である遡及権を表す手形割引義務見返勘定を借方に，偶発債務を表す手形割引義務勘定を貸方に，同じ金額で記帳することで偶発債務の可能性を備忘記録しておく。手形の満期日を迎え，無事に手形の支払が済んだと推定されれば，偶発債務はなくなるため，備忘仕訳を取り消す。

図8-9

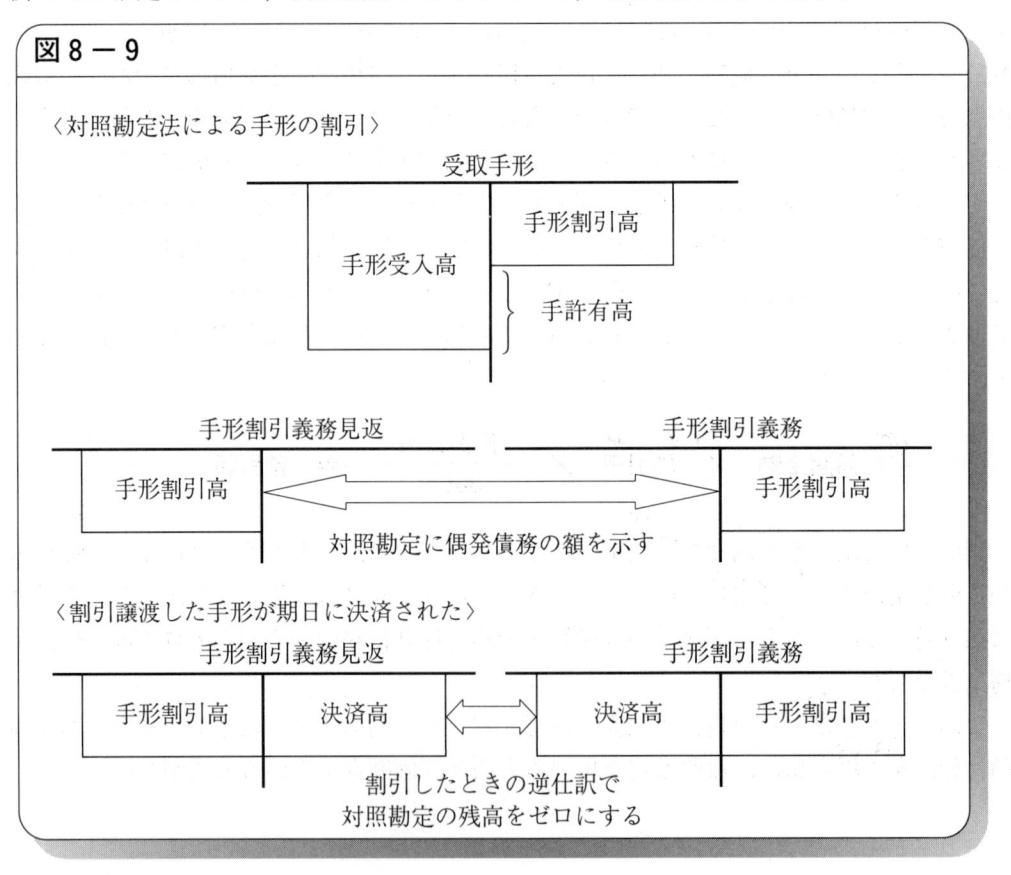

〈対照勘定法による手形の割引〉

```
           受取手形
  ┌─────────┬─────────┐
  │         │ 手形割引高 │
  │ 手形受入高│─────────│
  │         │ 手許有高  │
  └─────────┴─────────┘

  手形割引義務見返              手形割引義務
  ┌─────────┐              ┌─────────┐
  │ 手形割引高│ ←―――――――→ │ 手形割引高│
  └─────────┘              └─────────┘
         対照勘定に偶発債務の額を示す
```

〈割引譲渡した手形が期日に決済された〉

```
  手形割引義務見返              手形割引義務
  ┌────┬────┐              ┌────┬────┐
  │手形 │決済高│ ←――――→  │決済高│手形 │
  │割引高│    │              │    │割引高│
  └────┴────┘              └────┴────┘
        割引したときの逆仕訳で
        対照勘定の残高をゼロにする
```

〈手形を割引譲渡したとき〉

　　　（借）当 座 預 金　×××　　　（貸）受 取 手 形　×××
　　　　　　手形売却損　×××

(金融機関の収益となる決済日までの利息やその他の費用)

　　　　手形割引義務見返　　×××　　　　　　手形割引義務　　　×××
　　　　　（遡及権）　　　　　　　　　　　　（偶発債務があることを示す）
　　　　保 証 債 務 費 用　　×××　　　　　　保 証 債 務　　　×××
　　　　（偶発債務の評価額）　　　　　　　　　　（負債の増加）

＜割引譲渡した手形が決済されたとき＞
　　（借）　手形割引義務　　×××　　（貸）　手形割引義務見返　×××
　　　　　（偶発債務の消滅）
　　　　　保 証 債 務　　　×××　　　　　　保証債務取崩益　　×××

② 評価勘定を用いる方法

割引譲渡した時点では受取手形勘定はそのままにしておき，割引手形勘定の貸方に手形金額を記入することによって偶発債務についての備忘記録をする。裏書手形勘定と同様，貸方の割引手形勘定は評価勘定である。割引をしたときに受取手形勘定を減らしていないため，割引譲渡した手形が無事決済され偶発債務がなくなったときに受取手形勘定を減らすことになる。そのために，割引手形と受取手形を相殺するための仕訳を行う。

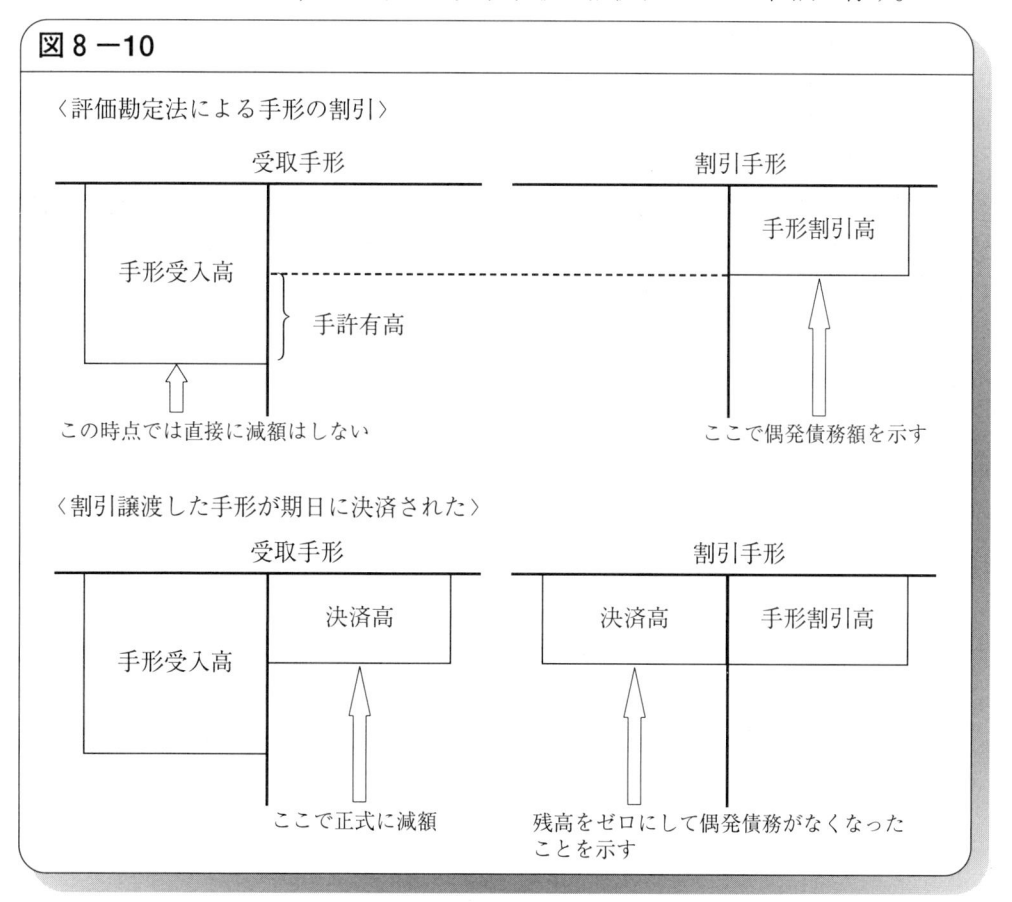

図8-10

〈評価勘定法による手形の割引〉

受取手形　　　　　　　　　　割引手形
手形受入高　／　手許有高　　　　　／　手形割引高

この時点では直接に減額はしない　　　ここで偶発債務額を示す

〈割引譲渡した手形が期日に決済された〉

受取手形　　　　　　　　　　割引手形
手形受入高　／　決済高　　　　決済高　／　手形割引高

ここで正式に減額　　　残高をゼロにして偶発債務がなくなったことを示す

＜手形を割引譲渡したとき＞
　　　　（借）　当 座 預 金　　×××　　　　（貸）　割 引 手 形　　×××
　　　　　　　　　　　　　　　　　　　　　　　　（偶発債務があることを示す）
　　　　　　　　手 形 売 却 損　　×××
　　　　　　（金融機関の収益となる決済日までの利息やその他の費用）
　　　　　　　　保 証 債 務 費 用　　×××　　　　　　保 証 債 務　　×××
　　　　　　　　（偶発債務の評価額）　　　　　　　　　　　（負債の増加）

＜割引譲渡した手形が決済されたとき＞
　　　　（借）　割 引 手 形　　×××　　　　（貸）　受 取 手 形　　×××
　　　　　　　　（偶発債務の消滅）　　　　　（支払を受けたので債権である受取手形を減らす）
　　　　　　　　保 証 債 務　　×××　　　　　　　　保証債務取崩益　　×××

設例 8-3

次の取引について，偶発債務を（a）対照勘定と（b）評価勘定，で表現する方法により2通りの仕訳を示しなさい。

① かねて，青森商店から受け取っていた同店振り出しの約束手形¥500,000を，山形商店への買掛金支払のために裏書譲渡した。保証債務はゼロである。
② 上記の手形が満期日に決済された旨の通知を受けた。
③ かねて，梅田商店から受け取っていた為替手形¥400,000を箕面銀行で割引に付し，割引料¥8,000を差し引かれ，手取金を当座預金に預け入れた。保証債務の時価は1％である。
④ 上記の手形が満期日に決済された旨の通知を受けた。

解 答

①	(a)	(借)	買　掛　金	500,000	(貸)	受　取　手　形	500,000
			手形裏書義務見返	500,000	(貸)	手形裏書義務	500,000
	(b)	(借)	買　掛　金	500,000	(貸)	裏　書　手　形	500,000
②	(a)	(借)	手形裏書義務	500,000	(貸)	手形裏書義務見返	500,000
	(b)	(借)	裏　書　手　形	500,000	(貸)	受　取　手　形	500,000
③	(a)	(借)	当　座　預　金	392,000	(貸)	受　取　手　形	400,000
			手　形　売　却　損	8,000			
			手形割引義務見返	400,000		手形割引義務	400,000
			保　証　債　務　費　用	4,000		保　証　債　務	4,000
	(b)	(借)	当　座　預　金	392,000	(貸)	割　引　手　形	400,000
			手　形　売　却　損	8,000			
			保　証　債　務　費　用	4,000		保　証　債　務	4,000
④	(a)	(借)	手形割引義務	400,000	(貸)	手形割引義務見返	400,000
			保　証　債　務	4,000		保証債務取崩益	4,000
	(b)	(借)	割　引　手　形	400,000	(貸)	受　取　手　形	400,000
			保　証　債　務	4,000		保証債務取崩益	4,000

3　手形の更改

　手形の期日が到来したときに，手形債務者（支払人）が手形債権者（所持人）に支払の延期を申し入れ，承諾を得て満期日の到来する手形（旧手形）を破棄し，満期日を延長した手形（新手形）を新たに振り出すことがある。これを手形の更改または書替という。手形を更改した場合，手形債務者は支払手形勘定の貸方に新手形の金額を記入し，支払手形勘定の借方に旧手形の金額を記入する。手形債権者は，受取手形勘定の借方に新手形の金額，貸方に旧手形の金額を記入する。期日の延長にともなう利息は，現金で授受されることも新手形の金額に含まれることもある。

＜手形を更改したときの手形債務者側の仕訳＞

　　　（借）　支　払　手　形　　×××　　（貸）　支　払　手　形　　×××
　　　　　　（旧手形の消滅）　　　　　　　　　　（新たに振り出した手形）
　　　　　　支　払　利　息　　×××
　　　（期間延長にともなう利息の支払）

＜手形を更改したときの手形債権者側の仕訳＞
（借）受 取 手 形　×××　　（貸）受 取 手 形　×××
　　　（新たに受け取った手形）　　　　　　（旧手形の消滅）
　　　　　　　　　　　　　　　　　　　受 取 利 息　×××
　　　　　　　　　　　　　　　　　　　（期間延長にともなう利息の受取）

設例 8-4

次の取引について各手形当事者の仕訳を示しなさい。
　山梨商店は，かねて振り出してあった約束手形¥600,000について，現在その所持人である長野商店に支払期日の延期を申し入れ，同店の了承を得て，旧手形を破棄し，新手形を振り出した。なお，期日延長にともなう利息¥7,000は新手形の金額に加えた。

解答

山梨商店
　　（借）支 払 手 形　　600,000　　（貸）支 払 手 形　　607,000
　　　　　支 払 利 息　　　7,000
長野商店
　　（借）受 取 手 形　　607,000　　（貸）受 取 手 形　　600,000
　　　　　　　　　　　　　　　　　　　　　受 取 利 息　　　7,000

4　手形の不渡り

　満期日に約束手形の振出人または為替手形の名宛人が手形代金の支払を拒絶することがある。これを手形の不渡りといい，このような手形を不渡手形という。所持している手形の支払拒絶を受けた場合，手持の他の手形と区別するために，その金額を受取手形勘定から不渡手形勘定に振り替える。不渡りとなった手形代金の支払を，手形の所持人は手形の振出人または裏書人に対して償還請求（遡及）することができる。償還請求をする場合，法定期間内に支払呈示または引受呈示をしたにもかかわらず拒絶されたことを証明した支払拒絶書の作成費用やその他の諸費用も，不渡手形勘定に含めて請求できる。
　請求した代金を回収できた場合は不渡手形勘定の貸方（資産の減少）に記入し，また，支払遅延にともなう利息を受け取った場合は受取利息勘定で処理する。
　手形を裏書または割引に付した人が，手形の所持人による遡及に応えて請求金額を支払ったときはその金額を不渡手形勘定の借方に記入する。その後すぐに，手形債務者に対して遡及の手続を行った場合，その費用も不渡手形勘定の借方に記入する。なお，裏書また

は割引のさいに保証債務を評価・計上していた場合には，それが消滅するので，その評価額を保証債務取崩益勘定に振り替える。また，手形を裏書または割引に付したときに備忘仕訳していた偶発債務は，確定債務に変わるため，取り消さなくてはならない。

不渡手形が回収不能と判明したならば，貸倒損失勘定または貸倒引当金勘定で処理する。

＜不渡手形の償還請求をしたとき＞

   （借）　不 渡 手 形　　×××　　　　（貸）　受 取 手 形　　×××
    （手形代金の遡及権）　　　　　　　　　　（手持ちの他の受取手形と区別するため取り消す）
                  現　　　　金　　×××
                  （遡及に要した諸費用）

＜償還請求した手形代金と支払遅延にともなう法定利息を受け取ったとき＞

   （借）　現　　　　金　　×××　　　　（貸）　不 渡 手 形　　×××
    （手形代金と法定利息の受取＝資産の増加）　　　　（遡及権の消滅）
                  受 取 利 息　　×××
                  （支払遅延にともなう利息の受取り）

＜不渡手形の回収が不可能になったとき＞

   （借）　貸倒引当金　　×××　　　　（貸）　不 渡 手 形　　×××
                  （遡及権の消滅）
      貸 倒 損 失　　×××
  （貸倒引当金を超える分は貸倒損失で処理する＝費用の発生）

設例 8－5

次の取引を仕訳しなさい。

① かねて香川商店より裏書譲渡されていた約束手形¥200,000が不渡になったので，ただちに，現金で支払った償還請求の諸費用¥3,000とともに，高知商店に請求した。

② 上記の償還請求により，香川商店より遅延利息¥1,000を含めて小切手で受け取った。

③ 佐賀商店に裏書譲渡していた約束手形¥700,000が不渡になり，同店より償還請求の諸費用¥7,000とともに請求を受け，遅延利息¥500を含めて小切手を振り出して支払った。偶発債務を（a）対照勘定法と（b）評価勘定法のそれぞれで処理していた場合の2つの仕訳を示しなさい。

④ 取引銀行で割引に付していた為替手形¥440,000が不渡になり，同行に手形金額と法廷利息¥300を当座預金口座から支払った。同時に，その為替手形の振出人である鹿児島商会に，現金で支払った諸費用¥5,000を含めて償還請求した。割引にともなう偶発債務は評価勘定で処理してある。なお，割引のさいに額面の1％に相当する額の保証債

務が計上される。
⑤ 以前に償還請求していた不渡手形の額面金額と償還請求費用の合計¥780,000の回収の見込みがないので償却した。貸倒引当金が¥550,000設定されている。

解 答

①	(借)	不 渡 手 形	203,000	(貸)	受 取 手 形	200,000
					現　　　金	3,000
②	(借)	現　　　金	204,000	(貸)	不 渡 手 形	203,000
					受 取 利 息	1,000
③	(a) (借)	不 渡 手 形	707,500	(貸)	当 座 預 金	707,500
		手形裏書義務	700,000		手形裏書義務見返	700,000
	(b) (借)	不 渡 手 形	707,500	(貸)	当 座 預 金	707,500
		裏 書 手 形	700,000		受 取 手 形	700,000
④	(借)	不 渡 手 形	445,300	(貸)	当 座 預 金	440,300
					現　　　金	5,000
		割 引 手 形	440,000		受 取 手 形	440,000
		保 証 債 務	4,400		保証債務取崩益	4,400
⑤	(借)	貸倒引当金	550,000	(貸)	不 渡 手 形	780,000
		貸 倒 損 失	230,000			

5　手形貸付金と手形借入金

　商品売買，売掛金の回収，買掛金の支払など通常の商取引にともない受け取ったり，振り出される手形のことを商業手形という。また，商業手形以外に金銭の貸付や借入にあたり，借用証書の代わりに受け取ったり，振り出される手形のことを，実質的に金融取引に用いられていると考えられるため，金融手形とよぶ。金融手形は，簿記上，商業手形と区別され，受取手形ではなく手形貸付金（または貸付金），支払手形ではなく手形借入金（または借入金）として処理される。

〈資金援助目的の貸付にあたり，借用証書として約束手形を受け取ったとき〉
　　　　（借）　手形貸付金　　×××　　　　（貸）　現　　　金　　×××
　　（借用証書の代わりに受け取った約束手形）
　　　　　　　　　　　　　　　　　　　　　　　　　　受 取 利 息　　×××

＜借入にあたり，約束手形を振り出して引き渡したとき＞
　　　（借）現　　　　金　　×××　　　　（貸）手形借入金　　×××
　　　　　　　　　　　　　　　　　　　　　　　（借用証書の代わりに振り出した約束手形）
　　　　　　支 払 利 息　　×××

6　荷為替手形

　遠隔地の取引先へ商品を発送したとき，通常，代金の支払は商品の到着後になるため，発送人（売主）は取引先へ商品を発送しただけでは商品代金を受け取ることはできない。つまり掛売りの状態にある。このような遠隔地間の商取引は，取引先が遠隔地にあるがゆえに取引先の動向が分かりにくい，売掛金代金の回収に時間を要するという2つの考慮すべき問題点がある。そのため，続いて述べるような商品売買取引とその決済プロセスを経る荷為替を組むことで，発送人は問題の解消をはかる。

1．発送人は，運送業者から，商品と引き換えに貨物引換証や船荷証券などを受け取る。これらは，商品を代表する証書（貨物代表証券）である。
2．発送人は，貨物代表証券を担保として，商品の受取人（買主）を名宛人（支払人）とする自己指図の為替手形を作成し，ただちに銀行において割引に付し，売掛金代金の早期回収をはかる。
3．銀行は，直ちに，為替手形と貨物代表証券を得意先のある地方の支店や他の銀行に発送する。
4．得意先は，支店または他の銀行から荷為替手形の呈示を受け，それを引き受けるかまたは手形代金を支払うことによって貨物代表証券を受け取る。
5．得意先は，商品が到着したら，貨物代表証券と引き換えに運送業者から商品を受け取る。

　荷為替を組む場合，担保に供する商品の価値の70％〜80％の金額の為替手形を割り引くことになる。発送人は，荷為替手形を振り出して割引に付したとき，借方については，通常の手形割引と同様に処理し，荷為替手形と商品の代金の差額を売掛金とする。得意先は，荷為替手形を引き受けた段階で手形債務者となるので，支払手形勘定に記入し，未決済分を買掛金とする。貨物代表証券を商品と交換するまでは，手許商品と区別するため未着品勘定の借方に記入する。

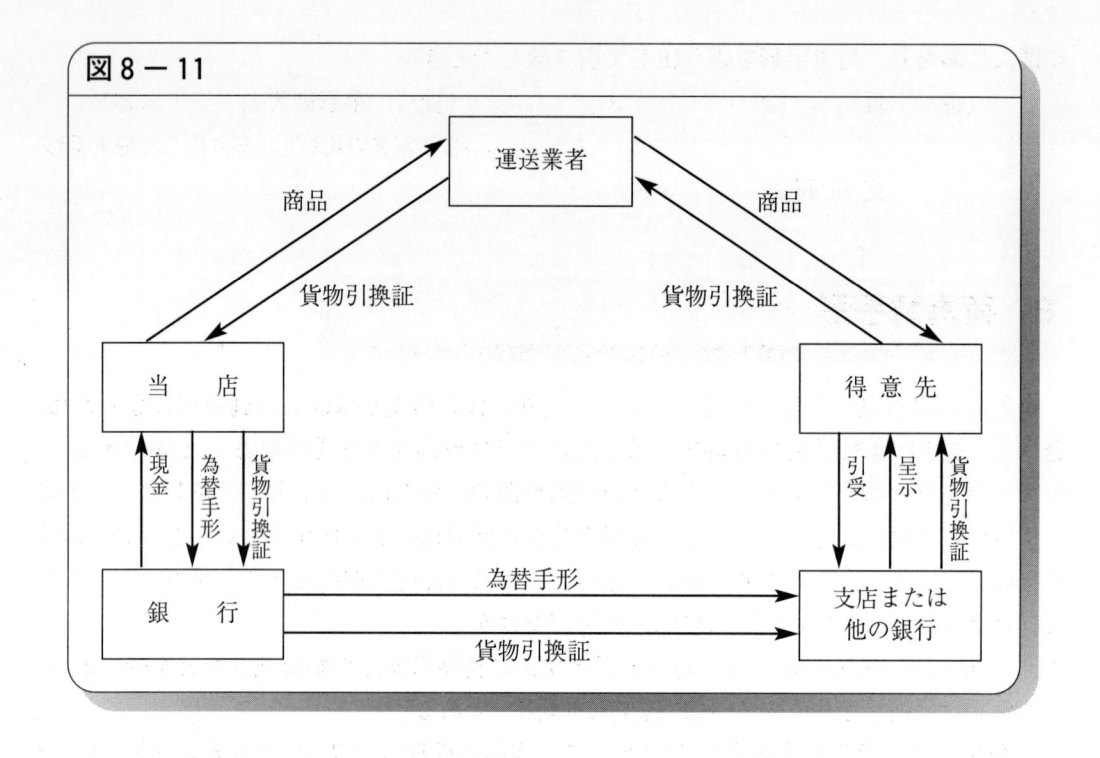

```
図 8－11
                    運送業者
          商品  ↗ ↙ 貨物引換証   貨物引換証 ↘ ↖ 商品
      当　店                              得意先
   現 ↑│ 為│ 貨│                    引│ 呈│ 貨│
   金 │ 替│ 物│                    受│ 示│ 物│
      │ 手│ 引│                     │  │ 引│
      │ 形│ 換│                     │  │ 換│
      │  │ 証│                     │  │ 証│
      銀　行   ───為替手形──→   支店または
              ───貨物引換証──→    他の銀行
```

＜為替手形を作成し，銀行で割引に付したとき＞
　　　（借）現　　　金　×××　　　（貸）売　　　上　×××
　　（商品価値の70〜80％の金額の荷為替手形）
　　　　　　手形売却損　×××
　　　　　（銀行への手数料）
　　　　　　売　掛　金　×××
　　（荷為替手形と商品代金の差額）

＜得意先が為替手形を引受け，荷物引換証を受け取ったときの得意先側の仕訳＞
　　　（借）未　着　品　×××　　　（貸）支払手形　×××
　　　　　（手許商品と区別）　　　　　（呈示を受けた為替手形）
　　　　　　　　　　　　　　　　　　（貸）買　掛　金　×××
　　　　　　　　　　　　　　　　　　（荷為替手形と商品代金の差額）

＜得意先が実際に商品を受け取ったときの得意先側の仕訳＞
　　　（借）仕　　　入　×××　　　（貸）未　着　品　×××
　　　　　（未着品から手許商品へ）

　また，ときには，担保に供される商品の価値と同じ金額の自己指図為替手形を振り出して割り引くことがある。この場合を特に丸為替という。丸為替の場合，通常20％〜30％の

金額は支払が完了するまでは銀行に拘束されるため，別段預金として仕訳する。

＜丸為替の場合＞
(借) 当 座 預 金 　×××　　　(貸) 売　　　上　×××
(商品価値と同じ金額の自己指図為替手形から別段預金分を引いた残高)
　　　手形売却損　　×××
(銀行への手数料)
　　　別 段 預 金　　×××
(支払が完了するまで，銀行に拘束される分)

設例 8-6

次の取引を仕訳しなさい。
① 熊本商店は，岩手商店から注文のあった商品¥800,000を船便で送り，熊本銀行で船荷証券を担保として岩手商店宛の荷為替手形¥640,000を取組み，割引料¥10,000を差し引かれ，手取金を当座預金にした。
② 岩手商店は，取引銀行から上記の為替手形の呈示を受け，これを引き受けて船荷証券を受け取った。
③ 岩手商店は，上記の船荷証券と引換えに商品を引き取った。引取のための運送費¥4,000を現金で支払った。

解答

①	(借)	当 座 預 金	630,000	(貸)	売　　　上	800,000	
		手形売却損	10,000				
		売 掛 金	160,000				
②	(借)	未 着 品	800,000	(貸)	支 払 手 形	640,000	
					売 掛 金	160,000	
③	(借)	仕　　入	804,000	(貸)	未 着 品	800,000	
					現　　金	4,000	

7　受取手形記入帳と支払手形記入帳

　受取手形記入帳とは，約束手形や為替手形を受け取ったり，それらが決済されたり，裏書や割引により減少したりという，受取手形の増減に関する明細を記入する補助簿である。手形を受け取ったときは，記入帳に取引の日付からてん末までの記入欄を埋める。このと

き，手形を売上時に受け取ったのか，売掛金の回収として受け取ったのかを明確にするため，「摘要」欄には仕訳の相手勘定科目を記入すること，また，約束手形が裏書された場合と為替手形の場合は，「支払人」欄と「振出人または裏書人」欄に該当する取引先名は必ず異なること，に注意が必要である。てん末には，受取手形の減少について，期日が到来して決済したのか，それとも裏書や割引したのかなどを記入する。

支払手形記入帳への記入も受取手形記入帳への記入と原則は同じである。しかし，支払手形の増加の記入は，当店が支払人となる場合だけのため，約束手形なら振り出したとき，為替手形なら引き受けたときに限定される。「振出人」欄には，約束手形の場合は当店名を，為替手形を引き受けた場合は他店名が記載されることに注意が必要である。

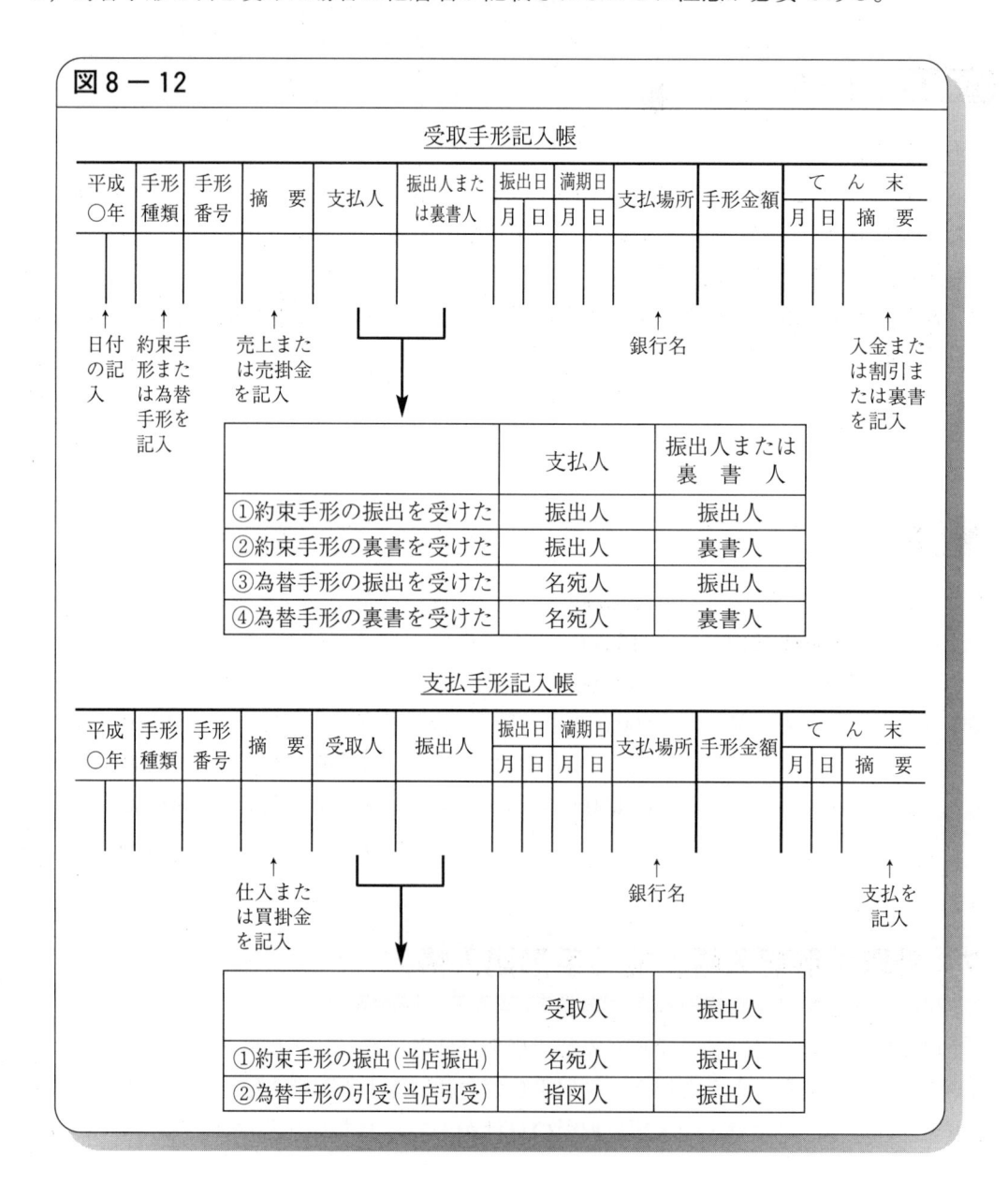

図8－12

受取手形記入帳

平成○年	手形種類	手形番号	摘要	支払人	振出人または裏書人	振出日 月 日	満期日 月 日	支払場所	手形金額	てん末 月 日 摘要
↑日付の記入	↑約束手形または為替手形を記入		↑売上または売掛金を記入					↑銀行名		↑入金または割引または裏書を記入

	支払人	振出人または裏書人
①約束手形の振出を受けた	振出人	振出人
②約束手形の裏書を受けた	振出人	裏書人
③為替手形の振出を受けた	名宛人	振出人
④為替手形の裏書を受けた	名宛人	裏書人

支払手形記入帳

平成○年	手形種類	手形番号	摘要	受取人	振出人	振出日 月 日	満期日 月 日	支払場所	手形金額	てん末 月 日 摘要
			↑仕入または買掛金を記入					↑銀行名		↑支払を記入

	受取人	振出人
①約束手形の振出（当店振出）	名宛人	振出人
②為替手形の引受（当店引受）	指図人	振出人

練 習 問 題

練習問題 8 － 1
次の取引について仕訳をしなさい。
① 静岡商店より商品¥200,000を仕入れ，代金はかねて売掛金のある得意先福岡商店宛の為替手形を振り出し，同店の引受を得て静岡商店に渡した。
② 仕入先横浜商店振り出し，当店宛，三嶋商店指図の為替手形¥600,000を三嶋商店より呈示されたので，引き受けた。
③ 得意先宮川商店に対する売掛金の回収として，宮川商店振り出し，当店指図，松井商店宛，同店引受済みの為替手形¥33,000を受け取った。

練習問題 8 － 2
次の取引の仕訳をしなさい。
① 岩手商店より商品を¥700,000で仕入れ，代金は福島商店振り出しの約束手形¥500,000を裏書譲渡し，残金は約束手形を振り出した。保証債務の時価は¥14,000とする。偶発債務は評価勘定で処理しなさい。
② 広島商店振出し，山口商店宛，当店受け取りの為替手形¥800,000を取引銀行で割り引き，割引料¥10,000を差し引かれ，手取金を当座預金に預け入れた。保証債務の時価の額面は1％である。偶発債務は評価勘定で処理しなさい。
③ かねて，京都商店に裏書譲渡していた約束手形¥900,000が，満期日に決済された旨の通知を受けた。なお，裏書譲渡時に額面の1％を保証債務に計上していた。偶発債務は評価勘定で処理しなさい。

練習問題 8 － 3
次の取引について仕訳をしなさい。
① かねて，三重商店に裏書譲渡していた為替手形¥500,000が不渡になり，同店より償還請求の諸費用¥3,800とともに請求を受け，遅延利息¥800を含めて小切手を振り出して支払った。偶発債務は対照勘定法で処理してある。
② 取引銀行で割引に付していた為替手形¥920,000が不渡となったため，同行に手形金額と法廷利息¥700を当座預金口座から支払った。割引にともなう偶発債務は評価勘定で処理してある。
③ 上記②の不渡手形について，手形振出人に，小切手を振り出して支払った償還請求費用¥8,000を含めて，請求した。
④ 上記③の償還請求額と法定利息¥600が手形振出人より当店の当座預金口座に振り込まれた。

練習問題 8－4

次の取引について仕訳をしなさい。

① 岡山商会は，山形商会から注文のあった商品￥900,000の陸送を運送会社に依頼し，受け取った貨物引換証を担保として，梅田銀行にて荷為替を取り組み，山形商会宛の為替手形￥720,000を振り出して割り引き，割引料￥7,000を差し引かれ，手取金を当座預金とした。

② 山形商会は，岡山商会から購入した商品￥900,000の代金の一部として，梅田銀行の山形支店から券額面￥720,000の為替手形の呈示を受けたので，直ちに小切手を振り出して支払い，貨物引換証を受け取った。

練習問題 8－5

次の取引を受取手形記入帳および支払手形記入帳に記入しなさい。

4月4日 愛媛商店から売掛金の回収として，同店振出，徳島商店引受，当店指図，額面￥880,000の為替手形♯430（振出日：4月4日，満期日：5月19日，支払場所：土佐銀行）を受け取った。

11日 河合商店へ商品￥350,000を販売し，代金は同店振出，当店宛の約束手形♯240（振出日：4月11日，満期日：6月26日，支払場所：三嶋銀行）で受け取った。

19日 仕入先豊田商店から買掛金の支払として，豊田商店振出，当店宛，宮川商店指図，額面￥590,000の為替手形♯360（振出日：4月19日，満期日：7月5日，支払場所：松井銀行）の呈示を受け，これを引き受けた。

27日 岩国商会から商品￥220,000を買い入れ，代金は当店振出，同店宛の約束手形♯101（振出日：4月27日，満期日：5月26日，支払場所：広島銀行）を振り出して支払った。

受取手形記入帳

平成 ○年	手形 種類	手形 番号	摘 要	支払人	振出人また は裏書人	振出日		満期日		支払場所	手形金額	て ん 末		
						月	日	月	日			月	日	摘 要

支払手形記入帳

平成 ○年	手形 種類	手形 番号	摘 要	受取人	振出人	振出日		満期日		支払場所	手形金額	て ん 末		
						月	日	月	日			月	日	摘 要

第9章

その他の債権債務に関する取引

1　貸付金と借入金

　企業は企業活動の一環として，取引先や従業員に金銭を貸し付けることがある。このときには将来の特定の期日に，貸し付けた金銭につき返済を受けることができる権利，すなわち金銭債権が発生する。この債権については貸付金勘定で処理を行う。

　これとは反対に，銀行などの金融機関や取引先から，企業活動に必要な金銭を借り入れることがある。このときには将来の特定の期日に借り入れた金銭を返済する義務すなわち金銭債務が発生する。この債務については借入金勘定で処理を行う。

　なお，金銭の貸借に際して手形が授受される場合の手形貸付金および手形借入金については既に第8章で取り上げているので，本章では取り上げない。

設例 9-1

次の取引を，甲商店，乙商店ともに仕訳しなさい。
1月13日　甲商店は乙商店に資金を援助する目的で，期間9ヶ月，年利率6％という条件で小切手¥1,000,000を振り出して貸し付けた。
10月13日　甲商店は乙商店に対する貸付金¥1,000,000につき，本日満期を迎えたので利息とともに乙商店振出の小切手を受け取り，直ちに当座預金に預け入れた。（2月は28日までとする）

解答

甲商店の仕訳
1/13	（借）	貸　付　金	1,000,000	（貸）	当 座 預 金	1,000,000
10/13	（借）	当 座 預 金	1,045,000	（貸）	貸　付　金	1,000,000
					受 取 利 息	45,000

乙商店の仕訳
1/13	（借）	現　　　金	1,000,000	（貸）	借　入　金	1,000,000
10/13	（借）	借　入　金	1,000,000	（貸）	当 座 預 金	1,045,000
		支 払 利 息	45,000			

　貸付側の甲商店は利息を受け取ることになるが，この場合の利息は受取利息勘定で処理する。借入側の乙商店は利息を支払い，この場合の利息は支払利息勘定で処理する。受取利息勘定は収益を表し，支払利息は費用を表す勘定である。

　利息の額の計算方法について，上記設例では月割計算で行った。式は以下のとおりである。

1,000,000（元金）× 0.06（年利率）× 9ヶ月／12ヶ月 ＝ 45,000

なお，利息額の計算の際に日割計算で行われることも多い。その場合は借入金の元金に年利率を乗じた１年分の利息額を借入期間の日数に応じて按分して計算する。日数計算には借入日の１月13日も商慣習上，含める。この方法による利息の額の計算方法は以下のとおりである。

1,000,000（元金）× 0.06（年利）× 274日／365日 ＝ 45,041（１円未満切捨て）

2　未収金と未払金

　第７章で説明したように，商品の掛売上ないしは商品の掛仕入によって生じた掛代金も，ここで説明する未収金あるいは未払金の一種であるが，それらは企業の主たる営業活動である商品等の信用取引によって生じた債権ないしは債務であるので，特別に売掛金勘定もしくは買掛金勘定を設けて処理を行う。商品等の信用取引すなわち主たる営業活動以外の売買取引によって発生した債権（未収代金）あるいは債務（未払代金）については，それぞれ未収金勘定（資産），未払金勘定（負債）で処理を行う。

設例　9－2

次の取引を甲商店，乙商店，丙商店それぞれに仕訳しなさい。
3月15日　甲商店は営業用のトラックを¥1,300,000で乙商店（自動車ディーラー）より購入し，代金のうち¥300,000は小切手を振り出して支払い，残額は月末払いとした。
　　30日　甲商店は３月15日に購入したトラックの代金の残額を，小切手を振り出して支払った。
4月20日　甲商店は不要になった応接用ソファー（帳簿価額¥40,000）を¥40,000で丙商店（家具販売店）に売却し，代金は後日受け取ることとした。

解答

甲商店の仕訳
3/15	（借）	車両運搬具	1,300,000	（貸）	当座預金	300,000
					未払金	1,000,000
30	（借）	未払金	1,000,000	（貸）	当座預金	1,000,000
4/20	（借）	未収金	40,000	（貸）	備品	40,000

乙商店の仕訳
3/15	（借）	現	金	300,000	（貸）	売	上	1,300,000
		売　掛　金	1,000,000					
30	（借）	現	金	1,000,000	（貸）	売　掛　金	1,000,000

丙商店の仕訳
4/20　（借）　仕　　入　　40,000　　（貸）　買　掛　金　　40,000

3　前払金と前受金

　商品の売買取引において，商品の受け渡し前にその代金の一部または全部を手付金（内金ともいう）または前渡金として支払ったり受け取ったりする場合がある。この場合，支払った手付金については前払金勘定，受け取った手付金については前受金勘定で処理する。前払金は支払った代金に対する商品請求権を表すため資産勘定であり，前受金は受け取った代金に対する商品の提供義務を表すため，負債勘定に属する。

設例　9－3

　次の取引を甲商店，乙商店ともに仕訳しなさい。
7月10日　甲商店は，月末に乙商店から商品￥300,000を買い入れる約束をし，手付金として￥50,000の小切手を振り出して支払った。
　30日　甲商店は乙商店から上記の商品を受け取り，内金￥50,000を代金の一部に当て，代金の残額は掛とした。

解答

甲商店の仕訳
7/10　（借）　前　払　金　　50,000　　（貸）　当　座　預　金　　50,000
　30　（借）　仕　　入　　300,000　　（貸）　前　払　金　　50,000
　　　　　　　　　　　　　　　　　　　　　　買　掛　金　　250,000

乙商店の仕訳
7/10　（借）　現　　金　　50,000　　（貸）　前　受　金　　50,000
　30　（借）　前　受　金　　50,000　　（貸）　売　上　　300,000
　　　　　　　売　掛　金　　250,000

これらの仕訳からわかるように，売買の約束をして実際に手付金の授受があっても，その際に仕入，売上として処理はしない。いったん前払金，前受金として処理を行い，実際に商品の引き渡し，受け取りが行われた時点で，前払金，前受金と相殺する形で売上，仕入を計上する。

4　立替金と預り金

　取引先や従業員など，他人のために一時的に金銭の立て替えをすることがある。このような場合には立替金勘定で処理を行う。立替金勘定は取引先や従業員に対して立て替えた金銭に対する債権であるので，資産勘定である。
　また，他人から一時的に金銭を預かる場合もある。このような場合は預り金勘定で処理を行う。預り金勘定は，他人から預かった金銭に対する債務であるので，負債勘定である。

設例　9－4

次の取引を仕訳しなさい。
10月10日　従業員負担の家賃¥80,000を現金で家主に支払った。
　　15日　甲商店へ商品¥100,000を販売し，代金は掛とした。なお，甲商店負担の発送運賃¥5,000を現金で支払った。
　　25日　従業員に給料¥300,000を支給するにあたり，10月10日に前貸ししてあった¥80,000および所得税の源泉徴収額¥30,000を差し引き，手取金を現金で支払った。
11月12日　所得税の源泉徴収額¥30,000を税務署に現金で納付した。

解答

10/10	（借）立　替　金	80,000	（貸）現　　　金	80,000
15	（借）売　掛　金	100,000	（貸）売　　　上	100,000
	立　替　金	5,000	現　　　金	5,000
25	（借）給　　　料	300,000	（貸）立　替　金	80,000
			預　り　金	30,000
			現　　　金	190,000
11/12	（借）預　り　金	30,000	（貸）現　　　金	30,000

従業員負担の家賃は給料の先払いであると考えて，貸付金とはしない。この従業員に対する立替金を他の立替金と区別するために，従業員立替金勘定を設けて処理することもある。また所得税の源泉徴収分の預り金についても同様に，所得税預り金勘定や従業員預り金勘定を設けて処理することもある。

　その他，得意先負担の発送運賃の立て替えに関して，その立て替えた金額を売掛金勘定に含めて処理することもある。設例の10月15日の取引をそのように処理した場合の仕訳は以下のとおりである。

10/10　（借）売　掛　金　　105,000　　（貸）売　　　上　　100,000
　　　　　　　　　　　　　　　　　　　　　　現　　　金　　　5,000

5　仮払金と仮受金

　取引の内容が確定しないまま現金の支払，受取もしくは当座預金口座への振り込み，小切手の振り出しが行われる場合がある。そのような取引においては，現金勘定や当座預金勘定の増減は認識できるが，相手勘定とその金額が不明あるいは相手勘定は判明するもののその金額が未確定なため，通常の仕訳を行うことができない。このような取引においては，現金の支払または小切手を振り出した場合にはその相手勘定に仮払金勘定，現金の受取または当座預金口座への振込があったときには相手勘定に仮受金勘定を用いて一時的な仕訳を行う。この処理はあくまで一時的な処理であるので，後日その取引内容が判明，確定したときには仮払金，仮受金の金額をそれぞれ適切な勘定に振り替える。なお，仮払金勘定は資産勘定であり，仮受金は負債勘定である。

設例 9－5

次の取引を仕訳しなさい。
9月1日　従業員の出張にあたり，旅費規程に従って，出張旅費の概算額¥200,000を現金で支給した。
　5日　出張中の従業員より¥320,000が当社の当座預金口座に振り込まれたが，その内容については不明である。
　7日　従業員が出張より帰り，上記の振込額の内訳は，売掛金の回収¥250,000，商品注文の手付金¥70,000であるとの報告を受けた。
　8日　従業員が旅費の精算を行い，残額¥9,000を現金で受け取った。

【解　答】

9/1	（借）	仮　払　金	200,000	（貸）	現　　　金	200,000		
5	（借）	当 座 預 金	320,000	（貸）	仮　受　金	320,000		
7	（借）	仮　受　金	320,000	（貸）	売　掛　金	250,000		
					前　受　金	70,000		
8	（借）	旅費交通費	191,000	（貸）	仮　払　金	200,000		
		現　　　金	9,000					

6　商品券と他店商品券

　デパートなどが自分のデパート用の商品券を販売したときは，これと引換えに商品を引き渡す義務が生ずる。これはデパートが商品代金を商品売買取引の前に受け取っているのであるから前受金の一種であるが，他の前受金と区別するために特別に商品券勘定を設けて処理を行う。商品券勘定は前受金勘定同様，負債勘定である。

　また，他店との連盟で共通の商品券を発行しているケースでは，商品の販売時に，その代金として他店が発行した商品券を受け取ることがある。このような場合には他店発行の商品券は他店商品券勘定で処理を行う。他店商品券勘定は，その他店に対する請求権を表すため，資産勘定である。なお，後日，当店保有のその他店発行の商品券とその他店が保有する当店発行の商品券とを相殺する形で交換し，差額を現金等で決済することになる。

設例 9－6

次の取引を仕訳しなさい。

11月10日　商品券￥250,000を販売し，代金は現金で受け取った。
　　15日　商品￥60,000を販売し，代金のうち￥40,000は当店発行の商品券で受け取り，残額は現金で受け取った。
　　20日　商品￥160,000を販売し，代金のうち￥90,000は当店と連盟して商品券を発行している甲デパート発行の商品券で受け取り，残額は当店発行の商品券で受け取った。
　　31日　甲デパートと商品券の精算を行い，当店保有の甲デパート商品券￥90,000と甲デパート保有の当店発行の商品券￥120,000とを交換し，差額は小切手を振り出して支払った。

解答

11/10	（借）	現　　　金	250,000	（貸）	商　品　券	250,000
15	（借）	現　　　金	20,000	（貸）	売　　　上	60,000
		商　品　券	40,000			
20	（借）	他店商品券	90,000	（貸）	売　　　上	160,000
		商　品　券	70,000			
31	（借）	商　品　券	120,000	（貸）	他店商品券	90,000
					当座預金	30,000

7　債務の保証

　主たる債務者が，例えば借金の返済のような債務を履行できなくなったときに，その債務者に代わって債務を履行することを債権者に約束することを，債務の保証という。また，債務の保証のように，将来，法的に一定の条件が満たされた（あるいは満たされない）場合に履行しなければならない債務を偶発債務という。偶発債務の発生は簿記上の取引とはならないが，その存在を把握しておくために保証債務勘定と保証債務見返勘定という一対の対照勘定を用いて備忘仕訳をしておくことがある。

　主たる債務者が債務を履行した場合，逆に，主たる債務者の履行不能により代わって債務を履行する義務が確定した場合，いずれの場合も偶発債務はなくなるため，不要となった備忘仕訳を貸借反対の仕訳を行って取り消さなくてはならない。

設例　9－7

次の取引を仕訳しなさい。

4月10日　取引先大和商店が銀行から¥8,000,000の借入をするに際し，連帯保証人となってほしい旨の依頼を受けたので承諾した。

10月10日　上記借入金が返済された旨の連絡を受けた。

12月13日　債務保証をしていた郡山商店の借入金¥6,000,000につき，郡山商店が支払不能になったため，郡山商店に代わって延滞利息¥9,000とともに小切手を振り出して茨木銀行に返済した。

解 答

4/10	(借)	保証債務見返	8,000,000	(貸)	保証債務	8,000,000
10/10	(借)	保証債務	8,000,000	(貸)	保証債務見返	8,000,000
12/13	(借)	未収金	6,009,000	(貸)	当座預金	6,009,000
		保証債務	6,000,000	(貸)	保証債務見返	6,000,000

8　未決算勘定

　火災により損害保険の掛けられている資産を失ったり，盗難等の被害にあった場合，保険金を受け取ることができる。しかし，火災や盗難被害にあった時点では，受け取ることのできる保険金額は未確定である。このような場合，損失した資産等の帳簿価額を全額損失として計上せず，一時的に未決算勘定を用いて仕訳しておき，後日受け取ることのできる保険金額が確定したり，あるいは実際に受け取ったときに，未決算勘定から適切な勘定に振り替える処理を行う。こうした処理により，確定した保険金額が被害にあった資産の帳簿価額を上回るときには差額分だけ保険差益が生じ，下回るときには下回った分だけ火災損失や盗難損失が計上される。

設 例　9－8

次の取引を仕訳しなさい。
7月8日　火災により帳簿価額￥1,500,000の商品を焼失した。この商品には￥2,000,000の火災保険が掛けられており，保険契約に基づいて保険会社に支払を請求した。
　　25日　保険会社から，保険金全額を支払うとの通知があった。

解 答

7/8	(借)	未決算	1,500,000	(貸)	仕入	1,500,000
25	(借)	未収金	2,000,000	(貸)	未決算	1,500,000
					保険差益	500,000

練 習 問 題

練習問題9－1
次の取引を，城陽商店，伏見商店ともに仕訳しなさい。ただし，月割計算でよい。
1月1日　城陽商店は伏見商店に，期間6ヶ月，年利率4.5％という条件で現金￥3,000,000を貸し付けた。
6月30日　城陽商店は満期日に伏見商店から貸付金を利息とともに伏見商店振出の小切手を受け取り，直ちに当座預金に預け入れた。

練習問題9－2
次の山科商事の取引を仕訳しなさい。
11月20日　山科商事は，11月10日に中古車自動車ディーラーである山中商会に売却した営業用自動車の代金￥200,000を本日現金で受け取った。
12月14日　山科商事は，先日事務用機器販社である石川商事から後日支払う約束をして購入した事務用備品の代金￥160,000を小切手を振り出して支払った。

練習問題9－3
次の取引を宇治商店，長岡商店ともに仕訳しなさい。
10月30日　宇治商店は長岡商店より商品￥500,000の注文を受け，内金として￥80,000を現金で受け取った。
11月15日　宇治商店は長岡商店に上記商品を発送した。なお，代金の残額は今月末に受け取る予定である。

練習問題9－4
次の取引を仕訳しなさい。
5月17日　愛媛商店へ商品￥240,000を掛で販売した。なお，愛媛商店負担の発送運賃￥10,000を現金で立て替えた。
　25日　給料￥800,000の支払に際し，所得税の源泉徴収分￥60,000および従業員への立替金￥40,000を差し引いて現金で支払った。

練習問題9－5
次の一連の取引を仕訳しなさい。
7月10日　従業員の出張に当たり，旅費の社内規定概算額￥120,000を現金で渡した。
　13日　出張先の従業員から，当社の当座預金口座に￥650,000の振込があったがその内容は不明である。
　16日　従業員が出張より戻り，13日に振り込まれた金額の内訳は，売掛金の回収

額￥300,000と商品注文の手付金￥150,000，残額は取引先に対する貸付金の回収であるとの報告を受けた。

18日　旅費を精算し，従業員に不足額￥7,000を現金で渡した。

練習問題9－6
次の取引を仕訳しなさい。

6月10日　商品券￥100,000を発行し，代金は現金で受け取った。

17日　商品￥160,000を売上げ，￥50,000は当店が発行した商品券，￥30,000は以前に当店が買掛金を決済するために振出した小切手で受け取り，残額は月末に受け取ることとした。

24日　商品￥90,000を売上げ，代金は当店と提携するデパートが発行した他店商品券で受け取った。

練習問題9－7
次の取引を仕訳しなさい。

5月19日　取引先の川崎商会が関東銀行から￥2,000,000の融資を受ける際に，その連帯保証人となった。連帯保証により生じた偶発債務を対照勘定により記帳した。

9月30日　川崎商会が支払不能になったことにより，関東銀行から債務の支払を請求されたので，延滞利息￥7,000とともに小切手を振り出して支払った。

練習問題9－8
次の取引を仕訳しなさい。

11月6日　11月5日に盗難被害にあった車両運搬具（取得原価￥3,000,000，減価償却累計額￥270,000）について保険会社に保険金の支払を請求した。

25日　保険会社から，保険金￥2,500,000を支払うとの通知があった。

第10章

有価証券に関する取引

1　有価証券

　有価証券とは，財産権を表象する証券で，その権利の発生，移動および行使の全部または一部が証券で行われるものをいう。簿記，会計において有価証券となるものは，他の企業が発行する株式，社債，国が発行する国債，地方自治体等が発行する地方債（以下，公社債）である。これらを取引した際には，有価証券に関する取引として処理をしなければならない。

　なお，有価証券は，その保有目的の観点から，①売買目的有価証券，②満期保有目的の債権，③子会社株式および関連会社株式，④その他有価証券，の4種類に分類される。そしてそれぞれの保有目的によって簿記上の処理が異なるのであるが，本章では①の売買目的有価証券のみについて解説を行うこととする。売買目的有価証券の処理一巡は下記のとおりである。なお，売買目的有価証券は，売買目的有価証券勘定を設けて処理を行う。売買目的有価証券勘定は資産勘定である。

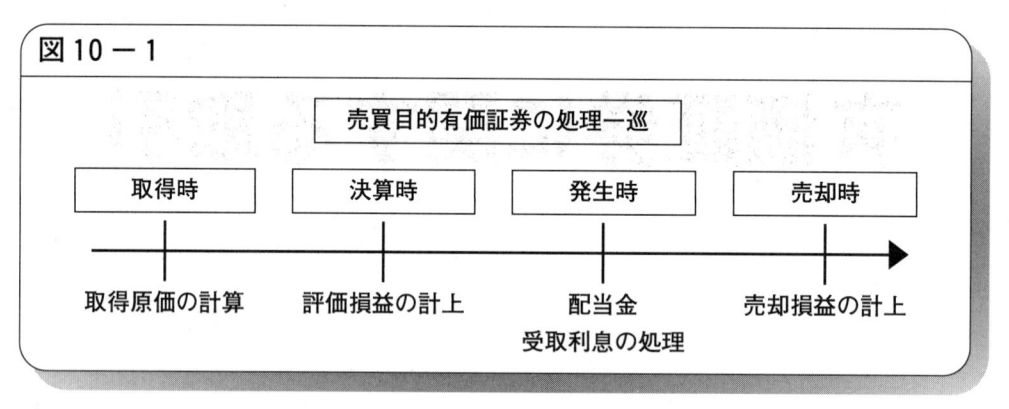

図10－1

売買目的有価証券の処理一巡

取得時	決算時	発生時	売却時
取得原価の計算	評価損益の計上	配当金 受取利息の処理	売却損益の計上

2　取得時における売買目的有価証券の処理

　売買目的有価証券を取得した場合には，売買目的有価証券勘定の増加として仕訳を行う。売買目的有価証券を取得する際に発生した原価を，売買目的有価証券の取得原価というが，取得原価には付随費用（証券会社に支払う手数料等）を含めるため，取得原価の計算式は以下のとおりとなる。

　　　　売買目的有価証券の取得原価　＝　数量　×　単価　＋　付随費用

設例 10-1

以下の取引を仕訳しなさい。
5月17日 売買目的で甲社の株式100株を1株￥50,000で購入し、買入手数料等￥50,000と合わせて小切手を振り出して支払った。
　30日 売買目的で額面￥3,000,000の国債を￥2,950,000で買い入れ、代金は買入手数料￥35,000を含めて月末に支払うこととした。

解 答

5/17	(借)	売買目的有価証券	5,050,000	(貸)	当座預金	5,050,000
30	(借)	売買目的有価証券	2,985,000	(貸)	未払金	2,985,000

上記の仕訳で注意すべき点は、国債の取得原価を計算する際に額面の￥3,000,000を考慮することなく、実際に取得に際して支出した代金の額を基に取得原価を算定することである。

3　決算時における売買目的有価証券の処理

決算時に保有している売買目的有価証券について、その帳簿上の価額（帳簿価額という）と時価で評価した価額が異なる場合には両者の差額を評価損益として損益計算書に計上するとともに、帳簿価額を加減して時価評価額と一致させなければならない。これを売買目的有価証券の時価法による評価といい、以下のような仕訳が行われる。

・時価価額 ＞ 帳簿価額、ならば帳簿価額を増加させる
　　　(借)　売買目的有価証券　×××　　(貸)　有価証券評価益　×××
・時価価額 ＜ 帳簿価額、ならば帳簿価額を減少させる
　　　(借)　有価証券評価損　×××　　(貸)　売買目的有価証券　×××

設例 10-2

以下の取引を仕訳しなさい。なお、会計期間は1月1日から12月31日とする。
12月31日 さきに売買目的で、1株につき￥30,000で購入した乙社株式80株の決算時の時価は1株につき￥32,000であった。
　31日 さきに売買目的で額面総額￥2,000,000、額面￥100につき￥98で購入した債券の決算時の時価は額面￥100につき￥97であった。

解　答

12/31	（借）	売買目的有価証券	160,000	（貸）	有価証券評価益	160,000
31	（借）	有価証券評価損	20,000	（貸）	売買目的有価証券	20,000

4　株式の配当金の処理

　企業はその活動の結果得た利益の一部を，配当金という形で株主に分配する。株主は配当金を，配当金領収証や郵便振替支払通知書の郵送または銀行口座への振込という形で受け取ることとなる。このように所有している株式の配当金を受け取った際には，受取配当金勘定で処理を行う。なお，受取配当金勘定は収益勘定である。

設例　10－3

6月28日　所有している甲社株式について，¥40,000の配当金領収証が送付されてきた。
　　30日　取引銀行から，乙社から当社の当座預金口座に配当金¥35,000が振り込まれたとの通知を受けた。

解　答

6/28	（借）	現　　　金	40,000	（貸）	受取配当金	40,000
30	（借）	当座預金	35,000	（貸）	受取配当金	35,000

5　公社債の利息の処理

　債券の所有者は，あらかじめ定められた利息支払期日（これを利払日という）に定期的に発行者から利息を受け取る。この利息の受取りに関しては，受取利息勘定で処理を行う。受取利息勘定は収益勘定である。
　なお，この利息は，公社債に付随した利札に記してある利払日以降に当該利札を金融機関等に持参して現金化する方法で受け取ることができる。現金化が可能になった利札を，期限の到来した公社債の利札という。期限の到来した公社債の利札はすぐ現金化が可能であるので，所有する公社債の利札の利払日が到来したならば，現金化を済ませていなくても現金の増加と認識し，直ちに以下のような仕訳を行わなければならない。

　　　　　（借）　現　　　金　　×××　　　（貸）　受取利息　　×××

設例 10-4

以下の取引を仕訳しなさい
9月30日　保有している甲社の社債の利札の期限が到来した。利札に記載されている利息金額は￥10,000である。

解答

9/30　（借）現　　　金　　10,000　　　（貸）受 取 利 息　　10,000

6　売却時における売買目的有価証券の処理

　保有する有価証券を売却する際には，手元から当該有価証券がなくなるため，まず売買目的有価証券勘定を減少させなければならない。そして売買目的有価証券の帳簿価額と売却額が一致しない場合には，売却にともなう損益を計上しなければならない。すなわち，売買目的有価証券の帳簿価額と売却額との差額を，売却損益として以下のような処理を行う。
　なお，有価証券売却益勘定は収益勘定であり，有価証券売却損勘定は費用勘定である。

・売却価額　＞　帳簿価額，ならば売却により差額分の利益が発生するため
　　　（借）現　　　金　×××　　（貸）売買目的有価証券　×××
　　　　　　　　　　　　　　　　　　　有価証券売却益　　×××
・売却価額　＜　帳簿価額，ならば売却により差額分の損失が発生するため
　　　（借）現　　　金　×××　　（貸）売買目的有価証券　×××
　　　　　有価証券売却損　×××

設例 10-5

以下の取引を仕訳しなさい。
8月3日　さきに売買目的で1株につき￥120,000で購入した甲社の株式10株を，1株につき￥125,000で売却し，代金は小切手で受け取った。
9月9日　売買目的で保有している乙社の株式10株（帳簿価額総額￥80,000）を1株につき￥7,600で売却し，代金は月末に受け取ることとした。

解 答

8/3	(借)	現　　　金	1,250,000	(貸)	売買目的有価証券	1,200,000
					有価証券売却益	50,000
9/9	(借)	未　収　金	76,000	(貸)	売買目的有価証券	80,000
		有価証券売却損	4,000			

練 習 問 題

練習問題10－1
以下の取引を仕訳しなさい。
① 売買目的で飛鳥商事株式会社の株式20株を1株につき¥85,000で買い入れ，代金は買入手数料¥22,000とともに小切手を振り出して支払った。
② 売買目的で額面¥4,000,000の国債を¥3,900,000で買い入れ，代金は買入手数料¥70,000とともに月末に支払うことにした。
③ さきに売買目的で1株につき¥93,000で購入していた吉野商事株式会社の株式5株を，1株につき¥97,000で売却し，代金は小切手で受け取った。
④ さきに売買目的で額面¥100につき¥98で買い入れた西大寺株式会社の社債のうち，額面総額¥3,000,000を額面¥100につき¥96で売却し代金は月末に受け取ることにした。

練習問題10－2
以下の取引を仕訳しなさい。
① 売買目的で斑鳩商事株式会社の社債（額面¥2,000,000，年利率6％）を額面¥100につき¥98で購入し，代金は小切手を振り出して支払った。
② 上記の社債につき，半年分の利息を小切手で受け取った。
③ 決算に際して，売買目的で所有している郡山株式会社の株式（取得原価@¥92,000）40株を，@97,000（時価）に評価替えする。
④ 決算に際して，売買目的で所有している畝傍株式会社の株式（取得原価@¥73,000）20株を，@68,000（時価）に評価替えする。

第11章

固定資産に関する取引

1 固定資産

これまで見てきたように，現金，当座預金，受取手形，売掛金，商品，売買目的有価証券などの資産は，支払手段に用いるための資産であったり，主たる営業活動によって取得した資産であったり，1年以内に現金に換えられる資産である。このような資産を会計上，流動資産という。

これらに対して，固定資産とは企業がその活動を続けていく上で必要な資産であって，長期にわたって使用または利用するために保有されるものをいう。そして固定資産は有形固定資産，無形固定資産，投資その他の資産，の3つに分類される。

本章では上記3種類の固定資産のうち，有形固定資産に限定して，その処理について解説を行う。有形固定資産の例として，事務用の机や椅子，商品の陳列棚，応接セット，ロッカー，各種の事務機器といった備品勘定で処理されるもの，営業用の乗用車やトラック，二輪車といった車両運搬具勘定で処理されるもの，事務所や店舗，あるいは倉庫などの建物勘定で処理されるもの，およびそれらの敷地である土地（土地勘定で処理される）等が挙げられる。なお，これらの有形固定資産の勘定は全て資産勘定である。有形固定資産の処理一巡は，下の図のように表される。

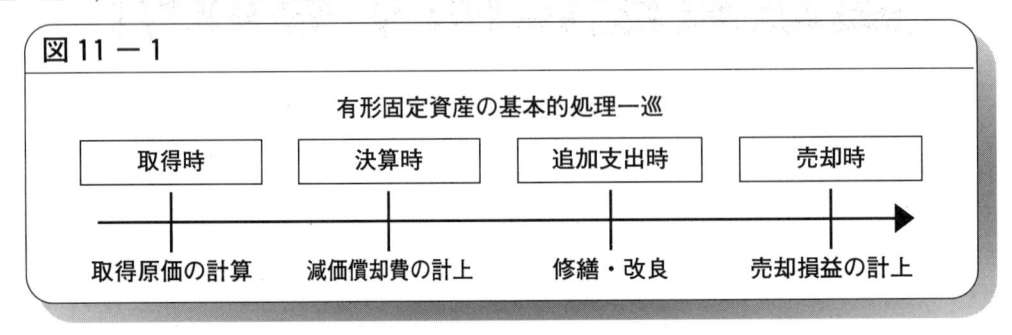

図11-1

有形固定資産の基本的処理一巡

取得時	決算時	追加支出時	売却時
取得原価の計算	減価償却費の計上	修繕・改良	売却損益の計上

2 有形固定資産取得時の処理

（1）購入による取得

有形固定資産を購入して取得した際には，有形固定資産の購入代価と付随費用を合計した金額を取得原価として仕訳する。有形固定資産の取得原価に加算される付随費用には，引取運賃，機械等の据付費や試運転に要した費用，仲介手数料，登記料や整地費用および登録手数料など，その固定資産を使用可能な状態にするまでに要した諸支出がある。

有形固定資産の取得原価 ＝ 購入代価 ＋ 付随費用

設例 11-1

以下の取引を仕訳しなさい。
8月10日　機械￥1,800,000を購入し，据付費と試運転費￥200,000を合わせて小切手を振り出して支払った。

解答

8/10　（借）機　　械　2,000,000　　　（貸）当 座 預 金　2,000,000

　この仕訳で注意しなければならないのは，据付費と試運転費を付随費用として機械の取得原価に加えていることである。

（2）建設仮勘定

　建物や大規模な機械装置あるいは製造設備のように，完成するまでに長い期間を要するような工事が必要な有形固定資産を取得する場合には，着工してから完成するまでの期間に工事契約代金を分割して支払うことが多い。この場合，工事が完成して引渡しを受けるまでは，その有形固定資産を使用することができないので，工事契約代金の支払額を建物勘定や機械装置勘定といった有形固定資産に属する勘定として計上することは適切な会計処理とはいえない。

　そこで，工事期間中の支払額をとりあえず記録・集計する勘定として，建設仮勘定が用いられる。この処理において，支払われた金額はこの建設仮勘定の借方に集計され，工事完了後に引渡しを受け，有形固定資産本来の目的である使用が可能になった時点で，それまでの建設仮勘定の累計額を本来の建物勘定や機械装置勘定に振り替えることとなる。

設例 11-2

以下の取引を仕訳しなさい。
2月1日　田中工務店と工場の新築の請負工事契約を締結し，工事代金の一部として￥3,000,000の小切手を振り出して支払った。
10月31日　新工場が完成し，工事代金の残金￥7,000,000を，小切手を振り出して支払った。

解 答

2/1	（借）	建設仮勘定	3,000,000	（貸）	当座預金	3,000,000
10/31	（借）	建　物	10,000,000	（貸）	建設仮勘定	3,000,000
					当座預金	7,000,000

3　有形固定資産の決算時の処理

　有形固定資産は長期にわたって使用するが，一般に土地以外の有形固定資産を永久に使用することはできない。多くの有形固定資産はいつかは，減耗，磨耗，破損などによって使用し続けることができなくなる。また，物理的には使用可能であるとしても性能の優れた新機種や新技術の開発によって陳腐化する，あるいは時代の流れとともに，不適応となるものもある。これらの現象はいずれも，対象となる有形固定資産の経済的価値を損ねるものであるから，複式簿記においてはこの価値低下分を取引として認識し，仕訳を行わなければならない。

　ところがこれらの価値減少分の金額がいかほどなのかは，通常は明確に把握できない。そこで，価値減少の形態を想定した様々な方法によって，その価値減少の金額を見積もる必要がある。そしてこの価値減少分の金額は，減価償却費勘定という費用勘定で決算時に費用化される。ここでは定額法，定率法，生産高比例法という減価償却費の計算方法について解説し，その後に仕訳の方法を説明する。

（1）定　額　法

　定額法は，毎期の価値の減少が一定であると考える減価償却費の計算方法である。このことを図11－2で見てみよう。

図11－2

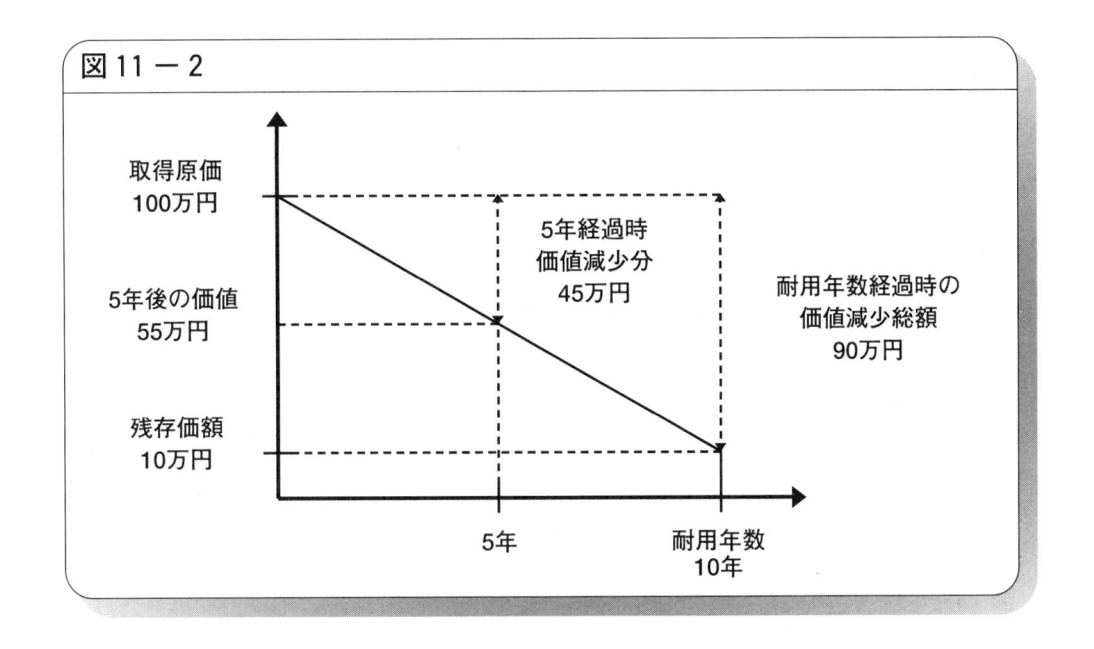

```
取得原価
100万円

5年後の価値
55万円

残存価額
10万円

            5年経過時
            価値減少分
            45万円

                    耐用年数経過時の
                    価値減少総額
                    90万円

            5年      耐用年数
                    10年
```

　この図は，取得原価¥1,000,000の有形固定資産を，耐用年数10年，残存価額¥100,000として定額法で減価償却する場合の価値の減少の様態を描いたものである。ここで耐用年数とはその有形固定資産が使用可能とみなす期間であり，残存価額とは耐用年数経過後の当該有形固定資産の価値とみなす額である。上記の図で明らかなように，定額法を採用した場合には価値が毎年一定額ずつ減少していくので，その様子をグラフで表すと，右下がりの直線になる。このことから定額法は別名，直線法と呼ばれる。定額法による毎期の減価償却費の計算式は以下のとおりである。

　　　　減価償却費　＝　（取得価額　－　残存価額）　÷　耐用年数

　上記の図で，毎年の減価償却費は次のように計算される。
　　　第１年度　　（¥1,000,000　－　¥100,000）　÷　10年　＝　¥90,000
　　　第２年度　　（¥1,000,000　－　¥100,000）　÷　10年　＝　¥90,000
　　　　︙
　　10年間の合計　　　　　　　　　　　　　　　　　　　　　　¥900,000

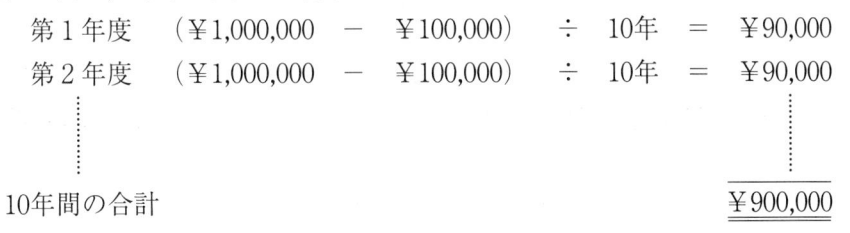

設例　11－3

12月31日　定額法により，本年１月１日に取得した備品（取得原価¥800,000，耐用年数３年，残存価額は取得原価の10％）の決算日（12月31日）における減価償却費を計算しなさい。

解 答

（¥800,000 － ¥800,000 × 10%）÷ 3年 = ¥240,000

（2）定　率　法

　定率法は，予想された耐用年数とあらかじめ見積もられた残存価額に基づいて，一定の償却率を計算しておき，その償却率を有形固定資産の毎期の未償却残高に乗じて償却高を計算する方法である。

　定率法による有形固定資産の減価の様子をグラフで表すと，図11－3のようになる。このグラフも取得原価¥1,000,000の有形固定資産を，耐用年数10年，残存価額¥100,000の定率法で減価償却する場合の減価を示したものである。

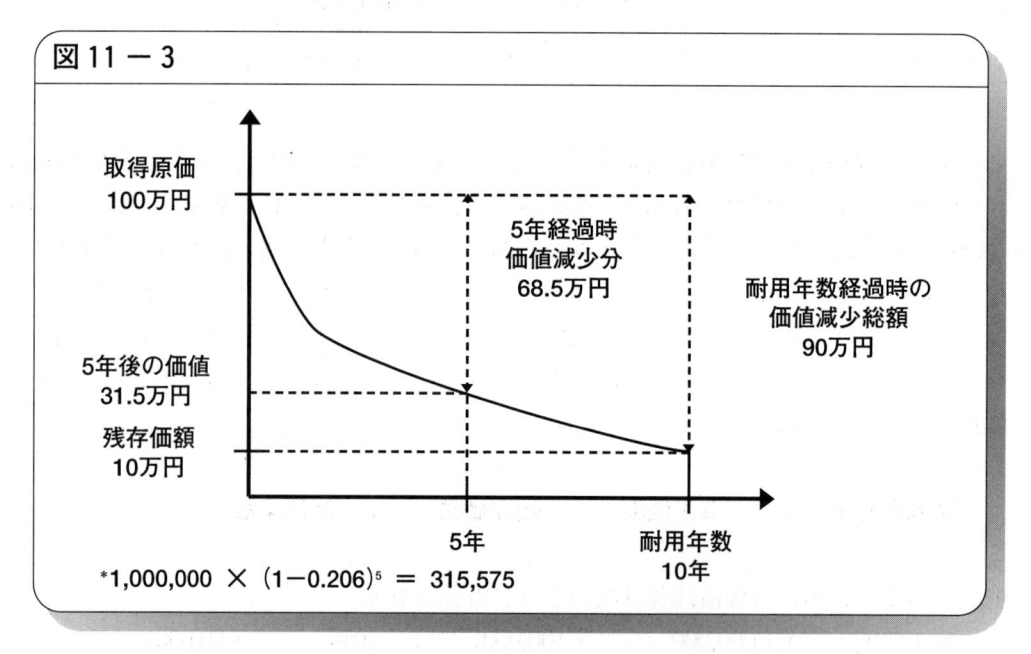

図11－3

取得原価 100万円
5年経過時価値減少分 68.5万円
耐用年数経過時の価値減少総額 90万円
5年後の価値 31.5万円
残存価額 10万円
5年
耐用年数 10年

*$1,000,000 \times (1-0.206)^5 = 315,575$

　この図からわかるように，前述の定額法では毎期均等に減価していたのに対し，定率法では取得当初に大きく減価し，その後年々減少額が小さくなる。そこで定率法は逓減法とも呼ばれる。

　定率法による減価償却費の計算式は以下のとおりである。

　　　　減価償却費 ＝ 未償却残高 × 償却率

　なお，償却率は取得原価と残存価額，耐用年数を下記の式に代入することにより求めることができる。

$r = 1 - \sqrt[n]{s/S}$　ただし，r：償却率，n：耐用年数，S：取得原価，s：残存価額

残存価額が取得原価の10％とすると，耐用年数ごとの償却率は以下のようになる。

耐用年数	償却率	耐用年数	償却率
1年	0.900	6年	0.319
2年	0.684	7年	0.280
3年	0.536	8年	0.250
4年	0.438	9年	0.226
5年	0.369	10年	0.206

【設例】11－4

定率法により，本年1月1日に取得した備品（取得原価￥800,000，耐用年数3年，残存価額は取得原価の10％，償却率0.536）の決算日（12月31日）における減価償却費を計算しなさい。

【解答】

￥800,000　×　0.536　＝　￥428,800

（3）減価償却費の仕訳方法

定額法等の方法で計算した減価償却費の金額を仕訳する方法は2種類ある。ひとつは，当該有形固定資産勘定の貸方に直接に記入して当該有形固定資産の帳簿価額から控除する仕訳方法であり，直接法とよばれる。

もうひとつは，○○減価償却累計額勘定（○○には，建物や備品等の当該有形固定資産の勘定科目名が入る）を新たに設けて減価償却費を累計する間接法と呼ばれる方法である。

直接法においては当該有形固定資産勘定の残高が，間接法においては当該有形固定資産勘定の残高と○○減価償却累計額勘定の残高の差額が，当該有形固定資産のその時点での価値を示す。

【設例】11－5

次の取引を仕訳しなさい。
12月31日　決算にあたり，定額法により，本年1月1日に現金で購入した備品（取得原価￥800,000，耐用年数3年，残存価額は取得原価の10％）の減価償却を行い，勘定に転記しなさい。

解　答

① 直接法による仕訳，転記
12/31　（借）　減価償却費　　240,000　　　　（貸）　備　　　品　　240,000

備　　　品	
1/1　現　　金　800,000	12/31　減価償却費　240,000

減価償却費	
12/31　備　　　品　240,000	

② 間接法による仕訳，転記
12/31　（借）　減価償却費　　240,000　　　　（貸）　備品減価償却累計額　240,000

備　　　品	
1/1　現　　金　80,000	

減価償却費	
12/31　備品減価償却累計額 　　　　　　　　　24,000	

備品減価償却累計額	
	12/31　減価償却費　240,000

（4）生産高比例法

　定額法や定率法が，時間の経過を原因とする経済的価値の減少を計上しようという考えに基づく減価償却の方法であるのに対し，生産高比例法は生産高に応じて減価償却費を計上しようという考えに基づく減価償却の方法である。生産高比例法は元来，鉱業設備などに適用されていた方法であるが，鉱業設備以外にも，自動車，航空機，船舶などのように，総利用可能量と当期の実際利用量を特定の物量基準（走行距離や飛行時間など）に換算できるような資産にも適用できる方法である。生産高比例法による減価償却費の一般的な算式は以下のとおりである。

$$減価償却費 = （取得原価 - 残存価額） \times \frac{当期利用量}{総利用可能量}$$

設　例　11－6

　決算（12月31日）にあたり，取得原価￥5,000,000，残存価額￥500,000，予想される総走行距離数100,000km，当年度の実際走行距離20,000kmの車両運搬具について生産高比例法で減価償却を行いなさい。

【解　答】

直接法	（借）	減価償却費	900,000	（貸）	車両運搬具	900,000
間接法	（借）	減価償却費	900,000	（貸）	車両運搬具減価償却累計額	900,000

・ （¥5,000,000 － ¥500,000） × $\dfrac{20,000km}{100,000km}$ ＝ ¥900,000

4　追加的支出を行った場合の処理

　所有する有形固定資産に対して追加的に支出を行った場合，複式簿記においてその支出は2種類に区分される。ひとつは価値を増加させたり耐用年数を延長させる，改良のための取得後の支出である。建物を増築したり，機械の性能を取得時より向上させたりするための支出が例としてあげられる。このような支出は資本的支出とも呼ばれるが，この際には，当該有形固定資産の価値がその支出の金額の分だけ向上したと考えられるため，当該有形固定資産勘定に借方記入する。

　もうひとつは使用にともなう価値や性能低下を補い，元の状態に近づけるあるいは戻すような，当該固定資産を維持保全するような修繕としての支出である。塗装がはげた建物外壁の再塗装や営業用車両の整備費用といったようなこのような収益的支出と呼ばれる支出は，修繕費勘定で処理する。修繕費勘定は費用勘定である。

【設　例】11－7

以下の取引を仕訳しなさい。
3月15日　営業所開設のため，中古の店舗を¥3,500,000で購入し，代金は仲介手数料¥150,000とともに小切手を振り出して支払った。
4月20日　上記店舗を営業所用に改装し，改装のための費用¥1,800,000は月末に支払うこととした。
5月10日　営業所のガラスが割れたため，取替えの費用¥50,000を現金で支払った。

【解　答】

3/15	（借）	建　物	3,650,000	（貸）	当座預金	3,650,000
4/20	（借）	建　物	1,800,000	（貸）	未払金	1,800,000
5/10	（借）	修繕費	50,000	（貸）	現　金	50,000

5　有形固定資産の売却・除却時の処理

（1）有形固定資産の売却時の処理

　不要になった有形固定資産を売却した際には，当該有形固定資産の売却時の帳簿上の価値と売却価額との差額を固定資産売却益勘定または固定資産売却損勘定に計上する。固定資産売却益勘定は収益勘定であり，固定資産売却損勘定は費用勘定である。

・当該有形固定資産の売却時の価値　＜　売却額　：　固定資産売却益勘定で処理
・当該有形固定資産の売却時の価値　＞　売却額　：　固定資産売却損勘定で処理

　なお，当該有形固定資産の売却時の価値とは売却時の未償却残高のことである。よって，減価償却費を直接法で仕訳している場合には当該有形固定資産の勘定の残高であり，間接法で仕訳している場合には当該有形固定資産の残高と当該有形固定資産の減価償却累計額勘定の残高の差額であることに注意する必要がある。
　固定資産売却損益を計上する際に，直接法を採用している場合には当該有形固定資産勘定の貸方に帳簿価額を記入する。間接法を採用している場合には，当該有形固定資産の貸方に残高を記入すると同時に，売却時までの減価償却累計額を減価償却累計額勘定の借方に記入する。これらの処理により，売却された有形固定資産が帳簿から除外される。

設 例　11－8

以下の取引を仕訳しなさい。
8月20日　直接法により減価償却を記帳していた帳簿価額￥920,000の備品を￥1,000,000で売却し，代金は月末に受け取ることとした。
9月10日　取得原価￥2,000,000，減価償却累計額￥1,080,000の備品を￥850,000で売却し，代金は相手振り出しの小切手で受け取った。

解 答

8/20	（借）	未　収　金	1,000,000	（貸）	備　　　品		920,000
					固定資産売却益		80,000
9/10	（借）	現　　　金	850,000	（貸）	備　　　品		2,000,000
		備品減価償却累計額	1,080,000				
		固定資産売却損	70,000				

（2）有形固定資産の除却時の処理

　使用する有形固定資産が，その耐用年数が経過したあるいは例えば陳腐化のようなその他の理由で不用となった有形固定資産を廃棄することによって帳簿から取り除く会計処理を除却という。除却に関しては除却時点における当該有形固定資産の帳簿価額を用い，除却益もしくは除却損を計上する。ただし，除却する資産に処分可能見積額といった処分価値が認められる場合にはその見積り額を貯蔵品勘定（資産勘定）の借方に記入し，その見積額と帳簿価額との差額を除却損益として処理することとなる。

設例 11－9

以下の取引を仕訳しなさい。

10月27日　取得原価￥500,000，これまでの減価償却の合計額が￥240,000である機械を除却することとした。ただし，この機械は￥140,000の処分価値を有すると考えられる。

解答

直接法で仕訳を行っている場合

10/27	（借）	機械除却損	120,000	（貸）　機　械	260,000
		貯　蔵　品	140,000		

間接法で仕訳を行っている場合

10/27	（借）	機械減価償却累計額	240,000	（貸）　機　械	500,000
		機械除却損	120,000		
		貯　蔵　品	140,000		

練 習 問 題

練習問題11－1

以下の取引を仕訳しなさい。
① 事務用パソコンを購入し，代金¥280,000と引取運賃¥3,000を，小切手を振り出して支払った。
② 店舗用の建物¥5,000,000を購入し，代金は小切手で支払い，仲介手数料など¥850,000は現金で支払った。
③ 営業用の軽自動車1台を購入し，代金¥1,200,000と登録手数料¥100,000のうち¥500,000は現金で支払い，残額は月末に支払うことにした。
④ 事務所用建物の修繕および改良工事が終了し，代金¥2,800,000を小切手で支払った。支払金額のうち¥2,500,000は建物改築のための支出であり，残額は建物の修繕のための支出である。

練習問題11－2

以下の取引を仕訳しなさい。
① 期首に取得した取得金額¥6,000,000，残存価額が取得原価の10％，耐用年数が20年の建物について決算時に定額法で減価償却を行った（直接法）。
② 上記①について間接法で減価償却を行った場合。
③ 備品¥2,000,000について，定率法（償却率0.20）により減価償却を行う。なお，減価償却累計額が¥400,000ある。
④ 取得原価¥800,000，減価償却累計額¥432,000の備品を¥350,000で売却し，代金のうち¥200,000は小切手で受け取り，残額は月末に受け取ることにした。
⑤ 取得原価¥3,000,000，減価償却累計額¥1,800,000の機械を売却し，代金¥1,270,000は月末に受け取ることにした。
⑥ 取得原価¥700,000，帳簿価額¥210,000の備品を除却することにした。ただし，この備品には¥40,000の処分価値がある（直接法）。

第12章

資本金に関する取引

1 資本取引

個人企業の純資産（資本）は資本金勘定により処理される。資本に関する取引は資本取引といい，個人企業の場合，次のようなものがある。
① 純資産の増加をもたらす取引
　1　店主による資本の元入れ
　2　店主による資本の追加元入れ（追加出資）
　3　当期純利益の計上
② 純資産の減少をもたらす取引
　1　店主による資本の引出し（資本の払戻し）
　2　当期純損失の計上

以下では，これらについて説明を行う。ただし，当期純利益・当期純損失の計上に関する会計処理については，決算の章で説明が行われる。

2 資本の増加をもたらす取引

（1）店主による資本の元入れ

個人企業の店主が，個人企業の事業の開始のために，資金を個人企業に提供する取引を資本の元入れという。

設例 12-1

事業主が現金¥5,000,000を元入れし，個人企業を開業した。

解答

　（借）現　　　金　5,000,000　　　（貸）資　本　金　5,000,000

（2）店主による資本の追加元入れ（追加出資）

個人企業の店主が，個人企業の事業開始以後，追加して資金を個人企業に提供する取引を資本の追加元入れ（追加出資）という。

設例 12-2

事業主が現金￥20,000,000を追加元入れした。

解答

(借) 現　　金　20,000,000　　　(貸) 資 本 金　20,000,000

3　資本の減少をもたらす取引

(1) 店主による資本の引出し（資本の払戻し）

個人企業の店主が，個人企業の財産を，自己の私的な目的のために消費する取引を資本の引出し（資本の払戻し）という。

資本の引出しについては，次の2つの処理方法がある。
（1）資本金勘定に直接記入する方法
（2）引出金勘定を用いる方法

引出金勘定は，資本金勘定に関する評価勘定（控除勘定）である。期中の資本の引出しを引出金勘定で処理した場合は，決算時に引出金勘定の残高を資本金勘定に振り替える。

設例 12-3

以下の取引を，（1）資本金勘定を直接減額する方法と（2）引出金勘定を用いる方法のそれぞれの方法で仕訳しなさい。

9月17日　事業主は店の現金￥20,000を私用のために引き出した。
10月15日　事業主は店の商品￥50,000を私用の目的で持ち出した。
11月21日　事業主は水道光熱費￥150,000を現金で支払った。このうち￥30,000は事業主の個人負担すべき額である。
12月31日　決算日を迎えた。上記1，2，3の引出金を資本金と相殺した。

解 答

(1) 資本金勘定を直接減額する方法

9/17	(借)	資 本 金	20,000	(貸)	現 　　 金	20,000
10/15	(借)	資 本 金	50,000	(貸)	仕 　　 入	50,000
11/21	(借)	水道光熱費	120,000	(貸)	現 　　 金	150,000
		資 本 金	30,000			

12/31 　　仕訳なし

(2) 引出金勘定を用いる方法

9/17	(借)	引 出 金	20,000	(貸)	現 　　 金	20,000
10/15	(借)	引 出 金	50,000	(貸)	仕 　　 入	50,000
11/21	(借)	水道光熱費	120,000	(貸)	現 　　 金	150,000
		引 出 金	30,000			
12/31	(借)	資 本 金	100,000	(貸)	引 出 金	100,000

4 財産法と損益法

　資産，負債，純資産の勘定はストックの性質を持ち，収益，費用の勘定はフローの性質を持つ。以下では，いくつかの複式簿記の定義式を見るが，そこにおいては，資産，負債，純資産，収益，費用の各勘定の金額は借方貸方差額の残高であるものとする。

　次の式を試算表等式という。試算表等式に基づいて残高試算表は作成される。

　　期末時点の資産総額　＋　費用総額　＝
　　　期末時点の負債総額　＋　期首時点の純資産額　＋　収益総額

　任意の一時点の資産総額，負債総額，純資産額に関して，次のような定義式がある。次の式を純資産等式という。

　　　資産総額　－　負債総額　＝　純資産額

　次の式を貸借対照表等式という。貸借対照表等式に基づいて貸借対照表は作成される。

　　　資産総額　＝　負債総額　＋　純資産額

次の式によって，企業の一会計期間の当期純損益が計算される。

　　期末時点の純資産額　－　期首時点の純資産額　＝　当期純損益
　　　（当期純損益は符号が＋ならば当期純利益，－ならば当期純損失を意味する。）

　期末時点と期首時点の2時点の純資産額を比べて，当期純損益を計算する方法を財産法という。

　期末時点の貸借対照表等式に財産法の計算式を代入すれば，次の式が成り立つ。
　　期末時点の資産総額
　　　＝　期末時点の負債総額　＋　期首時点の純資産額　＋　当期純損益

　期末時点の貸借対照表に当期純損益を記載する場合は，この等式に基づいて貸借対照表が作成される。

　一会計期間の収益総額，費用総額に関して，次のような定義式がある。

　次の式によって，企業の一会計期間の当期純損益が計算される。

　　収益総額　－　費用総額　＝　当期純損益
　　　（当期純損益は符号が＋ならば当期純利益，－ならば当期純損失を意味する。）

　一会計期間の収益総額と費用総額を比べて，当期純損益を計算する方法を損益法という。
　財産法で計算した当期純損益と損益法で計算した当期純損益は一致する。それは次のことから明らかである。
　上で示した試算表等式を（移項して）次のように書き換える。

　　期末時点の資産総額　－　期末時点の負債総額　－　期首時点の純資産額
　　　＝　収益総額　－　費用総額

　これは，左辺に貸借対照表項目を集め，右辺に損益計算書項目を集めたと言える。左辺の第1項と第2項に関して純資産等式を代入すれば次のようになる。

　　期末時点の純資産額　－　期首時点の純資産額　＝　収益総額　－　費用総額

　左辺は財産法による当期純損益の計算式であり，右辺は損益法による当期純損益の計算

式であるから，財産法で計算した当期純損益と損益法で計算した当期純損益は一致すると言えるのである。すなわち，財産法の計算式と損益法の計算式を代入すれば，次の式が導かれる。

　　当期純損益　＝　当期純損益
　　（財産法）　　　（損益法）

次の式を損益計算書等式という。損益計算書等式に基づいて損益計算書は作成される。

　　費用総額　＋　当期純損益　＝　収益総額

設例 12-4

次の空欄に適切な数字を入れなさい。ただし，行番号で示された各行は，それ以外の行番号の行とは独立している。

（単位：千円）

行番号	期末資産	費用	期末負債	期首純資産（資本）	収益
(1)	6,700	( )	2,100	3,400	5,800
(2)	3,900	1,400	3,350	800	( )
(3)	( )	4,500	2,300	2,400	5,300
(4)	4,600	6,400	( )	3,000	4,600
(5)	7,200	5,700	5,500	( )	6,000

解答

（単位：千円）

行番号	期末資産	費用	期末負債	期首純資産（資本）	収益
(1)	6,700	4,600	2,100	3,400	5,800
(2)	3,900	1,400	3,350	800	1,150
(3)	5,500	4,500	2,300	2,400	5,300
(4)	4,600	6,400	3,400	3,000	4,600
(5)	7,200	5,700	5,500	1,400	6,000

設例 12−5

次の空欄に適切な数字を入れなさい。ただし，行番号で示された各行は，それ以外の行番号の行とは独立している。また，△印はマイナスを意味する。

(単位：千円)

行番号	期首			期末			収益	費用	純利益または純損失
	資産	負債	純資産(資本)	資産	負債	純資産(資本)			
(1)	( )	2,100	( )	5,100	( )	2,900	( )	5,500	500
(2)	8,600	( )	4,100	( )	4,100	4,200	5,800	( )	( )
(3)	( )	3,000	1,500	3,900	( )	( )	1,300	( )	△200
(4)	8,000	( )	( )	( )	4,500	4,800	6,300	5,800	( )
(5)	( )	6,800	2,400	( )	5,700	( )	( )	7,600	△500

解 答

(単位：千円)

行番号	期首			期末			収益	費用	純利益または純損失
	資産	負債	純資産(資本)	資産	負債	純資産(資本)			
(1)	4,500	2,100	2,400	5,100	2,200	2,900	6,000	5,500	500
(2)	8,600	4,500	4,100	8,300	4,100	4,200	5,800	5,700	100
(3)	4,500	3,000	1,500	3,900	2,600	1,300	1,300	1,500	△200
(4)	8,000	3,700	4,300	9,300	4,500	4,800	6,300	5,800	500
(5)	9,200	6,800	2,400	7,600	5,700	1,900	7,100	7,600	△500

5 個人企業の期末資本金と当期純損益

個人企業の資本は資本金勘定により処理されるが，個人企業の会計期間の期中に資本の追加元入れ（追加出資）や資本の引出し（資本の払戻し）がある場合，期末資本金の額は次のように計算される。

　　期首資本金の額　＋　期中追加元入れ額　－　期中引出し額　＋　当期純損益
　　　＝期末資本金の額

この式を（移項して）次のように書き換えると，個人企業の資本の追加元入れと資本の引出しがある場合の財産法の計算式になる。

期末資本金の額 － 期中追加元入額 ＋ 期中引出額 － 期首資本金の額
＝当期純損益

また，別の（移項による）整理によれば，次のような式が得られる。

期末資本金の額 － 期首資本金の額 ＝
当期純損益 ＋ 期中追加元入額 － 期中引出額

この式は，クリーンサープラス関係と呼ばれる式の個人企業の場合の式である。すなわち，個人企業の資本金勘定の金額の増減は，当期純損益，資本の追加元入れ，資本の引出しによってのみ生じるということが示されている（ただし，企業の設立時と解散時は別である。）。

設例 12－6

次の空欄に適切な数字を入れなさい。ただし，行番号で示された各行は，それ以外の行番号の行とは独立している。また，△印はマイナスを意味する。

(単位：千円)

行番号	期首資本金	追加元入金	引出金	当期純利益（純損失）	期末資本金
(1)	6,000	2,500	1,000	（ ）	8,500
(2)	9,000	1,000	2,500	△500	（ ）
(3)	8,500	2,500	（ ）	1,500	9,000
(4)	7,000	（ ）	2,000	△1,000	4,500
(5)	（ ）	1,500	500	2,000	8,500

解答

(単位：千円)

行番号	期首資本金	追加元入金	引出金	当期純利益（純損失）	期末資本金
(1)	6,000	2,500	1,000	1,000	8,500
(2)	9,000	1,000	2,500	△ 500	7,000
(3)	8,500	2,500	3,500	1,500	9,000
(4)	7,000	500	2,000	△1,000	4,500
(5)	5,500	1,500	500	2,000	8,500

設例 12-7

次の空欄に適切な数字を入れなさい。ただし，行番号で示された各行は，それ以外の行番号の行とは独立している。また，△印はマイナスを意味する。

(単位：千円)

行番号	期首資本金	追加元入金	引出金	期末資本金	収益	費用	純利益または純損失
(1)	5,500	( )	850	7,200	6,200	4,900	( )
(2)	8,500	2,750	( )	7,500	( )	8,100	△2,500
(3)	6,000	3,150	1,050	( )	4,350	( )	1,900
(4)	( )	2,250	450	9,000	3,750	4,050	( )
(5)	9,000	( )	2,500	9,900	( )	1,450	1,450

解答

(単位：千円)

行番号	期首資本金	追加元入金	引出金	期末資本金	収益	費用	純利益または純損失
(1)	5,500	1,250	850	7,200	6,200	4,900	1,300
(2)	8,500	2,750	1,250	7,500	5,600	8,100	△2,500
(3)	6,000	3,150	1,050	10,000	4,350	2,450	1,900
(4)	7,500	2,250	450	9,000	3,750	4,050	△300
(5)	9,000	1,950	2,500	9,900	2,900	1,450	1,450

練 習 問 題

練習問題 12 － 1
次の取引について，仕訳しなさい。
① 個人Aは，個人企業を設立し，現金¥25,000,000を元入れした。
② 店主Aは，現金¥8,000,000を追加元入れした。

練習問題 12 － 2
次の一連の取引について，資本金勘定に直接記入する方法，引出金勘定を用いる方法のそれぞれの方法で，仕訳をしなさい。
① 個人企業Aの店主Aは，店の現金¥30,000を私用のために引き出した。
② 個人企業Aの店主Aは，店の商品¥10,000を私用の目的で消費した。
③ 個人企業Aは，通信費¥70,000を現金で支払った。このうち¥20,000は店主Aの負担すべき額である。
④ 個人企業Aは決算日を迎えた。

練習問題 12 － 3
次の空欄に適切な数字を入れなさい。ただし，行番号で示された各行は，それ以外の行番号の行とは独立している。

(単位：千円)

行番号	期末資産	費用	期末負債	期首純資産(資本)	収益
(1)	( )	6,600	2,200	3,300	8,800
(2)	3,300	( )	1,100	1,100	5,500
(3)	6,500	5,500	( )	3,400	5,300
(4)	3,600	5,400	2,400	( )	3,600
(5)	9,300	7,800	7,600	3,500	( )

練習問題 12 － 4
次の空欄に適切な数字を入れなさい。ただし，行番号で示された各行は，それ以外の行番号の行とは独立している。また，△印はマイナスを意味する。

(単位:千円)

行番号	期首 資産	期首 負債	期首 純資産(資本)	期末 資産	期末 負債	期末 純資産(資本)	収益	費用	純利益または純損失
(1)	6,600	( )	800	7,200	( )	900	( )	9,400	( )
(2)	2,600	1,700	( )	3,700	2,400	( )	5,100	( )	( )
(3)	9,800	( )	2,900	( )	8,200	( )	8,200	( )	△1,700
(4)	( )	6,600	1,300	8,100	( )	( )	( )	3,200	900
(5)	8,100	7,250	( )	( )	7,800	1,700	2,700	( )	( )

練習問題 12 − 5

次の空欄に適切な数字を入れなさい。ただし,行番号で示された各行は,それ以外の行番号の行とは独立している。また,△印はマイナスを意味する。

(単位:千円)

行番号	期首資本金	追加元入金	引 出 金	当期純利益(純損失)	期末資本金
(1)	5,500	2,000	500	500	( )
(2)	4,000	500	1,500	( )	1,500
(3)	3,500	1,500	( )	500	4,500
(4)	6,000	( )	1,000	△2,500	3,000
(5)	( )	2,500	3,500	2,500	9,000

練習問題 12 − 6

次の空欄に適切な数字を入れなさい。ただし,行番号で示された各行は,それ以外の行番号の行とは独立している。また,△印はマイナスを意味する。

(単位:千円)

行番号	期首資本金	追加元入金	引 出 金	期末資本金	収 益	費 用	純利益または純損失
(1)	( )	250	1,850	6,200	( )	1,400	1,800
(2)	9,000	( )	2,250	4,500	4,600	( )	△3,000
(3)	7,500	150	( )	7,000	5,350	3,950	( )
(4)	8,000	250	1,450	( )	5,750	( )	△ 800
(5)	( )	950	1,500	7,600	( )	3,250	2,650

第13章

収益および
費用に関する取引

1 収益・費用取引と発生主義

収益および費用が発生する取引は，次のように分けることができる。
・財・用役（サービス）の提供が一度の取引で完了する取引
・用役（サービス）の提供が一定期間にわたって継続的に行われる取引

前者に関係する勘定科目には，売上，仕入，有価証券売却益，旅費交通費などがある。後者に関係する勘定科目には，受取家賃，支払家賃，受取地代，支払地代，受取利息，支払利息，保険料，受取手数料，支払手数料などがある。以下では，後者について説明を行う。

用役（サービス）の提供が一定期間にわたって継続的に行われる場合，それは契約に基づいて行われる。そのような契約には，次のようなものがある。
・家屋の賃貸借契約
・土地の賃貸借契約
・金銭の賃貸借契約
・保険契約
・上記以外の各種サービスの授受に関する契約

これらの契約により，用役（サービス）の提供が継続的に行われ，代金（対価）の授受も，決められた期日に行われる。

これらの契約に基づく取引の勘定への記入は，一般に，現金収支があった場合に行われる。つまり，現金収支があったときに仕訳が行われる。このことが以下の説明の前提である。

一定の契約に従い，継続して役務（サービス）の提供が行われる場合において，現金収支があったときに仕訳をするものとすると，収益・費用の勘定に記入された金額（まったく記入が行われておらず0円の場合もある）が，その年度の正しい収益・費用の金額とは異なる場合が出てくる。

会計は発生主義の原則に基づき行われるため，現金の授受に関わらず，その年度に発生した収益および費用の金額を，その年度の収益および費用として計上しなければならない（このことによって，その年度の利益が正しく計算される。）。その年度に発生した収益および費用の金額が，その年度の正しい収益・費用の金額である。ここで，その年度に発生した収益とは，その年度に企業活動によって獲得した価値であり，その年度に発生した費用とは，その年度に価値の獲得のための犠牲となった価値のことである。

以上のことから，一定の契約に従い，継続して役務（サービス）の提供が行われる取引に関して，会計上の調整を行うため，簿記上の処理を行う必要がある場合がある。そのような簿記上の処理を経過勘定の処理という。

経過勘定の処理は，次のように分類される。
　1　費用の繰延べ

る。
　この発生した費用のうち¥700,000分は，前期から当期以降に発生する費用として繰り延べられてきた¥700,000に対応する。残額の¥500,000分は，当期に前納により支払った家賃¥1,200,000のうちの¥500,000分に対応する。したがって，前納により支払った家賃¥1,200,000のうち，¥700,000分は次期に提供を受ける役務に対する対価の前払いに相当することになる。

　上記の契約に基づく取引に関して，支払家賃勘定には，借方に再振替仕訳による¥700,000と当期に前納により支払った¥1,200,000が記入されており，借方合計は¥1,900,000となっている。この金額を当期に発生した費用の金額である¥1,200,000に修正し，次期以降に費用として発生する金額¥700,000を前払い相当額として次期に繰り延べる仕訳を行う必要がある。その仕訳は次のようになる。

　　（借）　前　払　家　賃　　700,000　　（貸）　支　払　家　賃　　700,000

　この仕訳によって，支払家賃勘定の残高から，未発生の費用に相当する金額が除外され，勘定残高が当期に発生した費用の金額に限定されたことを，読者は，自ら支払家賃勘定の記入を行うことにより確認されたい。

（6）上記（5）の翌日
　上記決算日の翌日である×3年4月1日付けで，上記（5）の仕訳に関して，以下のような再振替仕訳を行う。

　　（借）　支　払　家　賃　　700,000　　（貸）　前　払　家　賃　　700,000

（7）契約後3回目の決算日
　千葉商店は，×4年3月31日に決算日を迎える。×3年10月31日で部屋の賃貸借契約は終了し，部屋の利用も終了した。借りていた部屋は4月1日から10月31日までの7ヶ月間利用したことになる。したがって，山口商店から当期中に提供を受けた役務の対価は，家賃7ヶ月分の¥700,000であり，これが当期に発生した費用ということになる。
　この発生した費用¥700,000は，前期から当期以降に発生する費用として繰り延べられてきた¥700,000に対応する。

　上記の契約に基づく取引に関して，支払家賃勘定には，借方に再振替仕訳による¥700,000が記入されている。この借方残高の金額は当期に発生した費用の金額である¥700,000と一致している。支払家賃勘定の残高が，当期に発生した費用の金額と一致しているため，ここでは上記賃貸借契約に関して仕訳を行う必要はない。
　以上で，上記賃貸借契約に関する千葉商店の会計処理はすべて終了した。

[山口商店の仕訳]：収益の繰延べ

（1）契約を結んだ日（第1回目の家賃支払日）

　山口商店は，千葉商店から，×1年11月1日にむこう1年分の家賃¥1,200,000を現金で受け取る。また，山口商店は，同日から，千葉商店に対して，部屋を貸す。この取引の仕訳は次のようになる。

　　　（借）　現　　　金　　1,200,000　　　（貸）　受 取 家 賃　　1,200,000

（2）契約後最初の決算日

　山口商店は，×2年3月31日に決算日を迎える。貸している部屋は11月1日から3月31日までの5ヶ月間貸したことになる。したがって，千葉商店に対して当期中に提供した役務の対価は，家賃5ヶ月分の¥500,000であり，これが当期に発生した収益ということになる。

　家賃の前納により，すでに受け取った家賃は¥1,200,000であるから，¥700,000は次期に提供する役務に対する対価の前受けに相当することになる。

　上記の契約に基づく取引に関して，受取家賃勘定には，貸方に¥1,200,000が記入されている。この金額を当期に発生した収益の金額である¥500,000に修正し，次期以降に収益として発生する金額¥700,000を前受け相当額として次期に繰り延べる仕訳を行う必要がある。その仕訳は次のようになる。

　　　（借）　受 取 家 賃　　700,000　　　（貸）　前 受 家 賃　　700,000

　前受家賃は負債の勘定である。
　この仕訳によって，受取家賃勘定の残高から，未発生の収益に相当する金額を除外し，勘定残高を当期に発生した収益の金額に限定するのである。このような簿記上の処理を収益の繰延べという。

（3）上記（2）の翌日

　上記決算日の翌日である×2年4月1日付けで，上記（2）の仕訳に関して，以下のような再振替仕訳を行う。

　　　（借）　前 受 家 賃　　700,000　　　（貸）　受 取 家 賃　　700,000

　この仕訳により，受取家賃に関して，前期から当期に繰り延べられた金額¥700,000が，受取家賃勘定の貸方に記入される。前受家賃勘定の残高は¥0になる。
　再振替仕訳を会計期間の期首の日付けで行うことは費用の繰延べのときと同じである。

（4）第2回目の家賃支払日

契約に従い，山口商店は，千葉商店から，×2年11月1日にむこう1年分の家賃¥1,200,000を現金で受け取る。この取引の仕訳は次のようになる。

　　　（借）　現　　　　金　　1,200,000　　　　（貸）　受　取　家　賃　　1,200,000

（5）契約後2回目の決算日

　山口商店は，×3年3月31日に決算日を迎える。貸している部屋は4月1日から3月31日までの12ヶ月間貸したことになる。したがって，千葉商店に対して当期中に提供した役務の対価は，家賃12ヶ月分の¥1,200,000であり，これが当期に発生した収益ということになる。

　この発生した収益のうち¥700,000分は，前期から当期以降に発生する収益として繰り延べられてきた¥700,000に対応する。残額の¥500,000分は，当期に前納により受け取った家賃¥1,200,000のうちの¥500,000分に対応する。したがって，前納により受け取った家賃¥1,200,000のうち，¥700,000分は次期に提供する役務に対する対価の前受けに相当することになる。

　上記の契約に基づく取引に関して，受取家賃勘定には，貸方に再振替仕訳による¥700,000と当期に前納により受け取った¥1,200,000が記入されており，貸方合計は¥1,900,000となっている。この金額を当期に発生した収益の金額である¥1,200,000に修正し，次期以降に収益として発生する金額¥700,000を前受相当額として次期に繰り延べる仕訳を行う必要がある。その仕訳は次のようになる。

　　　（借）　受　取　家　賃　　700,000　　　　（貸）　前　受　家　賃　　700,000

　この仕訳によって，受取家賃勘定の残高から，未発生の収益に相当する金額が除外され，勘定残高が当期に発生した収益の金額に限定されたことを，読者は，自ら受取家賃勘定の記入を行うことにより確認されたい。

（6）上記（5）の翌日

　上記決算日の翌日である×3年4月1日付けで，上記（5）の仕訳に関して，以下のような再振替仕訳を行う。

　　　（借）　前　受　家　賃　　700,000　　　　（貸）　受　取　家　賃　　700,000

（7）契約後3回目の決算日

　山口商店は，×4年3月31日に決算日を迎える。×3年10月31日で部屋の賃貸借契約は終了し，部屋の貸し出しも終了した。貸していた部屋は4月1日から10月31日までの7ヶ月間貸したことになる。したがって，千葉商店に対して当期中に提供した役務の対価は，家

賃7ヶ月分の¥700,000であり，これが当期に発生した収益ということになる。

この発生した収益¥700,000は，前期から当期以降に発生する収益として繰り延べられてきた¥700,000に対応する。

上記の契約に基づく取引に関して，受取家賃勘定には，貸方に再振替仕訳による¥700,000が記入されている。この貸方残高の金額は当期に発生した収益の金額である¥700,000と一致している。受取家賃勘定の残高が，当期に発生した収益の金額と一致しているため，ここでは上記賃貸借契約に関して仕訳を行う必要はない。

以上で，上記賃貸借契約に関する山口商店の会計処理はすべて終了した。

以上では，家屋の賃貸借取引を例に，費用・収益の繰延べを説明した。
費用の繰延べに関する勘定科目の典型的なものは，次の表に示すとおりである。

契約・取引の種類	使用する勘定科目	
	費用	経過勘定（資産）
保険契約	保険料	前払保険料
家屋の賃貸借取引	支払家賃	前払家賃
土地の賃貸借取引	支払地代	前払地代
資金の貸借取引	支払利息	前払利息
その他の継続的な取引	支払手数料	前払手数料

収益の繰延べに関する勘定科目の典型的なものは，次の表に示すとおりである。

契約・取引の種類	使用する勘定科目	
	収益	経過勘定（負債）
家屋の賃貸借取引	受取家賃	前受家賃
土地の賃貸借取引	受取地代	前受地代
資金の貸借取引	受取利息	前受利息
その他の継続的な取引	受取手数料	前受手数料

3　費用・収益の見越し

上の費用・収益の繰延べの説明のときに用いた例を一部変更して利用し，費用・収益の見越しを説明する。費用・収益の繰延べの説明で用いた賃貸借契約について，①から④までは同一とし，⑤に関して，「前納」を「後納」に替えると，問題は，費用・収益の見越しの問題となる。

次の取引に関して，［１］千葉商店の立場と［２］山口商店の立場から次の時点における仕訳を行う。

（1）契約を結んだ日
（2）契約後最初の決算日
（3）上記（2）の翌日
（4）第1回目の家賃支払日
（5）契約後2回目の決算日
（6）上記（5）の翌日
（7）第2回目の家賃支払日
（8）契約後3回目の決算日

千葉商店と山口商店の会計期間は両者とも4月1日から3月31日であるとする。なお、家賃の支払いは、現金で行うものとする。

千葉商店と山口商店は、次のような賃貸借契約を締結した。
① 千葉商店は山口商店から部屋を借りる。（千葉商店はこの部屋を事務所として利用する。）
② ×1年11月1日から×3年10月31日の2年間を契約期間とする。
③ 入居日は×1年11月1日とする。
④ 1ヶ月当たりの家賃は¥100,000とする。
⑤ 家賃は、各年の10月31日に1年分¥1,200,000を後納するものとする。

---

①から④までは費用・収益の繰延べのときと同一であり、異なるのは⑤のみである。すなわち、前納が後納に替わり、家賃支払日が11月1日から10月31日に替わっている。

[千葉商店の仕訳]：費用の見越し

（1）契約を結んだ日

千葉商店は、山口商店から部屋を借りて、×1年11月1日より、利用を開始した。家賃は1年分を10月31日に後納することになっている。このため、×1年11月1日に取引の仕訳は行われない。

（2）契約後最初の決算日

千葉商店は、×2年3月31日に決算日を迎える。借りている部屋は11月1日から3月31日までの5ヶ月間利用したことになる。したがって、山口商店から当期中に提供を受けた役務の対価は、家賃5ヶ月分の¥500,000であり、これが当期に発生した費用ということになる。

しかし、家賃の後納により、当期中は家賃を一切支払っていない。したがって、当期に提供を受けた役務の対価の未払いに相当する金額が¥500,000あるということになる。

上記の契約に基づく取引に関して、支払家賃勘定には、一切記入がされていない。そのため、支払家賃勘定の残高を当期に発生した費用の金額である¥500,000に修正するため¥500,000を借方に見越し計上し、当期に提供を受けた役務の対価の未払い相当額¥500,000

を次期に繰り越す仕訳を行う必要がある。その仕訳は次のようになる。

　　　（借）　支 払 家 賃　　500,000　　　（貸）　未 払 家 賃　　500,000

　未払家賃は負債の勘定である。
　このような簿記上の処理を費用の見越しという。

（3）上記（2）の翌日
　上記決算日の翌日である×2年4月1日付けで，上記（2）の仕訳に関して，以下のような再振替仕訳を行う。

　　　（借）　未 払 家 賃　　500,000　　　（貸）　支 払 家 賃　　500,000

　この仕訳により，支払家賃勘定は一時的に貸方残高¥500,000となる。未払家賃勘定の残高は¥0になる。
　再振替仕訳を会計期間の期首の日付けで行うことは，費用・収益の繰延べのときと同じである。

（4）第1回目の家賃支払日
　契約に従い，千葉商店は，山口商店に対して，×2年10月31日に過去1年分の家賃¥1,200,000を現金で支払う。この取引の仕訳は次のようになる。

　　　（借）　支 払 家 賃　1,200,000　　　（貸）　現　　　金　1,200,000

（5）契約後2回目の決算日
　千葉商店は，×3年3月31日に決算日を迎える。借りている部屋は4月1日から3月31日までの12ヶ月間利用したことになる。したがって，山口商店から当期中に提供を受けた役務の対価は，家賃12ヶ月分の¥1,200,000であり，これが当期に発生した費用ということになる。
　当期に後納により支払った家賃¥1,200,000のうちの¥500,000分は，前期に提供を受けた役務の対価の未払い相当額¥500,000の支払額であり，残りの¥700,000分は当期に提供を受けた役務に対する支払額となる。しかし，当期に提供を受けた役務の対価の総額は¥1,200,000であるから，再び，当期に提供を受けた役務の対価の未払い相当額¥500,000があるということになる。
　上記の契約に基づく取引に関して，支払家賃勘定には，貸方に再振替仕訳による¥500,000，借方に当期に後納により支払った¥1,200,000が記入されており，借方残高は¥700,000となっている。この金額を当期に発生した費用の金額である¥1,200,000に修正

するため¥500,000を借方に見越し計上し，当期に提供を受けた役務の対価の未払い相当額¥500,000を次期に繰り越す仕訳を行う必要がある。その仕訳は次のようになる。

　　　（借）　支　払　家　賃　　　500,000　　　（貸）　未　払　家　賃　　　500,000

　この仕訳によって，支払家賃勘定の残高が当期に発生した費用の金額になったことを，読者は，自ら支払家賃勘定の記入を行うことにより確認されたい。

（6）上記（5）の翌日
　上記決算日の翌日である×3年4月1日付けで，上記（5）の仕訳に関して，以下のような再振替仕訳を行う。

　　　（借）　未　払　家　賃　　　500,000　　　（貸）　支　払　家　賃　　　500,000

（7）第2回目の家賃支払日
　契約に従い，千葉商店は，山口商店に対して，×3年10月31日に過去1年分の家賃¥1,200,000を現金で支払う。この取引の仕訳は次のようになる。

　　　（借）　支　払　家　賃　　1,200,000　　　（貸）　現　　　　　金　　1,200,000

　なお，この日に賃貸借契約は終了し，部屋の利用も終了した。

（8）契約後3回目の決算日
　千葉商店は，×4年3月31日に決算日を迎える。×3年10月31日で部屋の賃貸借契約は終了し，部屋の利用も終了した。借りていた部屋は4月1日から10月31日までの7ヶ月間利用したことになる。したがって，山口商店から当期中に提供を受けた役務の対価は，家賃7ヶ月分の¥700,000であり，これが当期に発生した費用ということになる。
　当期に後納により支払った家賃¥1,200,000のうちの¥500,000分は，前期に提供を受けた役務の対価の未払い相当額¥500,000の支払額であり，残りの¥700,000分は当期に提供を受けた役務に対する支払額となる。当期に提供を受けた役務の対価の総額は¥700,000であるから，支払額と発生した費用はちょうど一致する。
　上記の契約に基づく取引に関して，支払家賃勘定には，貸方に再振替仕訳による¥500,000，借方に当期に後納により支払った¥1,200,000が記入されており，借方残高は¥700,000となっている。この借方残高の金額は当期に発生した費用の金額である¥700,000と一致している。支払家賃勘定の残高が，当期に発生した費用の金額と一致しているため，ここでは上記賃貸借契約に関して仕訳を行う必要はない。
　以上で，上記賃貸借契約に関する千葉商店の会計処理はすべて終了した。

[山口商店の仕訳]：収益の見越し

（1）契約を結んだ日

　山口商店は，×1年11月1日から，千葉商店に対して，部屋を貸す。家賃は1年分を10月31日に後納されることになっている。このため，×1年11月1日に取引の仕訳は行われない。

（2）契約後最初の決算日

　山口商店は，×2年3月31日に決算日を迎える。貸している部屋は11月1日から3月31日までの5ヶ月間貸したことになる。したがって，千葉商店に対して当期中に提供した役務の対価は，家賃5ヶ月分の¥500,000であり，これが当期に発生した収益ということになる。

　しかし，家賃の後納により，当期中は家賃を一切受け取っていない。したがって，当期に提供した役務の対価の未収に相当する金額が¥500,000あるということになる。

　上記の契約に基づく取引に関して，受取家賃勘定には，一切記入がされていない。そのため，受取家賃勘定の残高を当期に発生した収益の金額である¥500,000に修正するため¥500,000を貸方に見越し計上し，当期に提供した役務の対価の未収相当額¥500,000を次期に繰り越す仕訳を行う必要がある。その仕訳は次のようになる。

　　　（借）　未 収 家 賃　　500,000　　　（貸）　受 取 家 賃　　500,000

　未収家賃は資産の勘定である。
　このような簿記上の処理を収益の見越しという。

（3）上記（2）の翌日

　上記決算日の翌日である×2年4月1日付けで，上記（2）の仕訳に関して，以下のような再振替仕訳を行う。

　　　（借）　受 取 家 賃　　500,000　　　（貸）　未 収 家 賃　　500,000

　この仕訳により，受取家賃勘定は一時的に借方残高¥500,000となる。未収家賃勘定の残高は¥0になる。
　再振替仕訳を会計期間の期首の日付けで行うことは，これまでと同じである。

（4）第1回目の家賃支払日

　契約に従い，山口商店は，千葉商店から，×2年10月31日に過去1年分の家賃¥1,200,000を現金で受け取る。この取引の仕訳は次のようになる。

（借）　現　　　金　　1,200,000　　　　（貸）　受　取　家　賃　　1,200,000

（5）契約後2回目の決算日

　山口商店は，×3年3月31日に決算日を迎える。貸している部屋は4月1日から3月31日までの12ヶ月間貸したことになる。したがって，千葉商店に対して当期中に提供した役務の対価は，家賃12ヶ月分の¥1,200,000であり，これが当期に発生した収益ということになる。

　当期に後納により受け取った家賃¥1,200,000のうちの¥500,000分は，前期に提供した役務の対価の未収相当額¥500,000の受取額であり，残りの¥700,000分は当期に提供した役務に対する受取額となる。しかし，当期に提供した役務の対価の総額は¥1,200,000であるから，再び，当期に提供した役務の対価の未収相当額¥500,000があるということになる。

　上記の契約に基づく取引に関して，受取家賃勘定には，借方に再振替仕訳による¥500,000，貸方に当期に後納により受け取った¥1,200,000が記入されており，貸方残高は¥700,000となっている。この金額を当期に発生した収益の金額である¥1,200,000に修正するため¥500,000を貸方に見越し計上し，当期に提供した役務の対価の未収相当額¥500,000を次期に繰り越す仕訳を行う必要がある。その仕訳は次のようになる。

　　　（借）　未　収　家　賃　　500,000　　　　（貸）　受　取　家　賃　　500,000

この仕訳によって，受取家賃勘定の残高が当期に発生した収益の金額になったことを，読者は，自ら受取家賃勘定の記入を行うことにより確認されたい。

（6）上記（5）の翌日

　上記決算日の翌日である×3年4月1日付けで，上記（5）の仕訳に関して，以下のような再振替仕訳を行う。

　　　（借）　受　取　家　賃　　500,000　　　　（貸）　未　収　家　賃　　500,000

（7）第2回目の家賃支払日

　契約に従い，山口商店は，千葉商店から，×3年10月31日に過去1年分の家賃¥1,200,000を現金で受け取る。この取引の仕訳は次のようになる。

　　　（借）　現　　　金　　1,200,000　　　　（貸）　受　取　家　賃　　1,200,000

なお，この日に賃貸借契約は終了し，部屋の貸し出しも終了した。

（8）契約後3回目の決算日

　山口商店は，×4年3月31日に決算日を迎える。×3年10月31日で部屋の賃貸借契約は終了し，部屋の貸出しも終了した。貸していた部屋は4月1日から10月31日までの7ヶ月間貸したことになる。したがって，千葉商店に対して当期中に提供した役務の対価は，家賃7ヶ月分の¥700,000であり，これが当期に発生した収益ということになる。

　当期に後納により受け取った家賃¥1,200,000のうちの¥500,000分は，前期に提供した役務の対価の未収相当額¥500,000の受取額であり，残りの¥700,000分は当期に提供した役務に対する受取額となる。当期に提供した役務の対価の総額は¥700,000であるから，受取額と発生した収益はちょうど一致する。

　上記の契約に基づく取引に関して，受取家賃勘定には，借方に再振替仕訳による¥500,000，貸方に当期に後納により受け取った¥1,200,000が記入されており，貸方残高は¥700,000となっている。この貸方残高の金額は当期に発生した収益の金額である¥700,000と一致している。受取家賃勘定の残高が，当期に発生した収益の金額と一致しているため，ここでは上記賃貸借契約に関して仕訳を行う必要はない。

　以上で，上記賃貸借契約に関する山口商店の会計処理はすべて終了した。

　以上では，家屋の賃貸借取引を例に，費用・収益の見越しを説明した。
費用の見越しに関する勘定科目の典型的なものは，次の表に示すとおりである。

契約・取引の種類	使用する勘定科目	
	費　　用	経過勘定（負債）
保　険　契　約	保　険　料	未　払　保　険　料
家屋の賃貸借取引	支　払　家　賃	未　払　家　賃
土地の賃貸借取引	支　払　地　代	未　払　地　代
資金の貸借取引	支　払　利　息	未　払　利　息
その他の継続的な取引	支　払　手　数　料	未　払　手　数　料

収益の見越しに関する勘定科目の典型的なものは次の表に示す通りである。

契約・取引の種類	使用する勘定科目	
	収　　益	経過勘定（資産）
家屋の賃貸借取引	受　取　家　賃	未　収　家　賃
土地の賃貸借取引	受　取　地　代	未　収　地　代
資金の貸借取引	受　取　利　息	未　収　利　息
その他の継続的な取引	受　取　手　数　料	未　収　手　数　料

4　消耗品費と消耗品

　消耗品とは，例えば，鉛筆，消しゴム，ボールペン，印刷用紙のような，金額が比較的小さく，短期的に消費される財のことである。

　消費した消耗品の金額は消耗品費（費用）とする。期末時点において未消費の消耗品の金額は，消耗品（資産）として次期に繰り越す。

　消耗品の簿記上の処理方法として２つの方法がある。

（１）購入時に消耗品a/c（資産）で処理し，決算時に，使用分を消耗品費a/c（費用）に振り替える方法

（２）購入時に消耗品費a/c（費用）で処理し，決算時に，未使用分を消耗品a/c（資産）に振り替える方法

　次の式が成り立つことに注意して，会計処理を行う。
　消耗品の購入金額＝使用分の金額＋未使用分の金額

【設例】13－1

① 消耗品¥50,000を購入し小切手を振り出して支払った。なお，購入時に資産として処理する。
② 決算日を迎えた。上記①の消耗品のうち，¥30,000分が未使用である。

【解答】

①	（借）	消耗品	50,000	（貸）	当座預金	50,000
②	（借）	消耗品費	20,000	（貸）	消耗品	20,000

【設例】13－2

① 消耗品¥50,000を購入し小切手を振り出して支払った。なお，購入時に費用として処理する。
② 決算日を迎えた。上記①の消耗品のうち，¥30,000分が未使用である。

【解答】

①	（借）	消耗品費	50,000	（貸）	当座預金	50,000
②	（借）	消耗品	30,000	（貸）	消耗品費	30,000

練習問題

練習問題13－1
次の一連の取引について，仕訳しなさい。
① ×1年8月1日に今後1年分の火災保険料￥120,000を現金で支払った。会計期間は4月1日から3月31日である。
② ×2年3月31日に決算日を迎えた。費用の繰延べを行い，前払保険料を計上する。
③ ×2年4月1日になった。上記保険料に関する再振替仕訳を行う。

練習問題13－2
支払家賃勘定に関して，家賃は，毎年2月1日に，むこう1年分（毎年同額）を，前納（前払い）で支払っている。残高試算表の支払家賃勘定の金額は￥2,200,000である。会計期間は4月1日から3月31日までである。決算日における仕訳をしなさい。

練習問題13－3
次の一連の取引について，仕訳しなさい。
① ×2年1月1日に家屋を貸し，同時に今後6ヶ月の家賃￥1,500,000を現金で受け取った。会計期間は4月1日から3月31日である。
② ×2年3月31日に決算日を迎えた。収益の繰延べを行い，前受家賃を計上する。
③ ×2年4月1日になった。上記受取家賃に関する再振替仕訳を行う。

練習問題13－4
受取家賃勘定に関して，家賃は，毎年1月1日に，むこう1年分（毎年同額）を，前納（前払い）で受け取っている。残高試算表の受取家賃勘定の金額は￥2,100,000である。会計期間は4月1日から3月31日までである。決算日における仕訳をしなさい。

練習問題13－5
次の一連の取引について，仕訳しなさい。
① ×1年9月1日に土地を借りた。1年分の地代￥1,650,000は×2年9月1日にまとめて支払うという契約になっている。会計期間は4月1日から3月31日である。
② ×2年3月31日に決算日を迎えた。費用の見越しを行い，未払地代を計上する。
③ ×2年4月1日になった。上記支払地代に関する再振替仕訳を行う。

練習問題 13－6

支払家賃勘定に関して，家賃は，毎年11月30日に，1年分（毎年同額）を，後納（後払い）で支払っている。残高試算表の支払家賃勘定の金額は￥800,000である。会計期間は4月1日から3月31日までである。決算日における仕訳をしなさい。

練習問題 13－7

次の一連の取引について，仕訳しなさい。
① ×1年5月1日にB商店に家屋を貸した。1年分の家賃￥3,300,000は×2年5月1日にまとめて受け取るという契約になっている。会計期間は4月1日から3月31日である。
② ×2年3月31日に決算日を迎えた。収益の見越しを行い，未収家賃を計上する。
③ ×2年4月1日になった。上記受取家賃に関する再振替仕訳を行う。

練習問題 13－8

受取家賃勘定に関して，家賃は，毎年10月31日に，1年分（毎年同額）を，後納（後払い）で受け取っている。残高試算表の受取家賃勘定の金額は￥700,000である。会計期間は4月1日から3月31日までである。決算日における仕訳をしなさい。

練習問題 13－9

次の一連の取引について，購入時に費用として処理する場合と購入時に資産として処理する場合の仕訳をしなさい。
① 消耗品￥40,000を購入し小切手を振り出して支払った。
② 決算日を迎えた。上記の消耗品のうち，￥15,000分が未使用である。

第14章

伝　　票

1 仕訳帳と伝票

取引が生じたときは，仕訳帳に仕訳を記入する。
$$取\ 引\ →\ 仕訳帳$$
仕訳帳に仕訳を記入する代わりに，伝票に仕訳を記入する簿記上の処理方法がある。伝票に仕訳を記入し，伝票を作成することを，起票するという。
$$取\ 引\ →\ 伝\ 票$$
伝票とは，一定の様式を備えた紙片であり，帳簿に比べて取り扱いが便利であるという長所がある。

伝票によって取引の原始記入を行う会計制度を伝票式会計（伝票会計制度）という。

伝票による記帳を行う場合，次の3つの代表的な方法がある。
(1) 1伝票制　仕訳伝票のみを用いる方法
(2) 3伝票制　入金伝票，出金伝票，振替伝票を用いる方法
(3) 5伝票制　入金伝票，出金伝票，振替伝票，売上伝票，仕入伝票を用いる方法
　以下では，それぞれの方法について説明を行う。

2 伝票記入

(1) 1伝票制

1伝票制では，仕訳帳の代わりに仕訳伝票を用いる。仕訳伝票は，仕訳帳と同じように借方と貸方に勘定科目欄と金額欄がある伝票である。1つの取引の仕訳は1枚の仕訳伝票に記入される。したがって，取引の数と仕訳伝票の枚数は一致する。仕訳伝票には取引の発生順に番号を記入する。

設例 14−1

4月6日　九州商店にA商品10個，@¥20,000，¥200,000を売り上げ，代金のうち¥150,000は現金で受け取り，残額は掛けとした。

解答

No. 5		仕訳伝票　4月6日			
借方科目	元丁	金　額	貸方科目	元丁	金　額
現　　　金	1	150,000	売　　　上	15	200,000
売　掛　金	3	50,000			

（取引番号，元丁番号は記入のとおりであったとする。）

（2） 3 伝 票 制

　上で説明した１伝票制を，実務上頻繁に登場する現金勘定に関して特別に取り扱うようにしたものが３伝票制である。

　取引の仕訳をしたときに，借方貸方の一方に現金勘定が単一で現れる取引を，入出金取引（現金取引）という。借方に現金のみが現れる取引は，入金取引といい，貸方に現金のみが現れる取引は，出金取引という。

　借方貸方のどちらにも現金勘定が一切現れない取引を，全部振替取引という。借方貸方の一方に現金勘定とその他の勘定が同時に現れる取引を，一部振替取引という。全部振替取引と一部振替取引はあわせて振替取引という。

　借方貸方の一方に現金勘定とその他の勘定が同時に現われ，他方にも現金勘定が現れる取引も一部振替取引である。

　３伝票制では，入金取引を入金伝票で起票し，出金取引を出金伝票で起票する。全部振替取引は，振替伝票で起票する。一部振替取引は，複数の伝票を組み合わせて起票することになる。

設 例　14－2

４月16日　福岡商店にＢ商品10個，@¥5,000，¥50,000を売り上げ，代金¥50,000を現金で受け取った。

解 答

```
          入金伝票
          ４月１６日
   （売　　上）      50,000
```

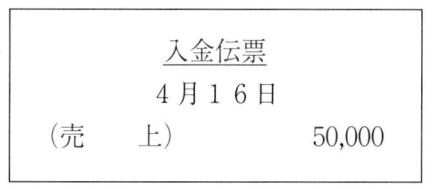

この記入は，（借方）現金¥50,000（貸方）売上¥50,000という仕訳と同等である。

設 例　14－3

４月17日　秋田商店からＣ商品5個，@¥6,000，¥30,000を仕入れ，代金¥30,000は現金で支払った。

解 答

```
          出金伝票
          ４月１７日
   （仕　　入）      30,000
```

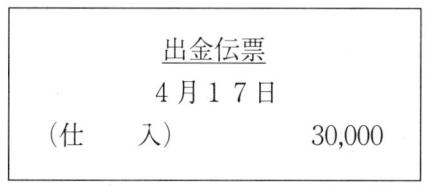

この記入は，（借方）仕入¥30,000（貸方）現金¥30,000という仕訳と同等である。

設例 14-4

4月18日　神奈川商店から事務用パソコン10セット，@¥200,000，¥2,000,000を購入し，代金は月末払いとした。

解答

借方振替伝票 4月18日		貸方振替伝票 4月18日	
借方科目	金　額	貸方科目	金　額
備　品	2,000,000	未　払　金	2,000,000

この記入は，通常の仕訳と同様になっている。

　1つの取引が，現金収支を一切ともなわない場合，それを全部振替取引という。ある1つの取引が全部振替取引である場合は，1枚の振替伝票を起票すればよい。

　1つの取引が，入出金取引とそれ以外の振替取引から構成される場合，それを一部振替取引という。この場合，1つの取引を1枚の伝票で処理することはできない。

　一部振替取引の起票方法には2つの方法がある。

（1）取引を分解する方法

　これは，一部振替取引を入出金取引とそれ以外の振替取引に分解し，入出金取引の部分については入金伝票・出金伝票で起票し，振替取引の部分については振替伝票で起票する方法である。

（2）取引を擬制する方法

　この方法では，次のようなことが行われる。

- いったん全額を振替取引として，そのあと（結果が正しくなるように選ばれた）入出金取引があったものとし，それぞれについて振替伝票，入金伝票・出金伝票で起票する。
- いったん全額を入出金取引として，そのあと（結果が正しくなるように選ばれた）2つ目の入出金取引があったものとし，それぞれについて入金伝票・出金伝票で起票する。

【気をつけよう！】

　取引を擬制する場合，擬制の方法は複数存在するが，どれを選ぶかはある程度，慣例のように決まっている。例えば，取引を擬制したときの取引の合計金額が小さくなる方法が選ばれやすく，また，擬制に用いられる勘定は，資産，負債の勘定が多く，収益，費用を用いることは少ない。また，記帳の誤りの修正等を除いて通常生じることのないような仕訳は用いないことが多い。たとえば，取引の擬制にあたって，（借方）売掛金¥1,000（貸方）現金¥1,000という仕訳を出金伝票で起票することは少ない。

設例 14-5

7月10日 宮城商店から商品￥80,000を仕入れ，代金のうち￥50,000は現金で支払い，残額は掛けとした。

解 答

① 取引を分解する方法

出金伝票	
7月10日	
(仕　入)	50,000

借方振替伝票		貸方振替伝票	
7月10日		7月10日	
借方科目	金　額	貸方科目	金　額
仕　入	30,000	買　掛　金	30,000

この記入を仕訳で示せば，次のようになる。

　　　(借)　仕　　　入　　50,000　　　(貸)　現　　　金　　50,000
　　　(借)　仕　　　入　　30,000　　　(貸)　買　掛　金　　30,000

② 取引を擬制する方法

出金伝票	
7月10日	
(買掛金)	50,000

借方振替伝票		貸方振替伝票	
7月10日		7月10日	
借方科目	金　額	貸方科目	金　額
仕　入	80,000	買　掛　金	80,000

この記入を仕訳で示せば，次のようになる。

　　　(借)　買　掛　金　　50,000　　　(貸)　現　　　金　　50,000
　　　(借)　仕　　　入　　80,000　　　(貸)　買　掛　金　　80,000

取引を擬制する方法では，次のような擬制の仕方も考えられる。

出金伝票 7月10日 （仕　入）　　　80,000

入金伝票 7月10日 （買　掛　金）　　　30,000

この記入を仕訳で示せば，次のようになる。

　　　（借）　仕　　　　入　　80,000　　　（貸）　現　　　　金　　80,000
　　　（借）　現　　　　金　　30,000　　　（貸）　買　　掛　　金　　30,000

設例 14-6

7月11日　鹿児島商店に￥10,000を貸し付け，利息￥500を差し引いた残額￥9,500を現金で支払った。

解答

① 取引を分解する方法

出金伝票 7月11日 （貸　付　金）　　　9,500

借方振替伝票 7月11日		貸方振替伝票 7月11日	
借方科目	金　額	貸方科目	金　額
貸　付　金	500	受　取　利　息	500

この記入を仕訳で示せば，次のようになる。

　　　（借）　貸　付　金　　9,500　　　（貸）　現　　　　金　　9,500
　　　（借）　貸　付　金　　　500　　　（貸）　受　取　利　息　　　500

② 取引を擬制する方法

```
        出金伝票
        7月11日
  （貸 付 金）    10,000
```

```
        入金伝票
        7月11日
  （受取利息）        500
```

この記入を仕訳で示せば，次のようになる。

　　（借）　貸　付　金　　10,000　　（貸）　現　　　　金　　10,000
　　（借）　現　　　　金　　　500　　（貸）　受　取　利　息　　　500

取引を擬制する方法では，次のような擬制の仕方も考えられる。

```
        出金伝票
        7月11日
  （受取利息）      9,500
```

借方振替伝票 7月11日		貸方振替伝票 7月11日	
借方科目	金　額	貸方科目	金　額
貸　付　金	10,000	受　取　利　息	10,000

この記入を仕訳で示せば，次のようになる。

　　（借）　受　取　利　息　　9,500　　（貸）　現　　　　金　　9,500
　　（借）　貸　付　金　　10,000　　（貸）　受　取　利　息　　10,000

（3） 5 伝 票 制

　上で説明した3伝票制を，実務上頻繁に登場する，仕入勘定，売上勘定に関して特別に取り扱うようにしたものが5伝票制である。

　取引の仕訳をしたときに，借方貸方の一方に仕入勘定が現れる取引を，仕入取引という。また，借方貸方の一方に売上勘定が現れる取引を，売上取引という。

　5伝票制では，仕入取引を仕入伝票で起票し，売上取引を売上伝票で起票する。

　仕入伝票および売上伝票は，すべて掛取引であったものと擬制して記入することになっている。したがって，代金が掛けでない場合は，一部振替取引のときと同じように，擬制に基づく起票を行う必要がある。

　また，返品・値引きがあったときは，赤字で，仕入伝票または売上伝票に記入する。

入金取引，出金取引，振替取引については，3伝票制のときと同じである。ただし，3伝票制のときと違い，振替取引から仕入取引と売上取引が独立している。

設 例 14－7

7月12日　宮城商店から商品￥70,000を仕入れ，代金のうち￥40,000は現金で支払い，残額は掛けとした。

解 答

仕入伝票	
7月12日	
宮城商店	70,000

出金伝票	
7月12日	
（買　掛　金）	40,000

この記入は次の仕訳と同等である。

（借）　仕　　　入　　70,000　　（貸）　買　掛　金　　70,000
（借）　買　掛　金　　40,000　　（貸）　現　　　金　　40,000

設 例 14－8

7月13日　広島商店に商品￥100,000を売り上げ，代金のうち￥60,000は現金で受け取り，残額は掛けとした。

解 答

売上伝票	
7月13日	
広島商店	100,000

入金伝票	
7月13日	
（売　掛　金）	60,000

この記入は次の仕訳と同等である。

（借）　売　掛　金　　100,000　　（貸）　売　　　上　　100,000
（借）　現　　　金　　60,000　　（貸）　売　掛　金　　60,000

設 例 14－9

7月14日　宮城商店から商品￥200,000を仕入れ，代金のうち￥100,000は現金で支払い，￥70,000は約束手形を振り出し，残額は掛けとした。

解 答

仕入伝票
7月14日
宮城商店　　　　　　　200,000

出金伝票
7月14日
（買　掛　金）　　　　　100,000

借方振替伝票		貸方振替伝票	
7月14日		7月14日	
借方科目	金　　額	貸方科目	金　　額
買　掛　金	70,000	支　払　手　形	70,000

この記入は次の仕訳と同等である。

(借)　仕　　　　入　　200,000　　(貸)　買　掛　金　　200,000
(借)　買　掛　金　　100,000　　(貸)　現　　　　金　　100,000
(借)　買　掛　金　　　70,000　　(貸)　支　払　手　形　　70,000

設　例　14 − 10

7月15日　宮城商店から仕入れた商品¥50,000を返品した。代金のうち¥30,000は現金で受け取り，残額については掛け代金を控除された。

解　答

仕入伝票
7月15日
宮城商店（戻し）　　　50,000

入金伝票
7月15日
（買　掛　金）　　　　　30,000

この記入は次の仕訳と同等である。

(借)　買　掛　金　　50,000　　(貸)　仕　　　　入　　50,000
(借)　現　　　　金　　30,000　　(貸)　買　掛　金　　30,000

設　例　14 − 11

7月16日　先に広島商店に売り上げた商品について，¥30,000の値引きを行った。代金のうち¥10,000は現金で支払い，残額は掛け代金から控除した。

【解答】

売上伝票
7月16日
広島商店（値引き）　　30,000

出金伝票
7月16日
（売　掛　金）　　10,000

この記入は次の仕訳と同等である。
　　（借）　売　　　　上　　30,000　　（貸）　売　掛　金　　30,000
　　（借）　売　掛　金　　10,000　　（貸）　現　　　　金　　10,000

3　帳簿への転記

（1）個別転記と合計転記

　伝票を起票した後は，総勘定元帳と補助簿へ転記する必要がある。総勘定元帳への転記の仕方には，個別転記と合計転記の2つの方法がある。
　個別転記は，1つの取引ごとに伝票から総勘定元帳への転記を行うことをいう。
　合計転記は，一定期間（例えば1日や1週間）分の伝票を仕訳集計表にまとめ，そこから各勘定の合計額を総勘定元帳へ転記することをいう。
　　個別転記の場合：　　　取引　→　伝票　→　総勘定元帳
　　合計転記の場合：　　　取引　→　伝票　→　仕訳集計表　→　総勘定元帳
　伝票の起票後，総勘定元帳と補助簿へ転記する場合，仕丁欄には，個別転記の場合は伝票番号を記入し，合計転記の場合は仕訳集計表の番号を記入する。

（2）仕訳集計表と合計転記

　合計転記を行う場合，一定期間分の伝票を仕訳集計表にまとめる。
　1日分の伝票をまとめた仕訳集計表を仕訳日計表という。1週間分の伝票をまとめた仕訳集計表を仕訳週計表という。

【設例】14－12

　当店では，入金伝票，出金伝票，振替伝票，売上伝票，仕入伝票を用いる5伝票制による伝票式会計を実施している。伝票に記入された仕訳は1日分ずつ集計して仕訳日計表を作成している。8月25日に作成された伝票は次のとおりであった。

入金伝票	
売掛金（B商店）	50,000

出金伝票	
買掛金（A商店）	20,000

入金伝票	
当座預金	80,000

出金伝票	
貸付金	90,000

借方振替伝票		貸方振替伝票	
借方科目	金　額	貸方科目	金　額
受取手形	30,000	売掛金（B商店）	30,000

借方振替伝票		貸方振替伝票	
借方科目	金　額	貸方科目	金　額
貸付金	10,000	受取利息	10,000

仕入伝票	
A商店	70,000

売上伝票	
B商店	120,000

仕入伝票	
A商店（値引き）	20,000

売上伝票	
B商店（返品）	30,000

以上の伝票に基づいて，仕訳日計表を作成すると次のようになる。

仕訳日計表の各金額の求め方は次のとおりである。すなわち，伝票の記入を仕訳に直す。その仕訳における各勘定科目の金額を集計する。

解　答

仕訳日計表
×年8月25日

借　方	元丁	勘定科目	元丁	貸　方
130,000		現　　　金		110,000
		当 座 預 金		80,000
30,000		受 取 手 形		
120,000		売 　掛　 金		110,000
100,000		貸 　付　 金		
40,000		買 　掛　 金		70,000
30,000		売　　　上		120,000
		受 取 利 息		10,000
70,000		仕　　　入		20,000
520,000				520,000

仕訳日計表を作成したあとは，そこから各勘定の合計額を総勘定元帳へ転記する。

練習問題

練習問題 14 − 1

9月11日 宮城商店から商品￥90,000を仕入れ，代金のうち￥60,000は現金で支払い，残額は掛けとした。すでに記入された出金伝票をもとに振替伝票に必要な記入をしなさい。なお，3伝票制を採用している。

```
        出金伝票
        9月11日
    （買 掛 金）    60,000
     宮城商店
```

【解答欄】

借方振替伝票 月 日		貸方振替伝票 月 日	
借方科目	金　額	貸方科目	金　額

練習問題 14 − 2

9月12日 出張していた店員が帰店し，旅費として概算払いしていた￥70,000のうち，￥10,000を現金で返金した。すでに記入された入金伝票をもとに振替伝票に必要な記入をしなさい。なお，3伝票制を採用している。

```
        入金伝票
        9月12日
    （仮 払 金）    10,000
```

【解答欄】

借方振替伝票 月 日		貸方振替伝票 月 日	
借方科目	金　額	貸方科目	金　額

練習問題 14 − 3

9月13日　福岡商店に商品￥30,000を売り上げ，代金￥10,000を現金で受け取り，残額は約束手形を受け取った。すでに記入された入金伝票をもとに振替伝票に必要な記入をしなさい。なお，3伝票制を採用している。

入金伝票	
9月13日	
(受取手形)	10,000
福岡商店	

【解答欄】

借方振替伝票 月　日		貸方振替伝票 月　日	
借方科目	金　額	貸方科目	金　額

練習問題 14 − 4

9月14日　宮城商店に対する買掛金￥100,000について，￥60,000は現金で支払い，￥40,000は約束手形を振り出して決済した。すでに記入された出金伝票をもとに振替伝票に必要な記入をしなさい。なお，3伝票制を採用している。

出金伝票	
9月14日	
(買 掛 金)	60,000
宮城商店	

【解答欄】

借方振替伝票 月　日		貸方振替伝票 月　日	
借方科目	金　額	貸方科目	金　額

練習問題 14－5

次の2枚の伝票は，1つの取引に関して作成されたものである。その取引の仕訳を示しなさい。

出金伝票	
9月15日	
(仕　入)	40,000

借方振替伝票 9月15日		貸方振替伝票 9月15日	
借方科目	金　額	貸方科目	金　額
仕　入	60,000	買　掛　金	60,000

練習問題 14－6

次の2枚の伝票は，1つの取引に関して作成されたものである。その取引の仕訳を示しなさい。

入金伝票	
9月16日	
(売掛金)	70,000

借方振替伝票 9月16日		貸方振替伝票 9月16日	
借方科目	金　額	貸方科目	金　額
売　掛　金	100,000	売　上	100,000

練習問題 14 − 7

次の2枚の伝票は、1つの取引に関して作成されたものである。その取引の仕訳を示しなさい。

出金伝票	
9月17日	
（買　掛　金）	60,000

借方振替伝票		貸方振替伝票	
9月17日		9月17日	
借方科目	金　額	貸方科目	金　額
仕　　入	80,000	買　掛　金	80,000

練習問題 14 − 8

次の2枚の伝票は、1つの取引に関して作成されたものである。その取引の仕訳を示しなさい。

入金伝票	
9月18日	
（売　　上）	30,000

借方振替伝票		貸方振替伝票	
9月18日		9月18日	
借方科目	金　額	貸方科目	金　額
売　掛　金	20,000	売　　上	20,000

練習問題 14－9

9月19日　新潟商店に商品¥90,000を売り上げ，代金のうち¥60,000は現金で受け取り，残額は掛けとした。(1)(2)のそれぞれの場合について，すでに記入されている伝票をもとに，まだ記入されていない伝票に必要な記入を行いなさい。なお，3伝票制を採用している。

(1)

```
        入金伝票
        9月19日
    （売掛金）    60,000
    新潟商店
```

【解答欄】

借方振替伝票　月　日		貸方振替伝票　月　日	
借方科目	金　額	貸方科目	金　額

(2)

```
        入金伝票
        9月19日
    （売　上）    60,000
    新潟商店
```

【解答欄】

借方振替伝票　月　日		貸方振替伝票　月　日	
借方科目	金　額	貸方科目	金　額

練習問題 14 ― 10

9月20日　従業員の給料￥100,000から，所得税￥10,000を源泉徴収し，残額￥90,000を現金で支払った。(1)(2)のそれぞれの場合について，すでに記入されている伝票をもとに，まだ記入されていない伝票に必要な記入を行いなさい。なお，3伝票制を採用している。

(1)

出金伝票	
9月20日	
(給　　料)	90,000

【解答欄】

借方振替伝票 月　　日		貸方振替伝票 月　　日	
借方科目	金　　額	貸方科目	金　　額

(2)

出金伝票	
9月20日	
(所得税預り金)	90,000

【解答欄】

借方振替伝票 月　　日		貸方振替伝票 月　　日	
借方科目	金　　額	貸方科目	金　　額

練習問題 14 − 11

9月21日　山梨商店に備品￥60,000, 減価償却累計額￥20,000を￥30,000で売却し, 代金￥10,000は現金で受け取り, 残額は翌月末に受け取ることとした。(1) (2) (3) (4) のそれぞれの場合について, すでに記入されている伝票をもとに, まだ記入されていない伝票に必要な記入を行いなさい。なお, 3伝票制を採用している。

(1)

```
         入金伝票
         9 月 2 1 日
    （備　　品）      10,000
     山梨商店
```

【解答欄】

借方振替伝票 9月21日		貸方振替伝票 9月21日	
借方科目	金　額	貸方科目	金　額
減価償却累計額	20,000	備　品	50,000
未収金	20,000		
固定資産売却損	10,000		

(2)

```
         入金伝票
         9 月 2 1 日
    （未 収 金）      10,000
     山梨商店
```

【解答欄】

借方振替伝票 9月21日		貸方振替伝票 9月21日	
借方科目	金　額	貸方科目	金　額
減価償却累計額	20,000	備　品	60,000
未収金	30,000		
固定資産売却損	10,000		

(3)

```
        入金伝票
       ９月２１日
  （固定資産売却損）   10,000
       山梨商店
```

【解答欄】

借方振替伝票		貸方振替伝票	
月　　日		月　　日	
借方科目	金　　額	貸方科目	金　　額

(4)

```
        入金伝票
       ９月２１日
  （減価償却累計額）   10,000
       山梨商店
```

【解答欄】

借方振替伝票		貸方振替伝票	
月　　日		月　　日	
借方科目	金　　額	貸方科目	金　　額

練習問題 14 － 12

９月22日　青森商店から商品¥70,000を仕入れ，代金のうち¥20,000は現金で支払い，残額は掛けとした。伝票に必要な記入をしなさい。なお，５伝票制を採用している。

【解答欄】

仕入伝票		出金伝票
月　　日		月　　日

練習問題 14 − 13

9月23日　新潟商店に商品￥600,000を売上げ，代金のうち￥300,000は約束手形を受け取り，￥200,000は現金で受け取り，残額は掛けとした。すでに記入されている伝票をもとに，まだ記入されていない伝票に必要な記入を行いなさい。なお，5伝票制を採用している。

【解答欄】

売上伝票		入金伝票
月　　日		9月23日
		（売　掛　金）　　　200,000

借方振替伝票		貸方振替伝票	
月　　日		月　　日	
借方科目	金　　額	貸方科目	金　　額

練習問題 14 − 14

9月24日　新潟商店に売り上げた商品のうち￥50,000が返品され，代金のうち，￥30,000は現金で返金し，残額は掛け代金から控除した。

【解答欄】

売上伝票		出金伝票
月　　日		月　　日

練習問題 14 — 15

当店では，入金伝票，出金伝票，振替伝票，売上伝票，仕入伝票を用いる5伝票制による伝票式会計を実施している。伝票に記入された仕訳は1日分ずつ集計して仕訳日計表を作成している。9月26日に作成された以下の伝票に基づき，仕訳日計表を作成しなさい。

入金伝票	
受取手数料	30,000

出金伝票	
買掛金（A商店）	10,000

入金伝票	
売掛金（B商店）	80,000

出金伝票	
広告料	60,000

借方振替伝票		貸方振替伝票	
借方科目	金　額	貸方科目	金　額
買掛金（A商店）	20,000	支払手形	20,000

借方振替伝票		貸方振替伝票	
借方科目	金　額	貸方科目	金　額
当座預金	30,000	受取手形	30,000

仕入伝票	
A商店	50,000

売上伝票	
B商店	90,000

仕入伝票	
A商店（返品）	10,000

売上伝票	
B商店（値引き）	20,000

仕訳日計表
×年9月26日

借 方	元丁	勘定科目	元丁	貸 方
		現　　　金		
		当 座 預 金		
		受 取 手 形		
		売 掛 金		
		支 払 手 形		
		買 掛 金		
		売　　　上		
		受取手数料		
		仕　　　入		
		広 告 料		

第15章

決　算（その1）
決算予備手続

1　決算手続の流れ

　一会計期間の終わりごとに，企業の活動についての取引記録を整理，要約し，仕訳帳や総勘定元帳，あるいはその他の帳簿を締切り，財務諸表を作成する一連の手続を決算といい，決算を行う日を決算日という。決算手続は，①帳簿を締切るための準備としての決算予備手続，②帳簿を締切り，再開するための決算本手続，③財務諸表の作成および公表という3つの手続から構成されている。

　決算予備手続は，試算表の作成，棚卸表の作成およびそれに基づく決算整理手続の2つの手続に分けることができる。決算本手続は，決算振替手続と英米式決算法と大陸式決算法のいずれかの方法による帳簿の締切手続からなっている。

　なお，決算本手続の前に決算の概要を一覧できる精算表も作成される。精算表は，試算表の作成から財務諸表の作成までの一連の手続を帳簿の締切を除いて1つの表にまとめたものである。帳簿の締切が完了すると，総勘定元帳の勘定残高をもとにして企業が外部に公表，報告する目的で貸借対照表や損益計算書などの財務諸表が作成される。

　決算手続の流れを示すと，次の図のようになる。

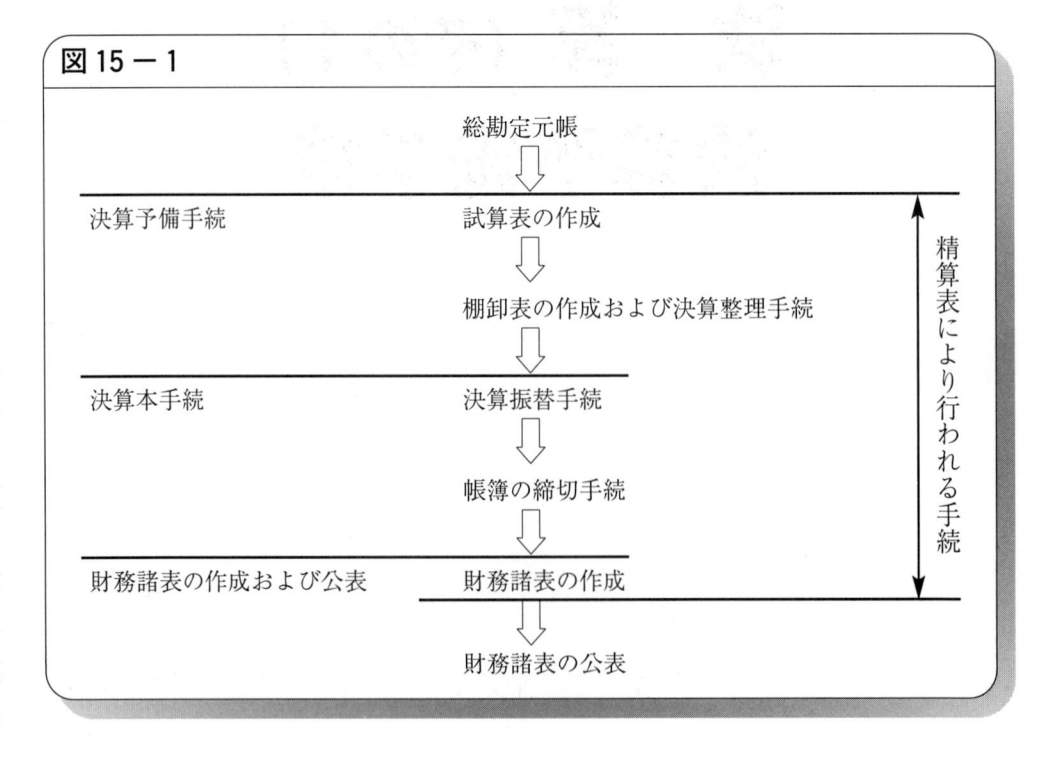

図15－1

```
                        総勘定元帳
                           ↓
決算予備手続            試算表の作成              ┐
                           ↓                      │
                棚卸表の作成および決算整理手続    │
                           ↓                      │精算表により行われる手続
決算本手続             決算振替手続                │
                           ↓                      │
                       帳簿の締切手続             │
                           ↓                      │
財務諸表の作成および公表  財務諸表の作成         ┘
                           ↓
                       財務諸表の公表
```

2 決算予備手続

(1) 試算表の作成

　決算にあたって，期中の取引が正しく仕訳され，転記されているかどうかを検証する必要がある。そこで，総勘定元帳上の各勘定に転記されている金額を集計して一覧表にした試算表が作成される。すでに述べたように，試算表には，合計試算表と残高試算表，合計試算表と残高試算表をまとめて1つにした合計残高試算表の3種類がある。

設例 15－1

　飛鳥商店の期首貸借対照表は（Ⅰ）に示すとおりである。また，期中の取引に関する資料は（Ⅱ）に示すとおりである。これらの資料から期中の取引の仕訳および転記を行い，期末における合計残高試算表を作成しなさい。

（Ⅰ）期首貸借対照表

貸　借　対　照　表
平成○年12月31日

資　　産	金　　額	負債・純資産	金　　額
現　　　　金	60,000	支　払　手　形	228,000
当　座　預　金	172,000	買　　掛　　金	185,000
受　取　手　形	165,000	借　　入　　金	190,000
売　　掛　　金	234,000	貸　倒　引　当　金	9,000
有　価　証　券	120,000	減価償却累計額	90,000
貸　　付　　金	73,000	資　　本　　金	500,000
商　　　　品	128,000		
備　　　　品	250,000		
	1,202,000		1,202,000

（Ⅱ）期中取引
　（1）補助簿に記入されている期中取引高
　　　① 現金出納帳
　　　（収　入）
　　　　売掛金の回収高　　　　　110,000円
　　　　受取手形の取立高　　　　 94,000円

  （支　出）
   給料の支払高   76,000円
   家賃の支払高（11ヵ月分） 38,500円
   消耗品の購入高   27,000円
 ② 当座預金出納帳
  （収　入）
   売掛金の回収高   470,000円
   受取手形の取立高   245,000円
   貸付金の利息受取分   2,300円
  （支　出）
   買掛金の支払高   423,000円
   支払手形の決済高   130,000円
   借入金の元利支払高   97,850円
   （利息分2,850円）
   広告費の支払高   42,000円
   保険料の支払高（1年分） 3,600円
 ③ 仕　入　帳
   すべて掛による仕入   680,000円
 ④ 売　上　帳
   すべて掛による売上   940,000円
 ⑤ 支払手形記入帳
   買掛金の支払高   130,000円
 ⑥ 受取手形記入帳
   売掛金の回収高   310,000円
(2)　上記の補助簿に記入されていないその他の期中取引高
 ① 買掛金の支払いのため振り出した為替手形の振出高（得意先引受済）
              80,000円
 ② 得意先倒産による前期売上高の貸倒高 5,000円

解答

仕　訳

(1) 補助簿に記載の取引

①	（借）	現　　　金	204,000	（貸）	売　掛　金	110,000	
					受　取　手　形	94,000	
	（借）	給　　　料	76,000	（貸）	現　　　金	141,500	
		支　払　家　賃	38,500				
		消　耗　品　費	27,000				
②	（借）	当　座　預　金	717,300	（貸）	売　掛　金	470,000	
					受　取　手　形	245,000	
					受　取　利　息	2,300	
	（借）	買　掛　金	423,000	（貸）	当　座　預　金	696,450	
		支　払　手　形	130,000				
		借　入　金	95,000				
		広　告　費	42,000				
		支　払　保　険　料	3,600				
		支　払　利　息	2,850				
③	（借）	仕　　　入	680,000	（貸）	買　掛　金	680,000	
④	（借）	売　掛　金	940,000	（貸）	売　　　上	940,000	
⑤	（借）	買　掛　金	130,000	（貸）	支　払　手　形	130,000	
⑥	（借）	受　取　手　形	310,000	（貸）	売　掛　金	310,000	

(2) その他の期中取引仕訳

①	（借）	買　掛　金	80,000	（貸）	売　掛　金	80,000	
②	（借）	貸　倒　引　当　金	5,000	（貸）	売　掛　金	5,000	

転　記

総勘定元帳

現　　金				当座預金			
前期繰越	60,000	諸　　口	141,500	前期繰越	172,000	諸　　口	696,450
諸　　口	204,000			諸　　口	717,300		

受取手形				売掛金			
前期繰越	165,000	現　　金	94,000	前期繰越	234,000	現　　金	110,000
売 掛 金	310,000	当座預金	245,000	売　　上	940,000	当座預金	470,000
						受取手形	310,000
						買 掛 金	80,000
						貸倒引当金	5,000

有価証券				貸付金			
前期繰越	120,000			前期繰越	73,000		

繰越商品				備　　品			
前期繰越	128,000			前期繰越	250,000		

支払手形				買掛金			
当座預金	130,000	前期繰越	228,000	当座預金	423,000	前期繰越	185,000
		買 掛 金	130,000	支払手形	130,000	仕　　入	680,000
				売 掛 金	80,000		

借入金				貸倒引当金			
当座預金	95,000	前期繰越	190,000	売 掛 金	5,000	前期繰越	9,000

減価償却累計額				資本金			
		前期繰越	90,000			前期繰越	500,000

売　　上				受取利息			
		売 掛 金	940,000			当座預金	2,300

仕　　入				給　　料			
買 掛 金	680,000			現　　金	76,000		

広告費				支払家賃			
当座預金	42,000			現　　金	38,500		

支払保険料				支払利息			
当座預金	3,600			当座預金	2,850		

消耗品費			
現　　金	27,000		

合 計 残 高 試 算 表
平成○年12月31日

借方残高	借方合計	勘定科目	貸方合計	貸方残高
122,500	264,000	現　　　　　金	141,500	
192,850	889,300	当　座　預　金	696,450	
136,000	475,000	受　取　手　形	339,000	
199,000	1,174,000	売　　掛　　金	975,000	
120,000	120,000	有　価　証　券		
73,000	73,000	貸　　付　　金		
128,000	128,000	繰　越　商　品		
250,000	250,000	備　　　　　品		
	130,000	支　払　手　形	358,000	228,000
	633,000	買　　掛　　金	865,000	232,000
	95,000	借　　入　　金	190,000	95,000
	5,000	貸　倒　引　当　金	9,000	4,000
		減価償却累計額	90,000	90,000
		資　　本　　金	500,000	500,000
		売　　　　　上	940,000	940,000
		受　取　利　息	2,300	2,300
680,000	680,000	仕　　　　　入		
76,000	76,000	給　　　　　料		
42,000	42,000	広　　告　　費		
38,500	38,500	支　払　家　賃		
3,600	3,600	支　払　保　険　料		
2,850	2,850	支　払　利　息		
27,000	27,000	消　耗　品　費		
2,091,300	5,106,250		5,106,250	2,091,300

（2）棚卸表の作成および決算整理手続

　決算は，一会計期間の取引を記録した総勘定元帳の勘定記録をもとにして行う。その記録は，資産，負債，純資産に属する勘定であれば，繰越高と期中の取引が転記されたものであり，収益，費用に属する勘定科目であれば，期中の取引が転記されたものである。各勘定残高の金額は，決算日現在の正しい金額を示すものでなければならないが，決算日を迎えて，初めて発生していることがわかる取引や決算日において金額や数量等が確定する項目がある。そこで，試算表の作成後に，各勘定が正しい金額を示すように帳簿記録を整

理，修正する必要がある。この手続を決算整理手続あるいは決算修正手続といい，そのために必要な仕訳を決算整理仕訳あるいは決算修正仕訳という。

　主な決算整理事項としては，次のようなことがあげられる。
① 　現金過不足の振替
② 　売上原価の計算
③ 　貸倒引当金の設定
④ 　有価証券の評価替
⑤ 　固定資産の減価償却
⑥ 　収益および費用の見越と繰延
⑦ 　引出金の整理
⑧ 　仮払金，仮受金などの処理
⑨ 　消耗品の棚卸

　決算整理手続は，これらの事項について，仕訳と総勘定元帳への転記からなっているが，決算整理仕訳の未計上や二重仕訳を回避するために，決算整理事項の一覧表というべき棚卸表を作成する。棚卸表を例示すると以下のとおりである。

図15－2

棚　卸　表

平成○年12月31日

修　正　項　目	摘　　　要	金　　　額
仕入および繰越商品		×××
貸倒引当金および		
貸倒引当金繰入		×××
有価証券および		
有価証券評価損		×××
減価償却累計額		
および減価償却費		×××
消　耗　品		
および消耗品費		×××
		×××

設例 15-2

次の（Ⅰ）決算整理前残高試算表と（Ⅱ）棚卸表にもとづいて決算整理仕訳を行い，決算整理後残高試算表を作成しなさい。なお，この設例は設例15－1の続きである。

（Ⅰ）決算整理前残高試算表

決算整理前残高試算表
平成○年12月31日

借方残高	勘定科目	貸方残高
122,500	現　　　　　金	
192,850	当　座　預　金	
136,000	受　取　手　形	
199,000	売　　掛　　金	
120,000	有　価　証　券	
73,000	貸　　付　　金	
128,000	繰　越　商　品	
250,000	備　　　　　品	
	支　払　手　形	228,000
	買　　掛　　金	232,000
	借　　入　　金	95,000
	貸　倒　引　当　金	4,000
	減価償却累計額	90,000
	資　　本　　金	500,000
	売　　　　　上	940,000
	受　取　利　息	2,300
680,000	仕　　　　　入	
76,000	給　　　　　料	
42,000	広　　告　　費	
38,500	支　払　家　賃	
3,600	支　払　保　険　料	
2,850	支　払　利　息	
27,000	消　耗　品　費	
2,091,300		2,091,300

(Ⅱ) 棚 卸 表

棚 卸 表

平成○年12月31日

修正項目	勘定科目	金　額
① 仕入および繰越商品	A商品　＠¥300×250個＝¥75,000	
	B商品　＠¥250×200個＝¥50,000	125,000
② 貸倒引当金および 　　貸倒引当金繰入	売上債権の3％の貸倒引当金設定	
	受取手形　　¥136,000	
	売　掛　金　¥199,000	
	計　　　　¥335,000	
	¥335,000×3％＝¥10,050	
	¥10,050－¥4,000（貸倒引当金）＝¥6,050	6,050
③ 有価証券および 　　有価証券評価損	甲社株式	
	原価＠¥400×300株＝¥120,000	
	時価＠¥360×300株＝¥108,000	
	¥120,000－¥108,000＝12,000	12,000
④ 減価償却累計額 　　および減価償却費	備品：取得原価¥250,000	
	残存価額は取得原価の10％	
	耐用年数5年　定額法で処理	
	（¥250,000－¥25,000）×1/5＝45,000	45,000
⑤ 消　耗　品 　　および消耗品費	消耗品の未使用高　¥8,000	8,000
⑥ 支払保険料 　　および前払保険料	未経過3ヵ月分	
	¥3,600×3/12＝900	900
⑦ 支 払 家 賃 　　および未払家賃	未払1ヵ月分	
	¥38,500÷11ヵ月＝¥3,500	3,500
⑧ 受 取 利 息 　　および未収利息	貸付金¥73,000に対して年4％	
	未収6ヵ月分	
	¥73,000×4％×6/12＝1,460	1,460
		201,910

解答

決算整理仕訳

①	（借）	仕　　　　入	128,000	（貸）	繰 越 商 品	128,000
		繰 越 商 品	125,000		仕　　　　入	125,000
②	（借）	貸倒引当金繰入	6,050	（貸）	貸 倒 引 当 金	6,050
③	（借）	有価証券評価損	12,000	（貸）	有 価 証 券	12,000
④	（借）	減 価 償 却 費	45,000	（貸）	減価償却累計額	45,000
⑤	（借）	消 耗 品	8,000	（貸）	消 耗 品 費	8,000
⑥	（借）	前 払 保 険 料	900	（貸）	支 払 保 険 料	900
⑦	（借）	支 払 家 賃	3,500	（貸）	未 払 家 賃	3,500
⑧	（借）	未 収 利 息	1,460	（貸）	受 取 利 息	1,460

転　記

総 勘 定 元 帳

有 価 証 券

| 前 期 繰 越 | 120,000 | 有価証券評価損 | **12,000** |

繰 越 商 品

| 前 期 繰 越 | 128,000 | 仕　　　　入 | **128,000** |
| 仕　　　　入 | **125,000** | | |

貸 倒 引 当 金

| 売 掛 金 | 5,000 | 前 期 繰 越 | 9,000 |
| | | 貸倒引当金繰入 | **6,050** |

減価償却累計額

| | | 前 期 繰 越 | 90,000 |
| | | 減価償却費 | **45,000** |

受 取 利 息

| | | 当 座 預 金 | 2,300 |
| | | 未 収 利 息 | **1,460** |

仕　　　　入

| 買 掛 金 | 680,000 | 繰 越 商 品 | **125,000** |
| 繰 越 商 品 | **128,000** | | |

消 耗 品 費

| 現　　　金 | 27,000 | 消 耗 品 | **8,000** |

支 払 保 険 料

| 当 座 預 金 | 3,600 | 前払保険料 | **900** |

支 払 家 賃

| 現　　　金 | 38,500 | | |
| 未 払 家 賃 | **3,500** | | |

貸倒引当金繰入

| 貸倒引当金 | **6,050** | | |

有価証券評価損

| 有 価 証 券 | **12,000** | | |

減 価 償 却 費

| 減価償却累計額 | **45,000** | | |

消 耗 品

| 消 耗 品 費 | **8,000** | | |

未 収 利 息

| 受 取 利 息 | **1,460** | | |

未 払 家 賃

| | | 支 払 家 賃 | **3,500** |

前 払 保 険 料

| 支払保険料 | **900** | | |

（注：太字は新たに転記された分を表す。）

決算整理後残高試算表
平成○年12月31日

借方残高	勘定科目	貸方残高
122,500	現　　　　　金	
192,850	当　座　預　金	
136,000	受　取　手　形	
199,000	売　　掛　　金	
108,000	**有　価　証　券**	
73,000	貸　　付　　金	
125,000	**繰　越　商　品**	
250,000	備　　　　　品	
	支　払　手　形	228,000
	買　　掛　　金	232,000
	借　　入　　金	95,000
	貸　倒　引　当　金	10,050
	減価償却累計額	135,000
	資　　本　　金	500,000
	売　　　　　上	940,000
	受　取　利　息	3,760
683,000	仕　　　　　入	
76,000	給　　　　　料	
42,000	広　　告　　費	
42,000	支　払　家　賃	
2,700	支　払　保　険　料	
2,850	支　払　利　息	
19,000	消　耗　品　費	
6,050	貸倒引当金繰入	
12,000	有価証券評価損	
45,000	減　価　償　却　費	
8,000	消　耗　品	
900	前　払　保　険　料	
	未　払　家　賃	3,500
1,460	未　収　利　息	
2,147,310		2,147,310

（注：太字は新たに転記された分を表す。）

(4) 精算表の作成

決算整理仕訳を行い，総勘定元帳上の各勘定の整理，修正が行われると，次に決算の本手続が行われることになるが，決算の本手続を始める前に，決算手続を一覧し，その妥当性について概観するために精算表を作成することがある。

精算表は簿記の一巡の手続のうち，帳簿の締切以外の決算の諸手続，すなわち，決算整理前の残高試算表の作成から決算整理を経て，決算整理後の残高試算表を作成し，さらに損益計算書と貸借対照表の作成に至る過程を一覧表にまとめたものである。このことを図示すると以下のようになる。

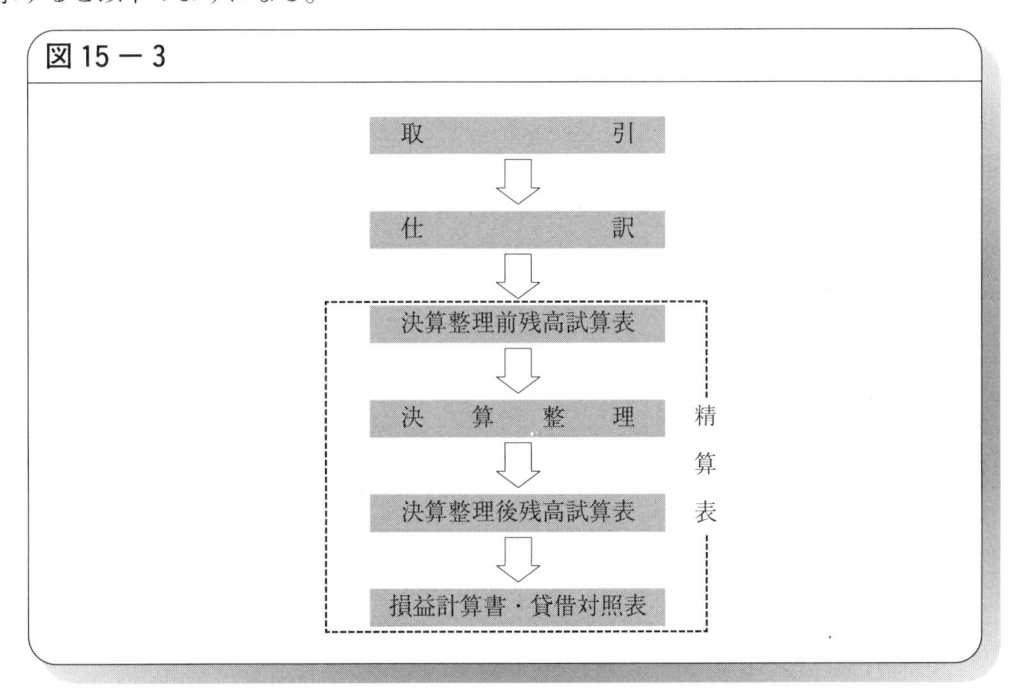

図15－3

取　引
↓
仕　訳
↓
┌─────────────────┐
│決算整理前残高試算表　　　│
│　　　↓　　　　　　　　　│精
│決　算　整　理　　　　　　│算
│　　　↓　　　　　　　　　│表
│決算整理後残高試算表　　　│
│　　　↓　　　　　　　　　│
│損益計算書・貸借対照表　　│
└─────────────────┘

精算表の様式には，金額欄の数に応じ，6桁精算表，8桁精算表，10桁精算表があるが，もともと，精算表は企業が決算手続の重要性を概観するために任意に作成するものなので定められた様式はなく，その企業に最も適した様式が使用される。ここでは，最も一般的である8桁精算表の雛形を以下に示す。

図15－4

精　算　表

勘定科目	残高試算表		修正記入		損益計算書		貸借対照表	
	借方	貸方	借方	貸方	借方	貸方	借方	貸方

8桁精算表の作成手順は，次のとおり行う。

① はじめに精算表の勘定科目欄と残高試算表欄に，決算整理前の残高試算表の勘定科目名と金額をそれぞれ記入し，残高試算表欄の借方と貸方の合計が一致することを確かめて締切る。
② 次に修正記入欄に決算整理仕訳を記入する。
③ 各勘定科目について，残高試算表欄の金額と修正記入欄の金額が，貸借同じ側にあれば加算し，反対側にあれば減算して，収益および費用に属する科目は損益計算書欄に，資産，負債および純資産に属する科目は貸借対照表欄に移す。このとき，借方残は借方に，貸方残は貸方に移すことを注意しなければならない。
④ 損益計算書欄の借方と貸方の金額を合計し，差額を算出して，当期純利益（または当期純損失）として記入し，損益計算書欄の借方と貸方の合計が一致することを確かめて締切る。
⑤ 同じように，貸借対照表欄の借方と貸方の金額を合計し，差額を算出して，当期純利益（または当期純損失）として記入し，貸借対照表欄の借方と貸方の合計が一致することを確かめて締切る。このとき，損益計算書欄で算定した当期純利益（または当期純損失）と一致するかどうか確認する。

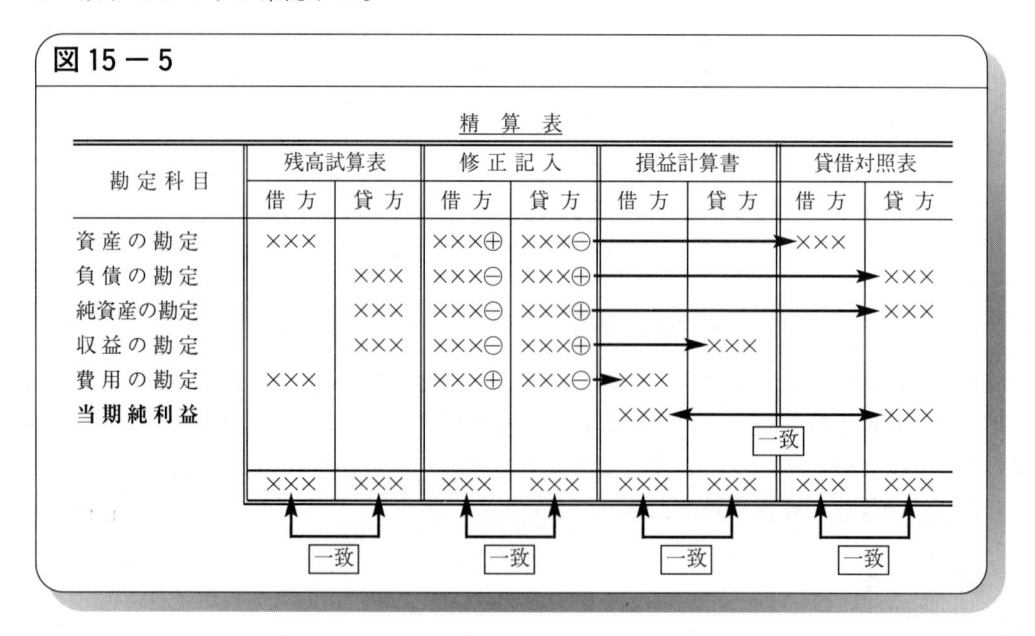

図 15 － 5

精 算 表

勘定科目	残高試算表		修正記入		損益計算書		貸借対照表	
	借方	貸方	借方	貸方	借方	貸方	借方	貸方
資産の勘定	×××		×××⊕	×××⊖			×××	
負債の勘定		×××	×××⊖	×××⊕				×××
純資産の勘定		×××	×××⊖	×××⊕				×××
収益の勘定		×××	×××⊖	×××⊕		×××		
費用の勘定	×××		×××⊕	×××⊖	×××			
当期純利益					×××			×××
	×××	×××	×××	×××	×××	×××	×××	×××

設例 15-3

次の決算整理前の残高試算表および決算整理事項によって8桁精算表を作成しなさい。なお、この設例は設例15-2の続きである。

(Ⅰ) 決算整理前残高試算表

残 高 試 算 表

借方		貸方	
現　　　　　金	122,500	支 払 手 形	228,000
当 座 預 金	192,850	買 掛 金	232,000
受 取 手 形	136,000	借 入 金	95,000
売 掛 金	199,000	貸 倒 引 当 金	4,000
有 価 証 券	120,000	減価償却累計額	90,000
貸 付 金	73,000	資 本 金	500,000
繰 越 商 品	128,000	売 上	940,000
備 品	250,000	受 取 利 息	2,300
仕 入	680,000		
給 料	76,000		
広 告 費	42,000		
支 払 家 賃	38,500		
支 払 保 険 料	3,600		
支 払 利 息	2,850		
消 耗 品 費	27,000		
	2,091,300		2,091,300

(Ⅱ) 決算整理事項
① 期末商品棚卸高は¥125,000であった。売上原価は「仕入」の行で計算すること。
② 受取手形および売掛金の期末残高に対して3％の貸倒引当金を設定する。貸倒引当金の設定は差額補充法によること。
③ 有価証券を時価の¥108,000に評価替えする。
④ 備品につき、取得原価の10％を残存価額とし、耐用年数5年の減価償却を定額法で実施する。
⑤ 消耗品の未使用高が¥8,000ある。
⑥ 支払保険料の未経過分が¥900ある。
⑦ 支払家賃の未払額が¥3,500ある。
⑧ 受取利息の未収額が¥1,460ある。

解 答

精 算 表

勘定科目	残高試算表 借方	残高試算表 貸方	修正記入 借方	修正記入 貸方	損益計算書 借方	損益計算書 貸方	貸借対照表 借方	貸借対照表 貸方
現　　　　　金	122,500						122,500	
当 座 預 金	192,850						192,850	
受 取 手 形	136,000						136,000	
売 掛 金	199,000						199,000	
有 価 証 券	120,000			12,000			108,000	
貸 付 金	73,000						73,000	
繰 越 商 品	128,000		125,000	128,000			125,000	
備　　　　　品	250,000						250,000	
支 払 手 形		228,000						228,000
買 掛 金		232,000						232,000
借 入 金		95,000						95,000
貸倒引当金		4,000		6,050				10,050
減価償却累計額		90,000		45,000				135,000
資 本 金		500,000						500,000
売　　　　　上		940,000				940,000		
受 取 利 息		2,300		1,460		3,760		
仕　　　　　入	680,000		128,000	125,000	683,000			
給　　　　　料	76,000				76,000			
広 告 費	42,000				42,000			
支 払 家 賃	38,500		3,500		42,000			
支払保険料	3,600			900	2,700			
支 払 利 息	2,850				2,850			
消 耗 品 費	27,000			8,000	19,000			
合　　　　　計	2,091,300	2,091,300						
貸倒引当金繰入			6,050		6,050			
有価証券評価損			12,000		12,000			
減価償却費			45,000		45,000			
消 耗 品			8,000				8,000	
前払保険料			900				900	
未 払 家 賃				3,500				3,500
未 収 利 息			1,460				1,460	
当 期 純 利 益					**13,160**			13,160
合　　　　　計			329,910	329,910	943,760	943,760	1,216,710	1,216,710

練 習 問 題

練習問題 15 － 1
　藤井寺商店（会計期間 1 月 1 日～12月31日）の次の付記事項と決算整理事項によって，必要な仕訳を行い，精算表を作成しなさい。

付記事項
　通信費のうち，¥12,000はタクシーチケットの購入額であるのがわかったので訂正を行う。

決算整理事項
1．期 末 商 品 棚 卸 高　¥410,000
2．貸 倒 引 当 金　売掛金残高の 3 ％の貸倒引当金を設定（差額補充法）
3．備 品 減 価 償 却 高　下記の資料に基づいて，定額法により計算しなさい。ただし，直接法によること。
　　　取得原価　¥800,000　　残存価額　取得原価の10％
　　　耐用年数　5 年
4．現 金 の 実 際 有 高　¥240,000　帳簿残高との差額は雑損とする。
5．消耗品期末未使用高　¥16,000
6．引出金を整理する。

【解答欄】
仕　訳
付記事項　（借）　　　　　　　　　　　（貸）
　①　　　（借）　　　　　　　　　　　（貸）
　②　　　（借）　　　　　　　　　　　（貸）
　③　　　（借）　　　　　　　　　　　（貸）
　④　　　（借）　　　　　　　　　　　（貸）
　⑤　　　（借）　　　　　　　　　　　（貸）
　⑥　　　（借）　　　　　　　　　　　（貸）

精　算　表

勘定科目	残高試算表 借方	残高試算表 貸方	修正記入 借方	修正記入 貸方	損益計算書 借方	損益計算書 貸方	貸借対照表 借方	貸借対照表 貸方
現　　　　金	260,000							
当 座 預 金	840,000							
売 　掛　 金	1,600,000							
貸 倒 引 当 金		13,000						
繰 越 商 品	370,000							
貸 　付　 金	450,000							
備　　　　品	728,000							
買 　掛　 金		1,310,000						
借 　入　 金		150,000						
資 　本　 金		1,953,000						
引 　出　 金	90,000							
売　　　　上		7,398,000						
受 取 利 息		18,000						
仕　　　　入	5,449,000							
給　　　　料	633,000							
交 　通　 費	92,000							
通 　信　 費	182,000							
消 耗 品 費	59,000							
水 道 光 熱 費	75,000							
雑　　　　費	14,000							
	10,842,000	10,842,000						

練習問題 15 − 2

田原本商店（会計期間 1 月 1 日～12月31日）の次の付記事項と決算整理事項によって，必要な仕訳を行い，精算表を作成しなさい。

付記事項
1．仮受金は売掛金の回収額である。
2．保険料のうちに，店主個人の保険料が¥8,000含まれていた。

決算整理事項
1．期末商品棚卸高　　　¥1,280,000
2．貸倒引当金　　　　　売上債権(受取手形と売掛金)の5％の貸倒引当金を設定（差額補充法）
3．備品減価償却高　　　定額法により計算しなさい。ただし，残存価額は取得原価の10％，耐用年数は8年である。
4．有価証券の評価　　　時価¥1,340,000に評価替えをする。
5．消耗品期末未使用高　¥ 35,000
6．手数料未収高　　　　¥ 23,000
7．支払家賃の未経過分　¥150,000

【解答欄】

仕　訳

付記事項1	（借）		（貸）
付記事項2	（借）		（貸）
①	（借）		（貸）
②	（借）		（貸）
③	（借）		（貸）
④	（借）		（貸）
⑤	（借）		（貸）
⑥	（借）		（貸）
⑦	（借）		（貸）

精算表

勘定科目	残高試算表 借方	残高試算表 貸方	修正記入 借方	修正記入 貸方	損益計算書 借方	損益計算書 貸方	貸借対照表 借方	貸借対照表 貸方
現　　　　金	620,000							
当 座 預 金	2,951,000							
受 取 手 形	1,350,000							
売　掛　金	1,280,000							
貸 倒 引 当 金		26,500						
有 価 証 券	1,410,000							
繰 越 商 品	1,150,000							
消　耗　品	160,000							
備　　　　品	680,000							
減価償却累計額		153,000						
支 払 手 形		1,177,000						
買　掛　金		1,156,000						
仮　受　金		120,000						
資　本　金		6,515,000						
売　　　　上		19,026,500						
受 取 手 数 料		133,000						
仕　　　　入	16,041,000							
給　　　　料	1,459,000							
交　通　費	224,000							
支 払 保 険 料	82,000							
支 払 家 賃	900,000							
	28,307,000	28,307,000						

第16章

決　算（その2）
決算本手続

1　決算本手続

　決算本手続は最終的な利益または損失の金額を確定し，次期に繰り越す金額を明らかにして帳簿を締切る手続であり，帳簿決算手続と呼ばれることもある。決算本手続には，英米式決算法（英米式締切法）と大陸式決算法（大陸式締切法）の2つの方法がある。

2　英米式決算法（英米式締切法）

　英米式決算法では，一会計期間の収益および費用の各勘定の金額を集計して当期純利益（または当期純損失）を計算するために，総勘定元帳上に損益勘定を新たに開設して，この勘定に収益と費用の各貸借差額を1つずつ振り替える。この手続を損益振替手続という。なお，収益および費用に属する各勘定の貸借差額が振り替えられて集められるところから，この損益勘定を決算集合勘定あるいは単に集合勘定とよぶ。

　損益振替手続の例示をすれば，次のとおりになる。

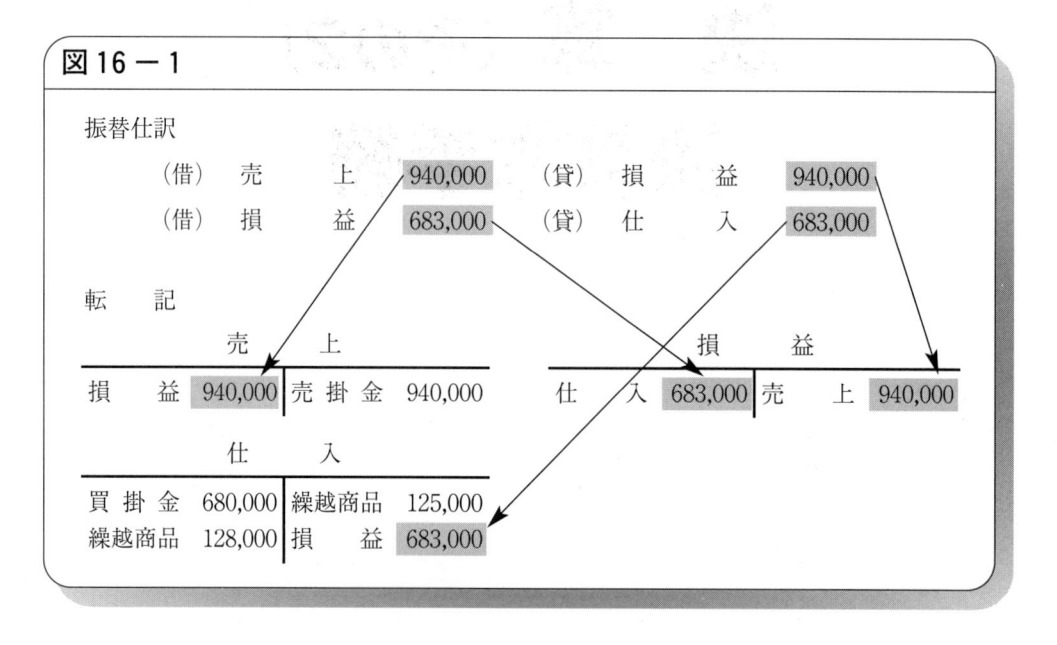

図16-1

振替仕訳
　　　　（借）　売　　　上　940,000　　（貸）　損　　　益　940,000
　　　　（借）　損　　　益　683,000　　（貸）　仕　　　入　683,000

転記

売　　　上
損　　益　940,000｜売　掛　金　940,000

損　　　益
仕　　入　683,000｜売　　上　940,000

仕　　　入
買　掛　金　680,000｜繰越商品　125,000
繰越商品　128,000｜損　　益　683,000

　損益振替手続が完了すると，損益勘定において当期純利益（または当期純損失）が貸借差額として計算される。次に，この計算された当期純利益（または当期純損失）を損益勘定から資本金勘定に振り替える。この手続を資本振替手続とよび，損益振替手続と資本振替手続をあわせて決算振替手続という。

　なお，損益勘定で当期純利益が計算された場合は，当期純利益は，資本の増加分であるから，資本金勘定の貸方に振り替える。また，当期純損失の場合は，資本金の借方に振り

替える。

　損益振替手続と資本振替手続の関係を図示すると次のとおりである。

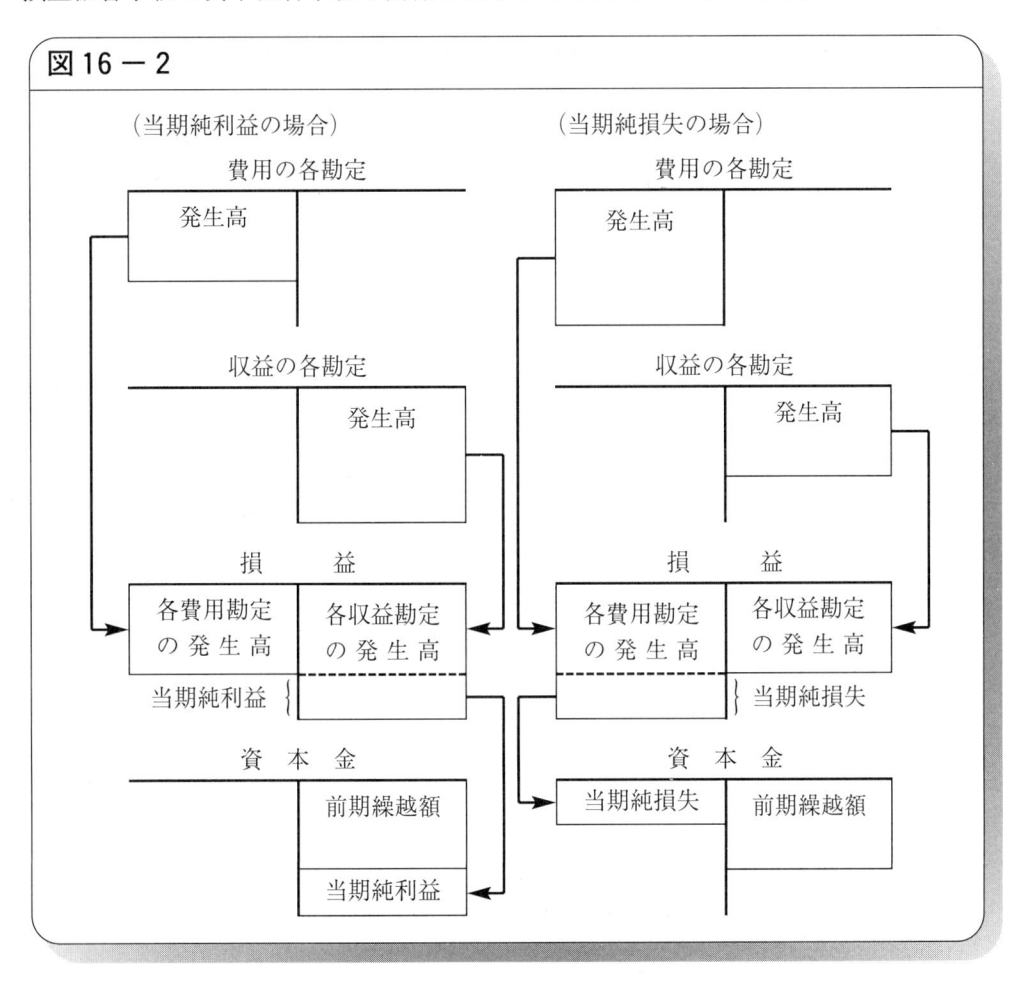

図16−2

（当期純利益の場合）

費用の各勘定
発生高

収益の各勘定
発生高

損　　益
| 各費用勘定の発生高 | 各収益勘定の発生高 |
当期純利益

資　本　金
前期繰越額
当期純利益

（当期純損失の場合）

費用の各勘定
発生高

収益の各勘定
発生高

損　　益
| 各費用勘定の発生高 | 各収益勘定の発生高 |
当期純損失

資　本　金
当期純損失　前期繰越額

　損益振替手続と資本振替手続が完了すると収益および費用の各勘定はすべて貸借が平均し，貸借差額がゼロになる。そこで，次のように合計線を引き，合計金額を記入し，最後に締切線を引いて各勘定を締切る。ただし，貸方，借方とも1行で終わっているものについては合計線および合計金額の記載を省略して，直接締切線を引くことができる。

図16－3

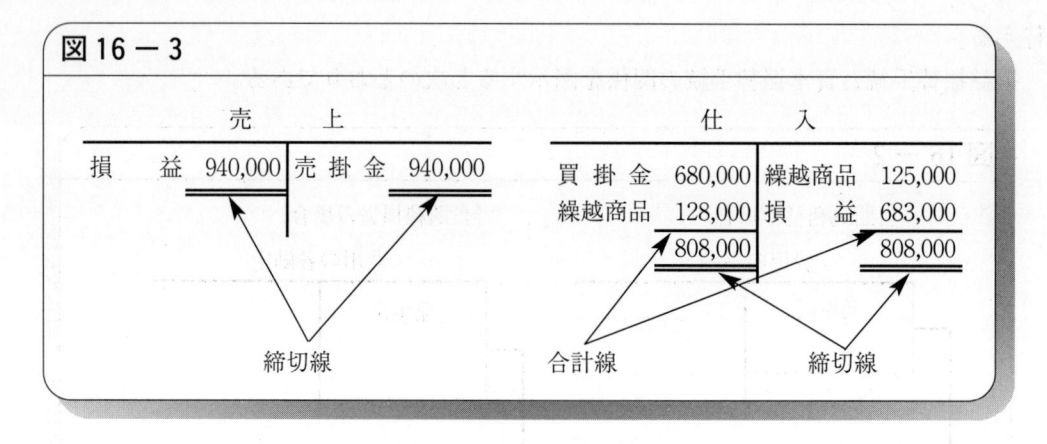

```
         売        上                              仕        入
  損  益  940,000 │ 売掛金 940,000      買 掛 金  680,000 │ 繰越商品  125,000
                                      繰越商品  128,000 │ 損    益  683,000
                                               808,000 │          808,000
```

締切線　　　　　　　　　　　　　　　　　合計線　　　　　締切線

この手続が完了すると，収益および費用に属するすべての勘定の締切がなされたことになる。

次に，資産，負債，純資産に属する勘定についての締切を行う。資産，負債および純資産の各勘定の貸借差額を計算し，少ない側の摘要欄に直接「次期繰越」を金額欄に残高金額を赤字で記入し，貸借の合計金額を一致させて締切る。

締切後は，「次期繰越」とした反対側の摘要欄に次期の最初の日付で，「前期繰越」と記し，金額欄に残高金額を記入して，次期の取引が開始されることになる。

資産，負債および純資産についての締切と繰越の手続を例示すると，次のとおりになる。

図16－4

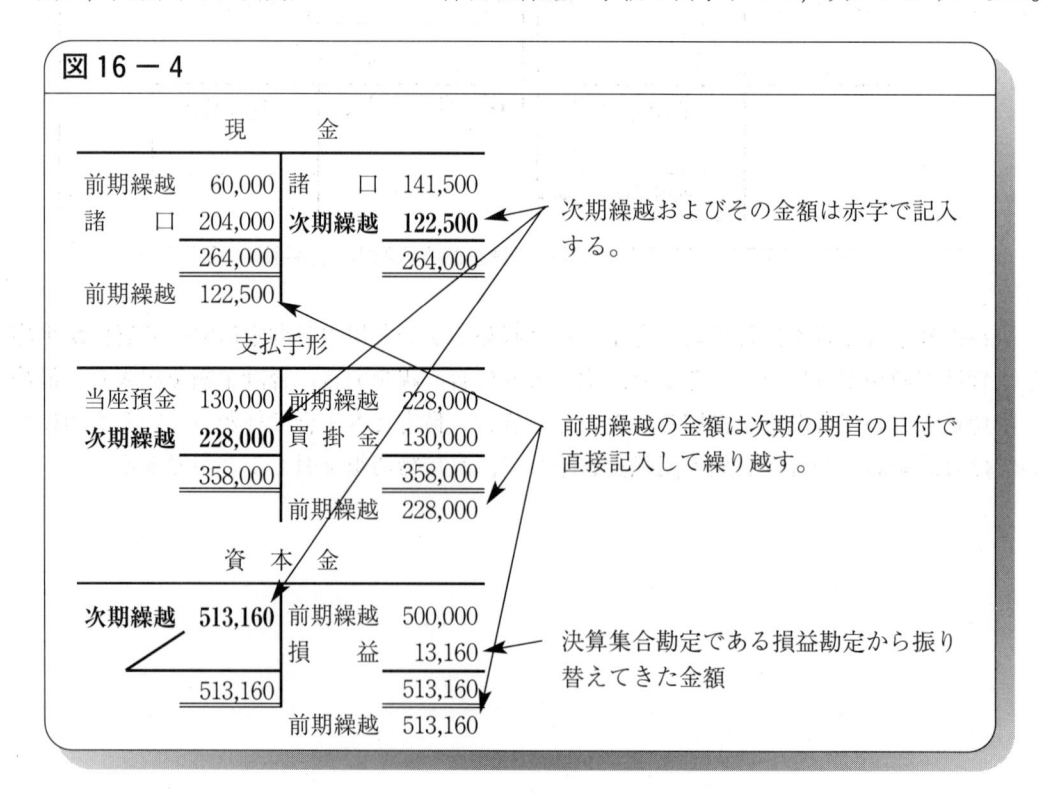

```
              現        金
  前期繰越   60,000 │ 諸    口  141,500        次期繰越およびその金額は赤字で記入
  諸    口  204,000 │ 次期繰越  122,500        する。
           264,000 │          264,000
  前期繰越  122,500 │

              支払手形
  当座預金  130,000 │ 前期繰越  228,000        前期繰越の金額は次期の期首の日付で
  次期繰越  228,000 │ 買 掛 金  130,000        直接記入して繰り越す。
           358,000 │          358,000
                   │ 前期繰越  228,000

              資  本  金
  次期繰越  513,160 │ 前期繰越  500,000        決算集合勘定である損益勘定から振り
                   │ 損    益   13,160        替えてきた金額
           513,160 │          513,160
                   │ 前期繰越  513,160
```

資産，負債および純資産について，以上の諸手続を踏んですべての総勘定元帳上の勘定の締切が完了する。

なお，英米式決算法では，資産，負債，純資産の各勘定については，収益，費用の各勘定のように振替仕訳で1つにまとめられることがないため，次期繰越の金額が正確かどうかを確かめるために，繰越試算表という繰越残高の一覧表を作成する必要がある。

設例 16-1

第15章の設例の飛鳥商店の締切に必要な振替仕訳を示し，決算整理後の各勘定を締切なさい（英米式決算法）。また，繰越試算表も作成しなさい。

解答

振替仕訳

損益振替仕訳

（借）	売　　　上	940,000	（貸）	損　　　益	943,760		
	受 取 利 息	3,760				
（借）	損　　　益	930,600	（貸）	仕　　　入	683,000		
				給　　　料	79,000		
				広　告　費	39,000		
				支 払 家 賃	42,000		
				支払保険料	2,700		
				支 払 利 息	2,850		
				消 耗 品 費	19,000		
				貸倒引当金繰入	6,050		
				有価証券評価損	12,000		
				減価償却費	45,000		

資本振替仕訳

（借）損　　　益　　13,160　　（貸）資　本　金　　13,160

総勘定元帳および繰越試算表

現　　　金					当　座　預　金			
前 期 繰 越	60,000	諸　　　口	141,500		前 期 繰 越	172,000	諸　　　口	696,450
諸　　　口	204,000	次 期 繰 越	122,500		諸　　　口	717,300	次 期 繰 越	192,850
	264,000		264,000			889,300		889,300
前 期 繰 越	122,500				前 期 繰 越	192,850		

受取手形

前 期 繰 越	165,000	現　　　金	94,000
売 　掛 　金	310,000	当 座 預 金	245,000
		次 期 繰 越	**136,000**
	475,000		475,000
前 期 繰 越	136,000		

売掛金

前 期 繰 越	234,000	現　　　金	110,000
売　　　上	940,000	当 座 預 金	470,000
		受 取 手 形	310,000
		買 　掛 　金	80,000
		貸倒引当金	5,000
		次 期 繰 越	**199,000**
	1,174,000		1,174,000
前 期 繰 越	199,000		

有価証券

前 期 繰 越	120,000	有価証券評価損	12,000
		次 期 繰 越	**108,000**
	120,000		120,000
前 期 繰 越	108,000		

貸付金

前 期 繰 越	73,000	**次 期 繰 越**	**73,000**
前 期 繰 越	73,000		

繰越商品

前 期 繰 越	128,000	仕　　　入	128,000
仕　　　入	125,000	**次 期 繰 越**	**125,000**
	253,000		253,000
前 期 繰 越	125,000		

備品

前 期 繰 越	250,000	**次 期 繰 越**	**250,000**
前 期 繰 越	250,000		

支払手形

当 座 預 金	130,000	前 期 繰 越	228,000
次 期 繰 越	**228,000**	買 　掛 　金	130,000
	358,000		358,000
		前 期 繰 越	228,000

買掛金

当 座 預 金	423,000	前 期 繰 越	185,000
支 払 手 形	130,000	仕　　　入	680,000
売 　掛 　金	80,000		
次 期 繰 越	**232,000**		
	865,000		865,000
		前 期 繰 越	232,000

借入金

当 座 預 金	95,000	前 期 繰 越	190,000
次 期 繰 越	**95,000**		
	190,000		190,000
		前 期 繰 越	95,000

貸倒引当金

売 　掛 　金	5,000	前 期 繰 越	9,000
次 期 繰 越	**10,050**	貸倒引当金繰入	6,050
	15,050		15,050
		前 期 繰 越	10,050

減価償却累計額

次 期 繰 越	**135,000**	前 期 繰 越	90,000
		減価償却費	45,000
	135,000		135,000
		前 期 繰 越	135,000

資本金

次 期 繰 越	**513,160**	前 期 繰 越	500,000
		損　　　益	13,160
	513,160		513,160
		前 期 繰 越	513,160

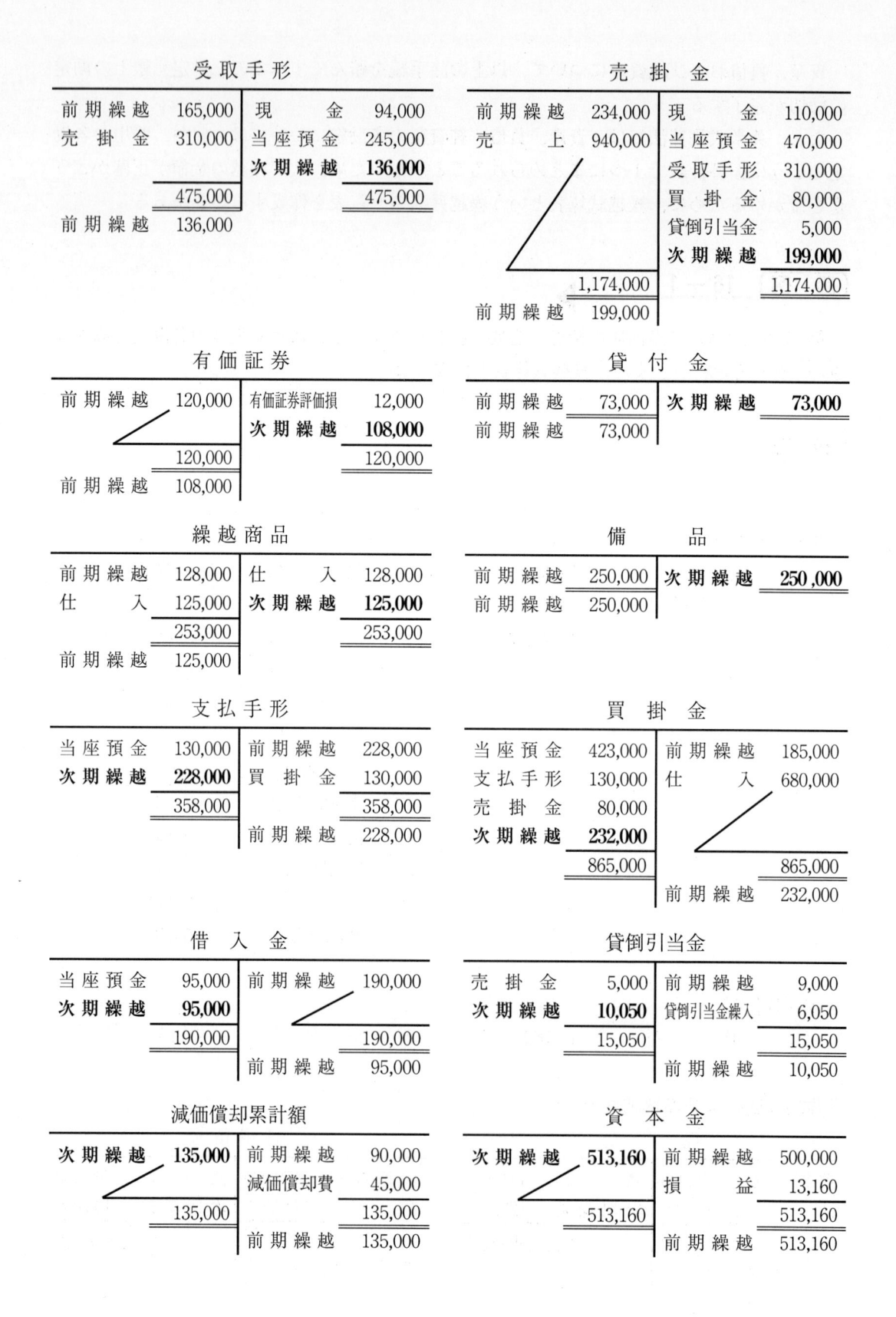

		売		上						受取利息			
損	益	940,000	売 掛 金	940,000			損	益	3,760	当座預金	2,300
										未収利息	1,460
									3,760		3,760

		仕		入						給	料		
買 掛 金	680,000	繰越商品	125,000			現	金	76,000	損	益	76,000
繰越商品	128,000	損 益	683,000								
	808,000		808,000								

		広	告	費						支払家賃			
当座預金	42,000	損 益	42,000			現 金	38,500	損 益	42,000
						支払家賃	3,500		
							42,000		42,000

		支払保険料								支払利息			
当座預金	3,600	前払保険料	900			当座預金	2,850	損 益	2,850
		損 益	2,700						
	3,600		3,600						

		消耗品費								貸倒引当金繰入			
現 金	27,000	消 耗 品	8,000			貸倒引当金	6,050	損 益	6,050
		損 益	19,000						
	27,000		27,000						

		有価証券評価損								減価償却費			
有価証券	12,000	損 益	12,000			減価償却累計額	45,000	損 益	45,000

		消	耗	品						未収利息			
消耗品費	8,000	次期繰越	**8,000**			受取利息	1,460	次期繰越	**1,460**
前期繰越	8,000					前期繰越	1,460		

		未払家賃								前払保険料			
次期繰越	**3,500**	支払家賃	3,500			支払保険料	900	次期繰越	**900**
		前期繰越	3,500			前期繰越	900		

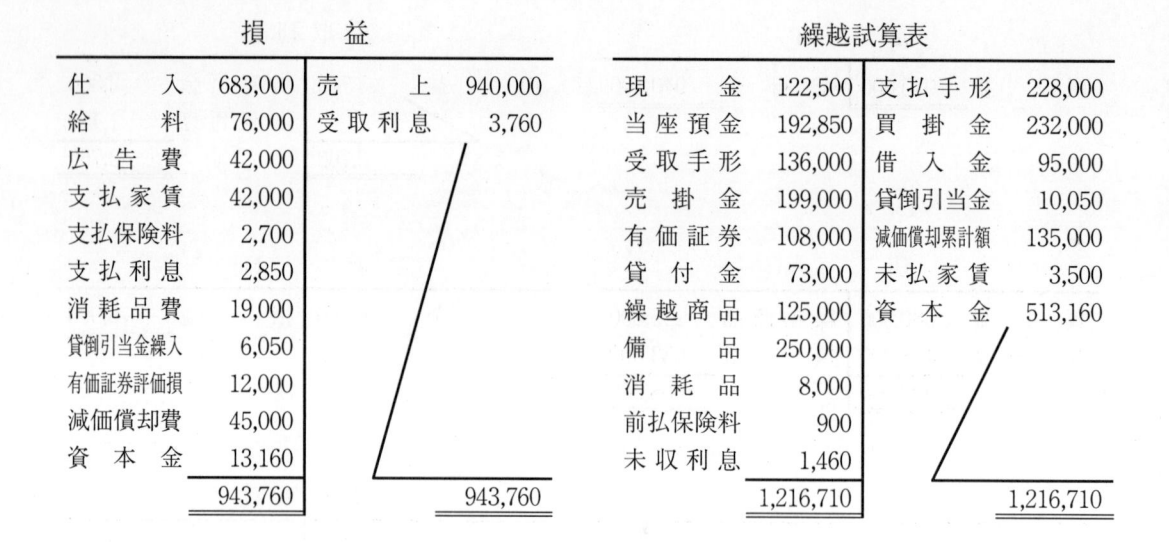

損　　　益				繰越試算表			
仕　　　入	683,000	売　　　上	940,000	現　　　金	122,500	支払手形	228,000
給　　　料	76,000	受取利息	3,760	当座預金	192,850	買　掛　金	232,000
広　告　費	42,000			受取手形	136,000	借　入　金	95,000
支払家賃	42,000			売　掛　金	199,000	貸倒引当金	10,050
支払保険料	2,700			有価証券	108,000	減価償却累計額	135,000
支払利息	2,850			貸　付　金	73,000	未払家賃	3,500
消耗品費	19,000			繰越商品	125,000	資　本　金	513,160
貸倒引当金繰入	6,050			備　　　品	250,000		
有価証券評価損	12,000			消　耗　品	8,000		
減価償却費	45,000			前払保険料	900		
資　本　金	13,160			未収利息	1,460		
	943,760		943,760		1,216,710		1,216,710

3　大陸式決算法（大陸式締切法）

　大陸式決算法が英米式決算法と異なるのは，資産，負債，純資産勘定の締切について，残高勘定ないしは決算残高勘定という集合勘定を開設して，仕訳を通じて行うという点である。資産，負債および純資産に属する各勘定の貸借差額を残高勘定に振り替える手続を残高振替手続という。いま，資産，負債，純資産（個人企業の場合，資本金）の集合勘定への振替仕訳と転記の一例を示すと次のとおりである。

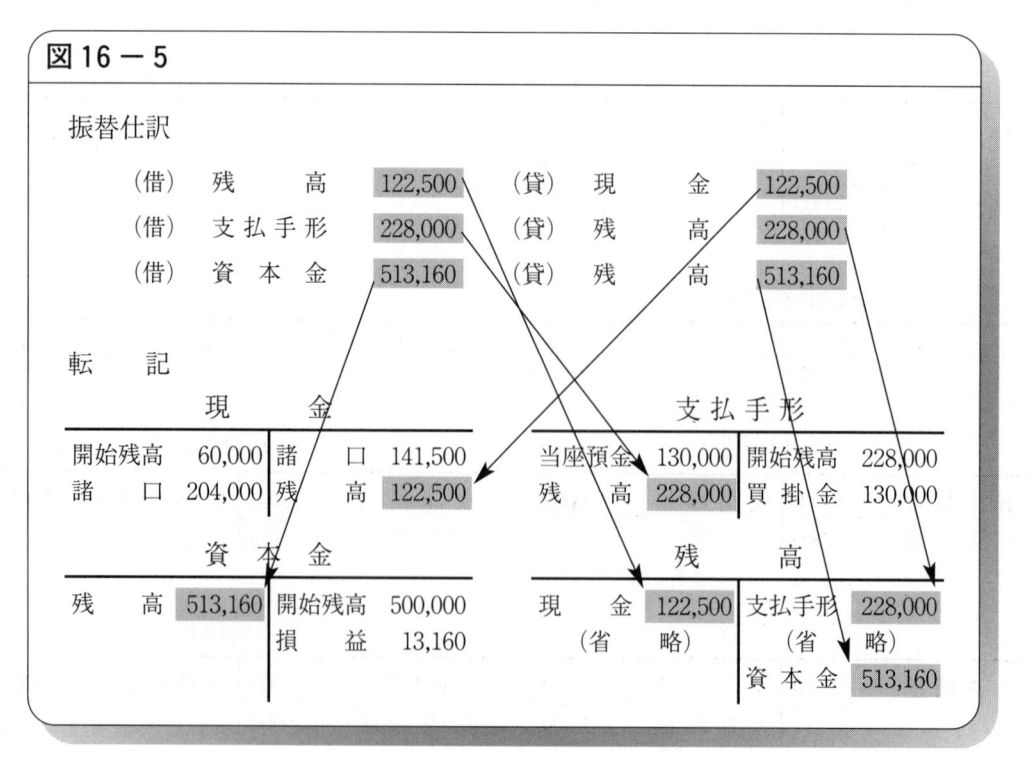

図16－5

振替仕訳

　（借）　残　　　高　122,500　　（貸）　現　　　金　122,500
　（借）　支　払　手　形　228,000　　（貸）　残　　　高　228,000
　（借）　資　本　金　513,160　　（貸）　残　　　高　513,160

転記

現　　　金			
開始残高	60,000	諸　　口	141,500
諸　　口	204,000	残　　高	122,500

支払手形			
当座預金	130,000	開始残高	228,000
残　　高	228,000	買　掛　金	130,000

資　本　金			
残　　高	513,160	開始残高	500,000
		損　　益	13,160

残　　　高			
現　　　金	122,500	支払手形	228,000
（省　　略）		（省　　略）	
		資　本　金	513,160

大陸式決算法の手続の流れは，次のとおりである。

はじめに，英米式決算法の場合と同様に，収益および費用に属する各勘定の貸借差額を損益勘定に振り替えて締切る（損益振替手続）。次に，損益勘定において当期純利益（または当期純損失）が貸借差額として計算して締切り，この計算された当期純利益（または当期純損失）を損益勘定から資本金勘定に振り替える（資本振替手続）。

最後に資産，負債および純資産に属する各勘定の貸借差額を残高勘定に振り替えて締切る（残高振替手続）。

資産，負債，純資産の残高については，相手勘定として集合勘定である開始残高勘定を開設して，次期の最初の日付で開始仕訳を行い，取引を再開する。（なお，開始残高勘定を省略して借方に資産，貸方に負債と純資産を，それぞれ対置する方法もある。この場合の摘要欄は前期繰越となる。）

資産，負債および純資産についての締切と繰越の手続および開始仕訳を例示すると，次のとおりになる。

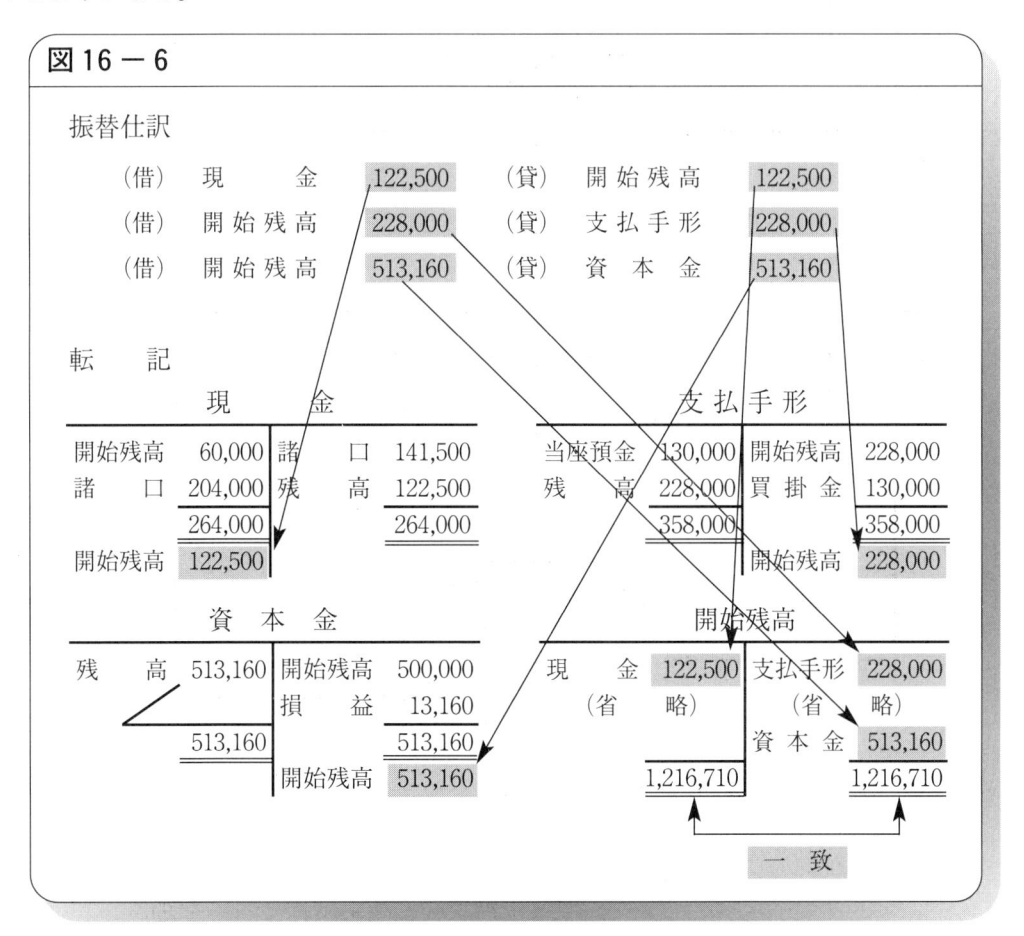

図16-6

振替仕訳

(借) 現　　金　122,500　(貸) 開 始 残 高　122,500
(借) 開 始 残 高　228,000　(貸) 支 払 手 形　228,000
(借) 開 始 残 高　513,160　(貸) 資　本　金　513,160

転　記

現　金

開始残高	60,000	諸　口	141,500
諸　口	204,000	残　高	122,500
	264,000		264,000
開始残高	122,500		

支払手形

当座預金	130,000	開始残高	228,000
残　高	228,000	買掛金	130,000
	358,000		358,000
		開始残高	228,000

資本金

残　高	513,160	開始残高	500,000
		損　益	13,160
	513,160		513,160
		開始残高	513,160

開始残高

現　金	122,500	支払手形	228,000
（省　略）		（省　略）	
		資本金	513,160
	1,216,710		1,216,710

一致

なお，開始残高勘定は貸借が一致するので，勘定残高（貸借差額）はゼロとなる。期中では，転記されることがないため，期首の状態で決算を迎え，締切られることになる。

大陸式決算法と英米式決算法を比較すると，次のようなことがいえる。すなわち，英米式決算法は，残高勘定への振替仕訳と開始仕訳を行わないことから，きわめて効率的な方法であり，勘定口座の多いときほど手数を節約できる。これに対して，大陸式決算法は，すべての総勘定元帳への記入が仕訳帳から転記されるという複式簿記の原則が一貫して守られていることになる。

いま，大陸式決算法による諸振替手続の全体の流れを図示すると，次のようになる。

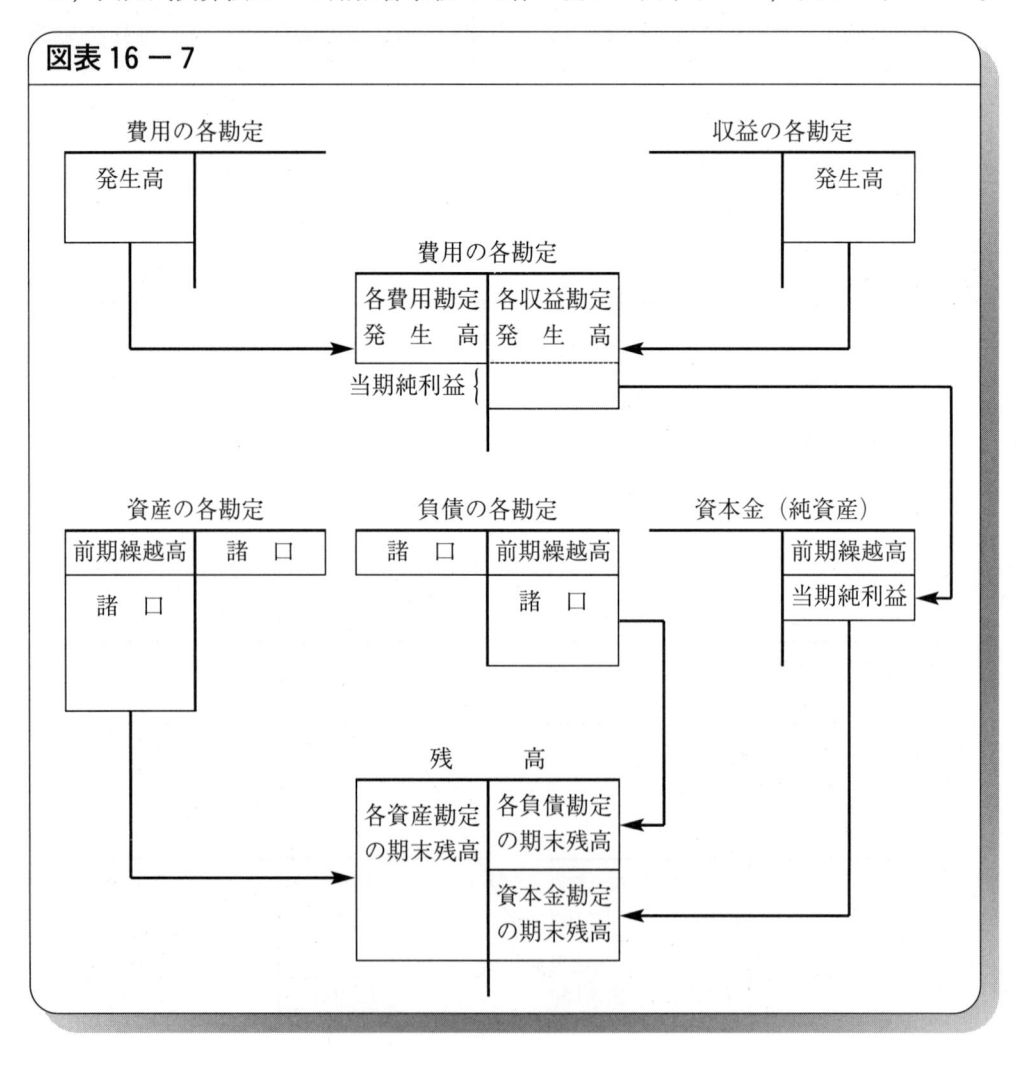

図表16－7

費用の各勘定		収益の各勘定
発生高		発生高

費用の各勘定
各費用勘定発生高	各収益勘定発生高
当期純利益	

資産の各勘定	負債の各勘定	資本金（純資産）
前期繰越高 ／ 諸口	諸口 ／ 前期繰越高	前期繰越高
諸口	諸口	当期純利益

残　高
各資産勘定の期末残高	各負債勘定の期末残高
	資本金勘定の期末残高

設例 16-2

第15章の設例の飛鳥商店の締切に必要な振替仕訳を示し、決算整理後の各勘定を締切なさい（大陸式決算法）。また、開始仕訳および開始残高勘定も作成しなさい。

解答

振替仕訳
　損益振替仕訳

（借）	売　　　上	940,000	（貸）	損　　　益	943,760
	受 取 利 息	3,760			
（借）	損　　　益	930,600	（貸）	仕　　　入	683,000
				給　　　料	76,000
				広 告 費	42,000
				支 払 家 賃	42,000
				支払保険料	2,700
				支 払 利 息	2,850
				消 耗 品 費	19,000
				貸倒引当金繰入	6,050
				有価証券評価損	12,000
				減価償却費	45,000

資本振替仕訳

（借）	損　　　益	13,160	（貸）	資 本 金	13,160

残高振替仕訳

（借）	残　　　高	1,216,710	（貸）	現　　　金	122,500
				当 座 預 金	192,850
				受 取 手 形	136,000
				売 掛 金	199,000
				有 価 証 券	108,000
				貸 付 金	73,000
				繰 越 商 品	125,000
				備　　　品	250,000
				消 耗 品	8,000
				前払保険料	900
				未 収 利 息	1,460

(借)	支 払 手 形	228,000		(貸)	残　　　高	703,550	
	買　掛　金	232,000					
	借　入　金	95,000					
	貸倒引当金	10,050					
	減価償却累計額	135,000					
	支 払 家 賃	3,500					
(借)	資　本　金	513,160		(貸)	残　　　高	513,160	

総勘定元帳

現　金
開 始 残 高	60,000	諸　　　口	141,500
諸　　　口	204,000	残　　　高	122,500
	264,000		264,000
開 始 残 高	122,500		

当座預金
開 始 残 高	172,000	諸　　　口	696,450
諸　　　口	717,300	残　　　高	192,850
	889,300		889,300
開 始 残 高	192,850		

受取手形
開 始 残 高	165,000	現　　　金	94,000
売　掛　金	310,000	当 座 預 金	245,000
		残　　　高	136,000
	475,000		475,000
開 始 残 高	136,000		

売掛金
開 始 残 高	234,000	現　　　金	110,000
売　　　上	940,000	当 座 預 金	470,000
		受 取 手 形	310,000
		買　掛　金	80,000
		貸倒引当金	5,000
		残　　　高	199,000
	1,174,000		1,174,000
開 始 残 高	199,000		

有価証券
開 始 残 高	120,000	有価証券評価損	12,000
		残　　　高	108,000
	120,000		120,000
開 始 残 高	108,000		

貸付金
開 始 残 高	73,000	残　　　高	73,000
開 始 残 高	73,000		

繰越商品
開 始 残 高	128,000	仕　　　入	128,000
仕　　　入	125,000	残　　　高	125,000
	253,000		253,000
開 始 残 高	125,000		

備品
開 始 残 高	250,000	残　　　高	250,000
開 始 残 高	250,000		

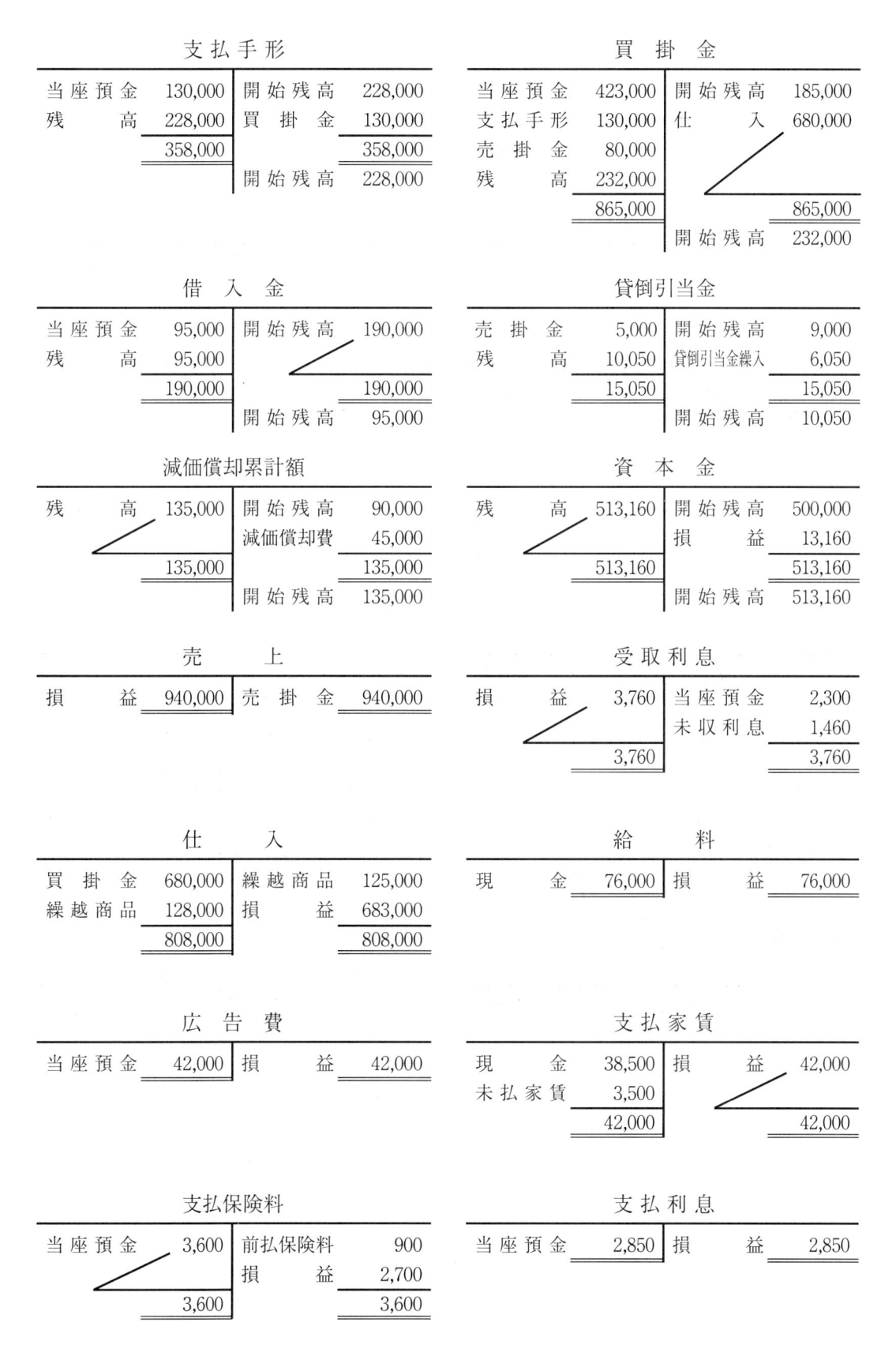

支払手形			
当座預金	130,000	開始残高	228,000
残　高	228,000	買掛金	130,000
	358,000		358,000
		開始残高	228,000

買掛金			
当座預金	423,000	開始残高	185,000
支払手形	130,000	仕入	680,000
売掛金	80,000		
残　高	232,000		
	865,000		865,000
		開始残高	232,000

借入金			
当座預金	95,000	開始残高	190,000
残　高	95,000		
	190,000		190,000
		開始残高	95,000

貸倒引当金			
売掛金	5,000	開始残高	9,000
残　高	10,050	貸倒引当金繰入	6,050
	15,050		15,050
		開始残高	10,050

減価償却累計額			
残　高	135,000	開始残高	90,000
		減価償却費	45,000
	135,000		135,000
		開始残高	135,000

資本金			
残　高	513,160	開始残高	500,000
		損益	13,160
	513,160		513,160
		開始残高	513,160

売上			
損益	940,000	売掛金	940,000

受取利息			
損益	3,760	当座預金	2,300
		未収利息	1,460
	3,760		3,760

仕入			
買掛金	680,000	繰越商品	125,000
繰越商品	128,000	損益	683,000
	808,000		808,000

給料			
現金	76,000	損益	76,000

広告費			
当座預金	42,000	損益	42,000

支払家賃			
現金	38,500	損益	42,000
未払家賃	3,500		
	42,000		42,000

支払保険料			
当座預金	3,600	前払保険料	900
		損益	2,700
	3,600		3,600

支払利息			
当座預金	2,850	損益	2,850

消耗品費

現 金	27,000	消 耗 品	8,000
		損 益	19,000
	27,000		27,000

貸倒引当金繰入

貸倒引当金	6,050	損 益	6,050

有価証券評価損

有価証券	12,000	損 益	12,000

減価償却費

減価償却累計額	45,000	損 益	45,000

消 耗 品

消耗品費	8,000	残 高	8,000
開始残高	8,000		

未 収 利 息

受取利息	1,460	残 高	1,460
開始残高	1,460		

未 払 家 賃

残 高	3,500	支払家賃	3,500
		開始残高	3,500

前払保険料

支払保険料	900	残 高	900
開始残高	900		

損 益

仕 入	683,000	売 上	940,000
給 料	76,000	受取利息	3,760
広 告 費	42,000		
支払家賃	42,000		
支払保険料	2,700		
支払利息	2,850		
消耗品費	19,000		
貸倒引当金繰入	6,050		
有価証券評価損	12,000		
減価償却費	45,000		
資 本 金	13,160		
	943,760		943,760

繰越試算表

現 金	122,500	支払手形	228,000
当座預金	192,850	買 掛 金	232,000
受取手形	136,000	借 入 金	95,000
売 掛 金	199,000	貸倒引当金	10,050
有価証券	108,000	減価償却累計額	135,000
貸 付 金	73,000	未払家賃	3,500
繰越商品	125,000	資 本 金	513,160
備 品	250,000		
消 耗 品	8,000		
前払保険料	900		
未収利息	1,460		
	1,216,710		1,216,710

開始仕訳

（借）	現　　　金	122,500		（貸）	開 始 残 高	1,216,710	
	当 座 預 金	192,850					
	受 取 手 形	136,000					
	売 掛 金	199,000					
	有 価 証 券	108,000					
	貸 付 金	73,000					
	繰 越 商 品	125,000					
	備　　　品	250,000					
	消 耗 品	8,000					
	前 払 保 険 料	900					
	未 収 利 息	1,460					
（借）	開 始 残 高	1,216,710		（貸）	支 払 手 形	228,000	
					買 掛 金	232,000	
					借 入 金	95,000	
					貸 倒 引 当 金	10,050	
					減価償却累計額	135,000	
					未 払 家 賃	3,500	
					資 本 金	513,160	

開 始 残 高

支 払 手 形	228,000	現　　　金	122,500	
買 掛 金	232,000	当 座 預 金	192,850	
借 入 金	95,000	受 取 手 形	136,000	
貸 倒 引 当 金	10,050	売 掛 金	199,000	
減価償却累計額	135,000	有 価 証 券	108,000	
未 払 家 賃	3,500	貸 付 金	73,000	
資 本 金	513,160	繰 越 商 品	125,000	
		備　　　品	250,000	
		消 耗 品	8,000	
		前 払 保 険 料	900	
		未 収 利 息	1,460	

練 習 問 題

練習問題 16 − 1
次の勘定記録によって，決算振替仕訳を示し，各勘定に転記を行うとともに，総勘定元帳を締切りなさい。（英米式決算法）

【解答欄】

繰 越 商 品			
前期繰越	830,000	仕　　入	830,000
仕　　入	780,000		

資 本 金			
		前期繰越	3,000,000

売　　　上			
		諸　　口	6,000,000

受 取 利 息			
		諸　　口	250,000

仕　　　入			
諸　　口	4,800,000	繰越商品	780,000
繰越商品	830,000		

給　　　料			
諸　　口	330,000		

広 告 費			
諸　　口	270,000		

貸倒引当金繰入			
貸倒引当金	50,000		

損　　　益			

減価償却費			
減価償却累計額	80,000		

消 耗 品 費			
諸　　口	320,000	消耗品	40,000

仕　訳
（借）　　　　　　　　　　　　　　　（貸）

（借）　　　　　　　　　　　　　　　（貸）

（借）　　　　　　　　　　　　　　　（貸）

練習問題 16 － 2
　次の決算整理後残高試算表に基づき，帳簿決算に必要な振替仕訳を行うとともに，損益勘定および残高勘定を完成させなさい。

決算整理後残高試算表

現　　　　　金	150,000	支　払　手　形	830,000
当　座　預　金	370,000	買　　掛　　金	610,000
受　取　手　形	920,000	貸　倒　引　当　金	88,000
売　　掛　　金	840,000	減価償却累計額	270,000
繰　越　商　品	290,000	資　　本　　金	1,300,000
備　　　　　品	750,000	売　　　　　上	1,900,000
仕　　　　　入	1,200,000	受　取　手　数　料	130,000
営　　業　　費	450,000	受　取　利　息	15,000
支　払　利　息	30,000		
貸倒引当金繰入	8,000		
減　価　償　却　費	135,000		
	5,143,000		5,143,000

【解答欄】

仕　訳

　損益振替仕訳
　　（借）　　　　　　　　　　　　（貸）

　　（借）　　　　　　　　　　　　（貸）

　資本振替仕訳
　　（借）　　　　　　　　　　　　（貸）

　残高振替仕訳
　　（借）　　　　　　　　　　　　（貸）

　　（借）　　　　　　　　　　　　（貸）

練習問題 16 − 3

期末の総勘定元帳の勘定記録と決算整理事項によって，決算に必要な仕訳を行い，転記して総勘定元帳を締切りなさい（開始記入は省略）。また，繰越試算表も作成すること。

① 期末商品棚卸高　¥317,000
② 備品減価償却高　取得原価の10%
③ 貸倒引当金　売掛金残高の2％に訂正
④ 利息未払高　¥3,000
⑤ 保険料の未経過高　¥9,000

【解答欄】
仕　訳
　①（借）　　　　　　　　　　　　　　　（貸）

　②（借）　　　　　　　　　　　　　　　（貸）

　③（借）　　　　　　　　　　　　　　　（貸）

　④（借）　　　　　　　　　　　　　　　（貸）

　⑤（借）　　　　　　　　　　　　　　　（貸）

現　　金		売　掛　金	
565,000	348,000	840,000	620,000

繰　越　商　品		備　　品	
283,000		200,000	

		買　掛　金	
		428,000	675,000

貸倒引当金	
600	1,000

減価償却累計額	
	20,000

資　本　金	
	550,000

売　　上	
3,000	957,000

仕　　入	
715,000	

支払保険料	
41,000	

支　払　利　息	
13,000	

営　業　費	
82,400	

減価償却費

貸倒引当金繰入

前払保険料

未　払　利　息

損　　益

<u>繰越試算表</u>

借　方	勘定項目	貸　方

第17章

決 算（その3）
財務諸表の作成

1　財務諸表の作成

　総勘定元帳を締切り，帳簿上での決算手続が終了すると，次に財務諸表の作成が行われる。財務諸表は企業外部の利害関係者に報告され，それぞれの意思決定に役立てられる。なお，財務諸表には，損益計算書，貸借対照表，キャッシュフロー計算書，株主資本等変動計算書，付属明細書がある。この中で主要な財務諸表は，企業の財政状態を明らかにする目的で作成される貸借対照表と，企業の経営成績を明らかにする目的で作成される損益計算書である。英米式決算法を採用している場合には，総勘定元帳上の損益勘定と繰越試算表を基礎として損益計算書と貸借対照表が作成される。また大陸式決算法を採用している場合には，損益勘定と残高勘定を基礎として損益計算書と貸借対照表が作成される。

2　財務諸表の様式

　財務諸表は企業外部の利害関係者に報告されるため，明瞭かつ分かりやすい形で作成される必要がある。このため，財務諸表では，科目の名称，配列，区分，様式などに工夫がなされる。例えば，財務諸表の様式には勘定式と報告式がある。勘定式は，総勘定元帳の勘定と同じく借方科目と貸方科目を左右対称に表示する様式である。

　勘定式の損益計算書および貸借対照表の概略を示すと，次のとおりである。

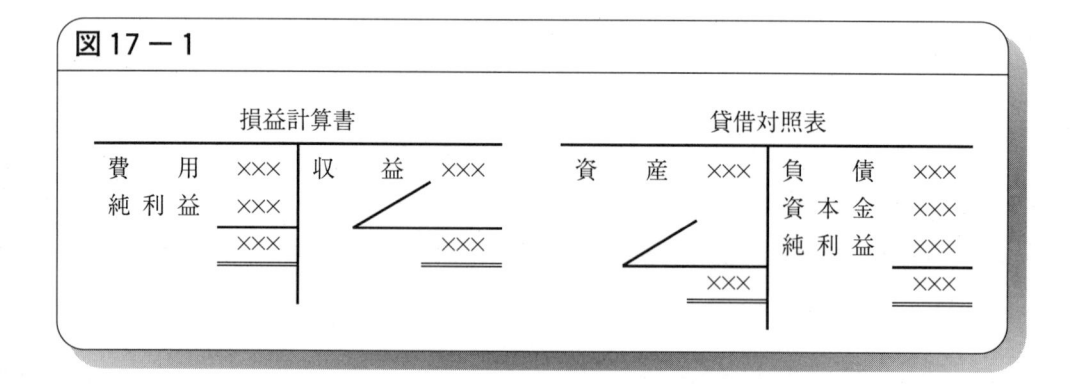

図17－1

損益計算書				貸借対照表			
費　用	×××	収　益	×××	資　産	×××	負　債	×××
純利益	×××					資本金	×××
						純利益	×××
	×××		×××		×××		×××

勘定式の損益計算書は左側に費用が，右側に収益がそれぞれ記載される。また，勘定式の貸借対照表は左側に資産が，右側に負債および純資産（資本金と純利益）がそれぞれ記載される。

　他方，報告式は縦型に表示する様式である。報告式の損益計算書の場合には，収益から費用が控除される形で記載され，貸借対照表の場合には，資産，負債，純資産（資本金と純利益）の順で上から下に向かって項目が記載される。

　報告式の損益計算書および貸借対照表の概略を示すと，次のとおりである。

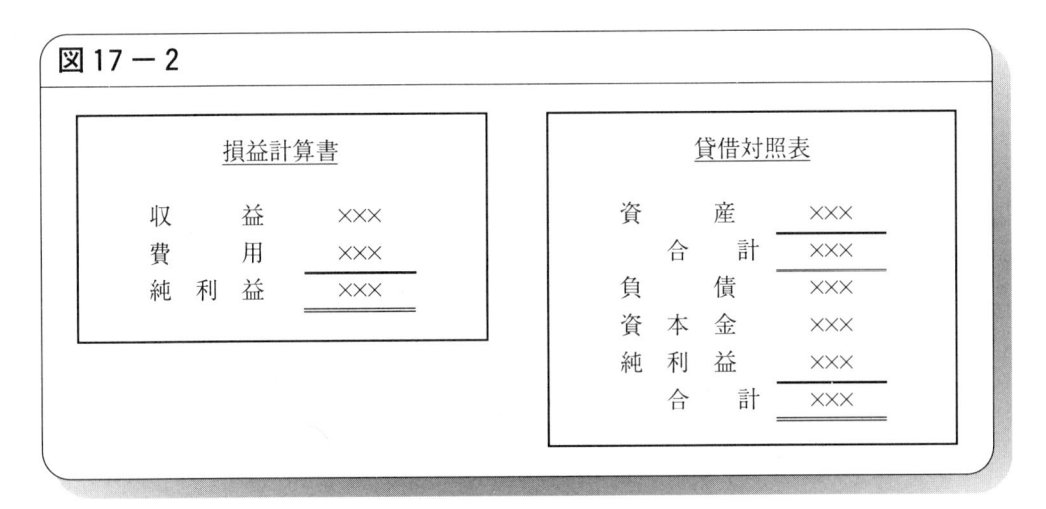

図17－2

損益計算書	
収　　　益	×××
費　　　用	×××
純　利　益	×××

貸借対照表	
資　　　産	×××
合　　計	×××
負　　　債	×××
資　本　金	×××
純　利　益	×××
合　　計	×××

　なお，損益計算書では利益の発生原因と計算の過程を明らかにするという意味で報告式が分かりやすい。他方，貸借対照表については，財政状態を見るために資産と負債の比較を行うという意味で勘定式のほうが適しているといえる。また，後述するように，企業の経営成績や財政状態をより明瞭に示すために類似した性質をもつ科目ごとに分類して配列する区分式の財務諸表も，財務諸表の利用者の理解を助けるものになる。

　いま，勘定式による財務諸表の一例を示すと，次のとおりである。

第17章　決算（その3）財務諸表の作成

図17-3

損　益　計　算　書
平成○年1月1日から平成○年12月31日まで

費　　用	金　　額	収　　益	金　　額
売 上 原 価	×××	売 上 高	×××
給　　　　料	×××	受 取 手 数 料	×××
支 払 家 賃	×××	受 取 利 息	×××
支 払 保 険 料	×××		
貸倒引当金繰入	×××		
減 価 償 却 費	×××		
有価証券評価損	×××		
支 払 利 息	×××		
当 期 純 利 益	×××		
	×××		×××

貸　借　対　照　表
平成○年12月31日

資　　産	金　　額	負債・純資産	金　　額
現　　　　金	×××	支 払 手 形	×××
当 座 預 金	×××	買 掛 金	×××
受取手形　×××		借 入 金	×××
貸倒引当金　×××	×××	未 払 費 用	×××
売掛金　×××		資 本 金	×××
貸倒引当金　×××	×××	当 期 純 利 益	×××
有 価 証 券	×××		
商　　　　品	×××		
前 払 費 用	×××		
備　品　×××			
減価償却累計額　×××	×××		
	×××		×××

財務諸表の科目名は，財務諸表の利用者に分かりやすくするため，必ずしも総勘定元帳に開設されている勘定科目と一致しないことがある。例えば，総勘定元帳の仕入は，損益計算書上では「売上原価」，売上は「売上高」という科目で表示され，繰越商品勘定は貸借対照表上では「商品」という科目で表示されることが多い。さらに，前払保険料，前払家賃などのように同種の経過勘定項目について金額が少額であれば，「前払費用」などの科目に統合したほうが財務諸表の利用者に分かりやすくなる。

また，外部に報告される貸借対照表を作成する場合は，総勘定元帳上の残高勘定とは異なり，貸倒引当金や減価償却累計額のような評価項目はその対象となる資産から控除される形で表示される。貸倒引当金は，売上債権（受取手形や売掛金）から，減価償却累計額は固定資産（備品など）から控除する形式で表示した方が，財務諸表の利用者に分かりやすいためである。

設例 17-1

平成○年12月31日の飛鳥商店の決算整理後の勘定残高は次に示すとおりである。この資料より勘定式の損益計算書と貸借対照表を作成しなさい。

現　　　　　金	122,500	当　座　預　金	192,850	受　取　手　形	136,000
売　　掛　　金	199,000	有　価　証　券	120,000	貸　　付　　金	73,000
繰　越　商　品	125,000	消　　耗　　品	8,000	備　　　　　品	250,000
前　払　保　険　料	900	未　収　利　息	1,460	貸　倒　引　当　金	10,050
減価償却累計額	135,000	支　払　手　形	228,000	買　　掛　　金	232,000
借　　入　　金	95,000	資　　本　　金	500,000	売　　　　　上	940,000
受　取　利　息	3,760	仕　　　　　入	683,000	給　　　　　料	76,000
広　　告　　費	42,000	支　払　家　賃	42,000	支　払　保　険　料	2,700
支　払　利　息	2,850	消　耗　品　費	19,000	貸倒引当金繰入	6,050
有価証券評価損	12,000	減　価　償　却　費	45,000		

ただし，貸倒引当金は売上債権の3％で設定している。

解　答

損　益　計　算　書
平成○年1月1日から平成○年12月31日まで

費　　用	金　　額	収　　益	金　　額
売 上 原 価	683,000	売 上 高	940,000
給　　　料	76,000	受 取 利 息	3,760
広 告 費	42,000		
支 払 家 賃	42,000		
支 払 保 険 料	2,700		
支 払 利 息	2,850		
消 耗 品 費	19,000		
貸倒引当金繰入	6,050		
減 価 償 却 費	45,000		
有価証券評価損	12,000		
当 期 純 利 益	**13,160**		
	943,760		943,760

貸　借　対　照　表
平成○年12月31日

資　　産	金　　額	負債・純資産	金　　額
現　　　　　金	122,500	支 払 手 形	228,000
当 座 預 金	192,850	買 掛 金	232,000
受取手形 136,000		借 入 金	95,000
貸倒引当金 4,080	131,920	未 払 費 用	3,500
売 掛 金 199,000		資 本 金	500,000
貸倒引当金 5,970	193,030	当 期 純 利 益	13,160
有 価 証 券	108,000		
貸 付 金	73,000		
商　　　　品	125,000		
消 耗 品	8,000		
前 払 費 用	900		
未 収 収 益	1,460		
備　　品 250,000			
減価償却累計額 135,000	115,000		
	1,071,660		1,071,660

3 財務諸表の区分表示

（1）損益計算書の区分表示

　損益計算書に収益および費用に属する勘定科目をそれぞれ一括して計上するよりも，そこにいくつかの区分表示を設けて，収益と費用を発生原因別に対応表示させるほうが財務諸表の利用者には分かりやすい。そのため損益計算書では次のような区分表示がなされる。

　はじめに，当期に発生したすべての収益と費用は経常的に発生する収益と費用である経常損益と臨時的に発生した収益や費用である特別損益に分類される。

　次に経常損益は営業損益と営業外損益に分類される。経常損益は企業の主たる営業活動に関連した収益と費用であり，営業外損益は企業の主たる営業活動以外の活動，例えば，財務活動や投資活動などの活動に関連して発生した収益と費用である。

　営業損益の区分では，まず売上総利益（または売上総損失）が計算される。売上総利益は，売上高に代表される営業収益から売上原価（期首商品棚卸高に当期仕入高を加算し，そこから期末商品棚卸高を減算して計算）を減算して計算される。さらに，売上総利益から販売費および一般管理費を減算して営業利益が計算される。販売費および一般管理費は，企業の営業活動を行うために不可避的に生じる販売活動および管理活動にともなう経費である。

　続いて，営業利益に営業外収益を加算して営業外費用を減算すると，経常利益が計算される。最後に経常利益に特別利益を加算，特別損失を減算することで当期純利益が計算される。報告式の様式で区分式の損益計算書を例示したのが次の図である。

図17-4

損 益 計 算 書
平成〇年1月1日から平成〇年12月31日

経常損益	営業損益	I 売　上　高　　　　　　　　　　　　　　　××× II 売　上　原　価 　　　期首商品棚卸高　　××× 　　　当 期 仕 入 高　　××× 　　　合　　　計　　　　××× 　　　期末商品棚卸高　　×××　　××× 　　　売 上 総 利 益　　　　　　××× III 販売費および一般管理費 　　　……　　　　　　×××　　××× 　　　営　業　利　益　　　　　　×××
	営業外損益	IV 営　業　外　収　益 　　　……　　　　　　×××　　××× V 営　業　外　費　用 　　　……　　　　　　×××　　××× 　　　経　常　利　益　　　　　　×××
特別損益		VI 特　別　利　益 　　　……　　　　　　×××　　××× VII 特　別　損　失 　　　……　　　　　　×××　　××× 　　　当 期 純 利 益　　　　　　×××

（2）貸借対照表の区分表示

　貸借対照表についても，財務諸表の利用者に対する利便性，特に財務安全性の分析を考慮して，次のような区分表示がなされる。

　貸借対照表は，まず資産と負債と純資産に区分される。資産は，流動資産，固定資産，繰延資産の3つに区分される。流動資産と固定資産の区分は，正常営業循環基準と1年基準によりなされる。

　正常営業循環基準とは，営業循環過程，すなわち仕入れから販売に至る企業の営業活動過程において生ずる資産や負債をそれぞれ流動資産，流動負債に分類する基準である。1年基準とは，決算日の翌日から1年以内に消費，換金される資産を流動資産，それ以外の長期間使用するものを固定資産に分類し，1年以内に返済期限が到来する負債を流動負債，それ以外の長期の負債を固定負債に分類する基準である。

　固定資産は，企業内部で主たる企業活動に利用されるものと，企業外部に資金が投じら

れるものに分類できる。前者は内部投資であり，実態のある資産である有形固定資産と実態のない資産である無形固定資産に区分できる。後者は外部投資であり，投資その他の資産として区分される。

　繰延資産は，当期以前に支払いを済ませたにも関わらず，その支出の効果が将来に渡って発現するものについて，その効果が発現する将来の会計期間と対応させるために資産として計上する項目であり，譲渡性が認められないことから流動資産や固定資産とは本質を異にするものである。

　他方，負債は上述した正常営業循環基準と1年基準により流動負債と固定負債に区分される。

　最後に純資産は，資本金と当期純利益に区分される。資本金は期首の元手に期中における追加出資を加算し，引出金を減算したものであり，当期純利益は期中の収益と費用の差額であり，総勘定元帳上の損益勘定の貸借差額である。

　以上のような貸借対照表の区分表示を図示すると次のとおりである。

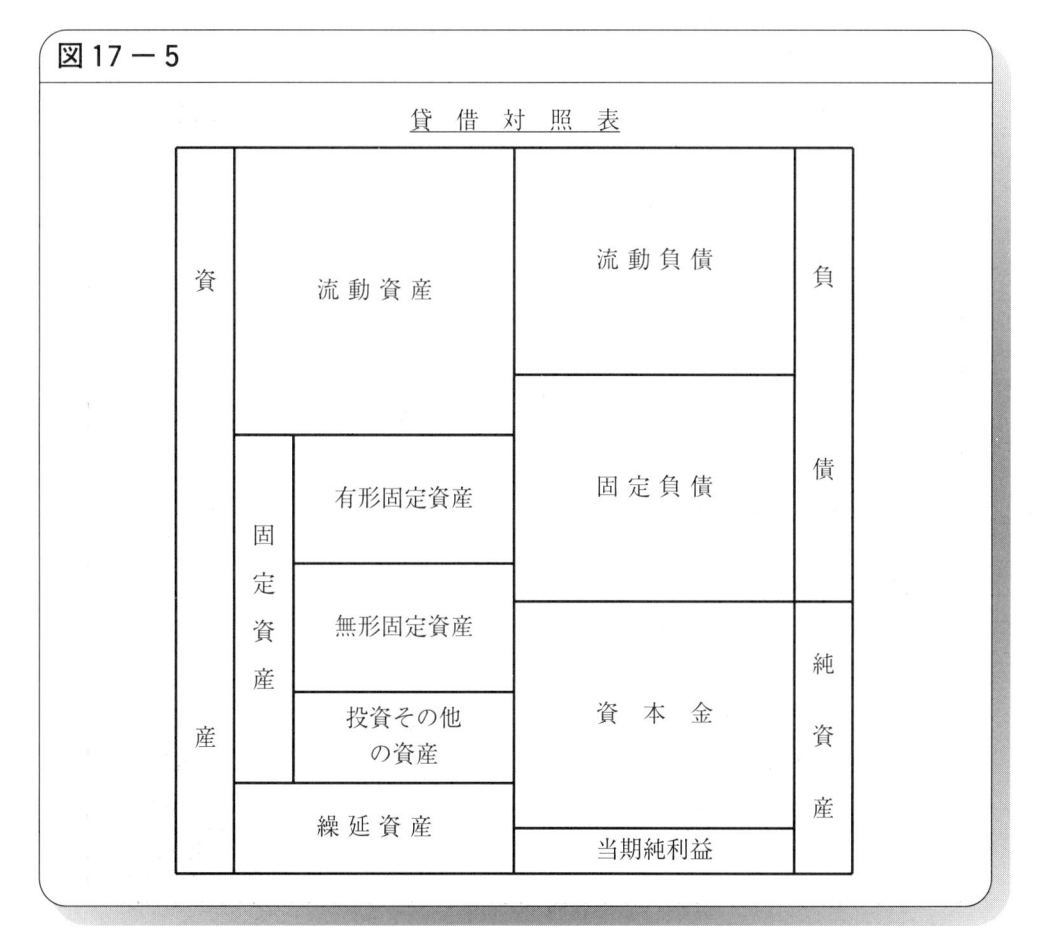

図17－5

貸借対照表

資産	流動資産	流動負債	負債
	固定資産：有形固定資産／無形固定資産／投資その他の資産	固定負債	
		資本金	純資産
	繰延資産	当期純利益	

設例 17-2

設例17-1の飛鳥商店の損益計算書と貸借対照表を，区分表示された報告式で作成しなさい。ただし，貸付金はすべて短期借入金，借入金はすべて長期借入金とする。

解答

損 益 計 算 書
平成○年1月1日から平成○年12月31日

Ⅰ	売 上 高		940,000
Ⅱ	売 上 原 価		
	期首商品棚卸高	128,000	
	当 期 仕 入 高	680,000	
	合　　　計	808,000	
	期末商品棚卸高	125,000	683,000
	売 上 総 利 益		257,000
Ⅲ	販売費および一般管理費		
	給　　　料	76,000	
	広　告　費	42,000	
	支 払 家 賃	42,000	
	支 払 保 険 料	2,700	
	消 耗 品 費	19,000	
	貸倒引当金繰入	6,050	
	減 価 償 却 費	45,000	232,750
	営 業 利 益		24,250
Ⅳ	営業外収益		
	受 取 利 息	3,760	3,760
Ⅴ	営業外費用		
	支 払 利 息	2,850	
	有価証券評価損	12,000	14,850
	経 常 利 益		13,160
	当 期 純 利 益		13,160

貸 借 対 照 表

平成○年12月31日

資産の部

流 動 資 産			
現　　　　金			122,500
当 座 預 金			192,850
受 取 手 形		136,000	
貸 倒 引 当 金		4,080	131,920
売　掛　金		199,000	
貸 倒 引 当 金		5,970	193,030
有 価 証 券			108,000
貸　付　金			73,000
商　　　　品			125,000
消　耗　品			8,000
前 払 費 用			900
未 収 収 益			1,460
流動資産合計			956,660
固 定 資 産			
備　　　　品		250,000	
減価償却累計額		135,000	115,000
固定資産合計			115,000
資 産 合 計			1,071,660

負債の部

流 動 負 債			
支 払 手 形			228,000
買　掛　金			232,000
未 払 費 用			3,500
流動負債合計			463,500
固 定 負 債			
借　入　金			95,000
固定負債合計			95,000
負 債 合 計			558,500

純資産の部

資　本　金			500,000
当 期 純 利 益			13,160
純資産合計			513,160
負債・純資産合計			1,071,660

練 習 問 題

練習問題 17－1

次の元帳勘定残高および決算整理事項により損益計算書と貸借対照表を作成しなさい。

元帳勘定残高

現	金	150,000	当 座 預 金	470,000	受 取 手 形	720,000
売 掛 金	960,000	貸 倒 引 当 金	13,500	繰 越 商 品	330,000
備 品	656,000	支 払 手 形	490,000	買 掛 金	540,000
資 本 金	2,000,000	引 出 金	42,000	売 上	7,900,000
受 取 手 数 料	350,000	仕 入	6,200,000	給 料	910,000
支 払 家 賃	600,000	水 道 光 熱 費	255,500		

決算整理事項

(1) 期末商品棚卸高　¥270,000
(2) 貸倒引当金　売掛金残高に対し3％の貸倒引当金を設定する（差額補充法）。
(3) 備品減価償却高　下記の資料に基づいて定額法により各自計算しなさい。直接法によること。

　　取得原価　¥800,000　残存価額　取得原価の10％　耐用年数5年
(4) 現金実際有高　¥170,000　帳簿残高との差額は，受取手数料の記入漏れであることがわかった。
(5) 引出金は整理する。

【解答欄】

損 益 計 算 書
平成○年1月1日から平成○年12月31日

費　　用	金　額	収　益	金　額
売 上 原 価		売 上 高	
給 料		受 取 手 数 料	
支 払 家 賃			
水 道 光 熱 費			

貸 借 対 照 表

平成○年12月31日

資　産	金　額	負債・純資産	金　額
現　　　金		支 払 手 形	
当 座 預 金		買　掛　金	
受 取 手 形		資　本　金	
売 掛 金			
貸倒引当金			
商　　　品			
備　　　品			

練習問題 17 － 2

八木商店の当期末の残高試算表（Ⅰ）と決算整理事項（Ⅱ）にもとづいて，損益計算書と貸借対照表を作成しなさい。会計期間は1年間（1月1日〜12月31日）とする。

（Ⅰ）

残 高 試 算 表

平成○年12月31日

借方残高	勘 定 科 目	貸方残高
988,000	現　　　　金	
1,470,000	当 座 預 金	
1,600,000	受 取 手 形	
2,200,000	売 掛 金	
1,256,000	有 価 証 券	
1,320,000	繰 越 商 品	
2,000,000	備　　　　品	
	支 払 手 形	1,240,000
	買　掛　金	1,330,000
	貸 倒 引 当 金	16,000
	減価償却累計額	400,000
	資　本　金	7,500,000
	売　　　　上	12,700,000
	受 取 利 息	24,000
9,900,000	仕　　　　入	
1,840,000	給　　　　料	
450,000	支 払 家 賃	
186,000	通　信　費	
23,210,000		23,210,000

(Ⅱ) 決算整理事項
(1) 期末商品棚卸高　¥1,420,000
(2) 受取手形と売掛金の期末残高に対して2％の貸倒引当金を設定する（差額補充法）。
(3) 備品に対して定率法により減価償却を行う（残存価額10％，償却率は年20％）。
(4) 有価証券の利息¥12,000が未収である。
(5) 支払家賃は1年分で，経過期間は8ヶ月である。
(6) 通信費¥54,000が未払いである。
(7) 現金の実際有高は，¥1,020,000で差額は雑収入とする。

【解答欄】

損 益 計 算 書
平成○年1月1日から平成○年12月31日

費　用	金　額	収　益	金　額

貸 借 対 照 表
平成○年12月31日

資　産	金　額	負債・純資産	金　額

第18章

総合問題

1 仕　　　訳

以下の1-5について，仕訳を行いなさい。なお，勘定科目については，以下を用いること。

現金，当座預金，売掛金，受取手形，未収入金，繰越商品，積送品，試用品，未着品，売買目的有価証券，備品，諸資産，諸負債，備品減価償却累計額，未払金，資本金，合併差益，株式払込剰余金，未着品売上，試用品売上，有価証券利息，固定資産売却益，仕入，有価証券売却損，固定資産売却損

1．A社は，委託販売のため商品（仕入原価¥500，販売価格¥700）をB社へ発送し，運賃などの諸掛20を小切手を振り出して支払った。

2．X社は，かねて購入していた船荷証券¥500をY社へ¥800で転売し，代金のうち¥500は，Z社振出，Y社受取の約束手形を裏書譲渡され，残額は掛けとした。なお，これに伴う売上原価は，仕入勘定に振り替える。

3．額面¥100につき¥99で買い入れた社債（額面¥1,000,000。利率年5％）を，額面¥100につき¥98で売却し，代金は端数利息¥18,000と共に小切手で受け取った。なお，当該社債は，「売買目的有価証券」という勘定で資産計上されていたものとする。

4．L社は，N社を吸収合併し，普通株式400株（1株当りの発行価額¥50,000。全額を資本金へ組み入れる）を交付した。なお，合併によってL社が引き継いだN社の資産総額は¥32,000,000，負債総額は¥10,000,000だった（なお，これらは仕訳上，「諸資産」「諸負債」という勘定を用いて処理する）。

5．G社（決算日3/31）は平成10年4月1日に取得した備品（取得原価¥5,000,000）を平成12年3月31日に売却し，手取金¥1,200,000は4月末に受け取ることとした。なお，当該備品については，耐用年数5年の定率法（償却率0.369）によって償却し，間接法で記帳している。

【解答欄】

1．（借）　　　　　　　　　　　　　　（貸）
2．（借）　　　　　　　　　　　　　　（貸）
3．（借）　　　　　　　　　　　　　　（貸）
4．（借）　　　　　　　　　　　　　　（貸）
5．（借）　　　　　　　　　　　　　　（貸）

2 計算問題

【第1問】

次の資料より，期首純資産，期末純資産，期末商品，期間中の収益総額の各金額を求めなさい。

(1) 資産および負債

	（期　首）	（期　末）
現　　金	¥ 163,000	¥ 174,000
売　掛　金	1,500,000	1,600,000
商　　品	750,000	X
備　　品	570,000	610,000
買　掛　金	1,300,000	1,250,000

(2) 期間中の費用総額　　　　¥ 6,400,000
(3) 当期純利益　　　　　　　¥ 71,000

期首純資産	期末純資産	期末商品	収益総額
¥	¥	¥	¥

【第2問】

次の空欄①～⑥にあてはまる金額を計算しなさい。

	期首商品棚卸高	純仕入高	期末商品棚卸高	売上原価	純売上高	売上総利益	営業費	純利益
1	54,000	820,000	46,000	①	980,000	②	120,000	③
2	37,000	490,000	29,000	④	⑤	232,000	⑥	72,000

① ¥	② ¥	③ ¥
④ ¥	⑤ ¥	⑥ ¥

【第3問】

次の資料より，期首純資産，売上原価，当期純利益，期末負債の各金額を求めなさい。

(1) 期首資産 ¥ 8,400,000 （うち商品¥1,260,000） 期首負債 ¥ 5,900,000
(2) 期末資産 ¥ 9,700,000 （うち商品¥1,130,000） 期末負債 ¥   X
(3) 総売上高 ¥16,740,000　　　　　　　　　　　　売上値引・返品高 ¥ 140,000
(4) 総仕入高 ¥12,830,000　　　　　　　　　　　　仕入値引・返品高 ¥ 130,000
(5) 営 業 費 ¥ 2,675,000

期首純資産	売 上 原 価	当期純利益	期 末 負 債
¥	¥	¥	¥

【第4問】

次の資料により，期末純資産，純仕入高，当期純損失，追加元入高の各金額を求めなさい。

(1) 期首資産 ¥ 7,540,000 （うち商品¥350,000）　期首負債 ¥ 3,470,000
(2) 期末資産 ¥ 7,350,000 （うち商品¥410,000）　期末負債 ¥ 3,360,000
(3) 期間中の収益および費用
　　純 売 上 高 ¥12,840,000　受取手数料 ¥ 147,000　純 仕 入 高 ¥ 9,800,000
　　営 業 費 ¥ 3,460,000　支 払 利 息 ¥ 77,000
(4) 期間中の引出高 ¥120,000

期末純資産	純 仕 入 高	当期純損失	追加元入高
¥	¥	¥	¥

【第5問】

第5問 次の資料により，期末資本，売上総利益，当期純利益および費用総額の金額を求めなさい。

(1) 資産および負債

	（期　首）	（期　末）
現　　　　金	¥ 1,327,000	¥ 1,389,000
当 座 預 金	2,633,000	2,814,000
売 　掛 　金	4,520,000	5,130,000
商　　　　品	810,000	840,000
買 　掛 　金	4,150,000	4,130,000

(2) 期間中の商品売買取引

	総 売 上 高	￥22,710,000
	売 上 返 品 高	510,000
	総 仕 入 高	16,275,000
	仕 入 返 品 高	330,000

(3) 売上高を除く期間中の収益総額　￥290,000
(4) 期間中の引出高　￥180,000
(5) 期間中の追加元入高　￥350,000

期末純資産	売上総利益	当期純利益	費用総額
￥	￥	￥	￥

3 試算表

【第1問】

次の各取引を，月次合計試算表の（Ⅱ）の取引高欄にその金額を記入し，（Ⅲ）の合計試算表を完成しなさい。

7月25日から31日までの取引

26日	商品掛仕入高	¥ 521,000
27日	当座預金引出高（現金）	92,000
28日	商品掛売上高	609,000
〃	買掛金支払高（小切手振り出し）	379,000
30日	商品掛売上返品高	22,000
〃	店主私用引出高（現金）	64,000
31日	営業費支払高（現金）	86,000
〃	売掛金回収高（約束手形受入）	570,000

月 次 合 計 試 算 表

平成△年7月31日

勘定科目	（Ⅰ）25日までの取引高 借方	（Ⅰ）25日までの取引高 貸方	（Ⅱ）25日から31日までの取引高 借方	（Ⅱ）25日から31日までの取引高 貸方	（Ⅲ）合計試算表 借方	（Ⅲ）合計試算表 貸方
現　　　　　金	324,000	68,000				
当 座 預 金	1,875,000	1,154,000				
受 取 手 形	871,000	419,000				
売　　掛　　金	1,338,000	528,000				
繰 越 商 品	227,000					
買　　掛　　金	326,000	1,271,000				
資　　本　　金		1,500,000				
売　　　　　上		2,560,000				
仕　　　　　入	1,965,000	28,000				
営　　業　　費	602,000					
	7,528,000	7,528,000				

【第２問】

次の各取引を，月次合計試算表の（Ⅱ）の取引高欄にその金額を記入し，（Ⅲ）の合計試算表を完成しなさい。

10月25日から31日までの取引

26日	商品掛仕入高	￥ 640,000
27日	商品掛仕入値引高	13,000
28日	営業費支払高（小切手振り出し）	70,000
29日	店主追加元入高（現金）	300,000
〃	買掛金支払高（小切手振り出し）	270,000
30日	商品掛売上高	850,000
〃	買掛金支払高（約束手形振り出し）	340,000
〃	売掛金回収高（小切手受け取り）	260,000
31日	当座預金預入高（上記小切手）	260,000

月 次 合 計 試 算 表
平成△年 7 月31日

勘定科目	（Ⅰ）25日までの取引高 借方	（Ⅰ）25日までの取引高 貸方	（Ⅱ）25日から31日までの取引高 借方	（Ⅱ）25日から31日までの取引高 貸方	（Ⅲ）合計試算表 借方	（Ⅲ）合計試算表 貸方
現　　　　金	410,000	180,000	560,000	260,000	970,000	440,000
当 座 預 金	2,390,000	1,765,000	260,000	340,000	2,650,000	2,105,000
売　掛　　金	6,720,000	3,490,000	850,000	260,000	7,570,000	3,750,000
繰 越 商 品	504,000				504,000	
支 払 手 形	880,000	1,850,000		340,000	880,000	2,190,000
買　掛　　金	1,371,000	2,990,000	623,000	640,000	1,994,000	3,630,000
資　本　　金		1,000,000		300,000		1,300,000
売　　　　上		6,945,000		850,000		7,795,000
仕　　　　入	5,180,000		640,000	13,000	5,820,000	13,000
営　業　　費	765,000		70,000		835,000	
	18,220,000	18,220,000	3,003,000	3,003,000	21,223,000	21,223,000

4 帳簿組織

【第1問】

次の取引を仕訳し，現金出納帳を作成しなさい。月末に現金出納帳を締め切ること。なお，¥381,000の前月繰越がある。

7月3日 東北商店へ商品¥65,000を売り上げ，代金は同店振り出しの小切手で受け取った。
　6日 関東商店へ買掛金¥50,000を現金で支払った。
　12日 近畿商店から商品¥130,000を仕入れ，代金は小切手を振り出して支払った。
　19日 北陸商店から売掛金¥80,000を現金で回収した。
　21日 四国商店から商品¥90,000を仕入れ，代金のうち¥65,000は東北商店振り出しの小切手で支払い，残額は掛とした。
　25日 従業員の給料¥250,000を現金で支給した。
　31日 当社が保有する九州商事発行の社債の利札¥45,000の支払期日が到来した。

現　金　出　納　帳

平成〇年	摘　　　要	収　入	支　出	残　高

【第2問】

次の取引を小口現金出納帳に記入し，週末における締切りと資金の補給に関する記入を行いなさい。なお，資金の補給方法は定額資金前渡制（インプレスト・システム）により，小口現金係は毎週月曜日に前の週の支払いを報告し，資金の補給を受けている。

10月15日（月）　切手・はがき代　　￥8,800
　16日（火）　タクシー代　　　　￥6,180
　〃　　〃　　伝票・帳簿代　　　￥4,500
　17日（水）　紅茶・コーヒー代　￥5,130
　18日（木）　接待用菓子代　　　￥3,480
　19日（金）　バス回数券　　　　￥7,000

小 口 現 金 出 納 帳

受　入	平成○年		摘　要	支　払	内　訳			
					交 通 費	通 信 費	消耗品費	雑　費
18,000	10	15	前 週 繰 越					
22,000		〃	本 日 補 給					
			合　　計					
			次 週 繰 越					
	6	22	前 週 繰 越					
		〃	本 日 補 給					

【第3問】

次の仕入帳と売上帳に基づいて，移動平均法により商品有高帳に記入し（帳簿の締切りも行うこと），下記の（　　）内に適当な金額を記入して，9月中の売上原価と売上総利益を計算しなさい。

仕　入　帳

平成○年		摘　　　要	金　額
9	8	京都商店　婦人靴　50足　@￥8,000	400,000
	19	大阪商店　婦人靴　40足　@￥8,200	328,000
	28	兵庫商店　婦人靴　40足　@￥8,100	324,000

第18章　総合問題　275

売　上　帳

平成○年		摘　　　　要	金　　額
9	13	滋賀商店　婦人靴　50足　@¥11,000	550,000
	25	奈良商店　婦人靴　60足　@¥10,500	630,000

商 品 有 高 帳
婦 人 靴
（移動平均法）

平成○年		摘　要	受　入			払　出			残　高		
			数量	単価	金額	数量	単価	金額	数量	単価	金額
9	1	前月繰越	30	7,600	228,000				30	7,600	228,000

売　上　高　¥（　　　　　　）
売 上 原 価　¥（　　　　　　）
売上総利益　¥（　　　　　　）

【第4問】

次の取引を売掛金元帳，受取手形記入帳に記入しなさい。ただし，各帳簿とも締め切らなくともよい。

4月5日　横浜商店に，商品¥500,000を売り渡し，代金は掛とした。

12日　千葉商店から，売掛金¥200,000を同店振出しの約束手形（#31，振出日4月12日，支払期日5月11日，支払場所西京銀行）で回収した。

18日　宮崎商店から商品¥350,000を仕入れ，代金のうち¥200,000は千葉商店から受け取った上記の約束手形を裏書譲渡し，残りは掛とした。

20日　横浜商店から売掛金¥900,000を，同店振出し，群馬商店宛（引受済み）の為替手形（#43，振出日4月2日，支払期日6月1日，支払場所渋谷銀行）で回収した。

28日　横浜商店振出し，群馬商店宛の上記の為替手形¥900,000を取引銀行で割り引いた。

売掛金元帳

横浜商店　　　　　　　　　　　1

平成〇年		摘要	借方	貸方	借または貸	残高
4	1	前月繰越	740,000		借	740,000

千葉商店　　　　　　　　　　　2

平成〇年		摘要	借方	貸方	借または貸	残高
4	1	前月繰越	380,000		借	380,000

受取手形記入帳

平成〇年	手形種類	手形番号	摘要	支払人	振出人または裏書人	振出日		満期日		支払場所	手形金額	てん末		
						月	日	月	日			月	日	摘要

5 決算一巡

京都商店が期中に行った取引は次のとおりである。期中取引高にもとづいて，(1) 期中取引高の仕訳と転記，(2) 期末の合計残高試算表の作成，(3) 決算仕訳，(4) 精算表の作成，(5) 決算整理後の各勘定の締切，(6) 損益計算書ならびに貸借対照表の作成，を行いなさい。

1) 補助簿に記入されている期中取引高
　① 現金出納帳
　　（収入）　売掛金の回収高　　　　　　　　　　　　　　　110,000円
　　　　　　　受取手形の取立高　　　　　　　　　　　　　　100,000円
　　（支出）　給料の支払高　　　　　　　　　　　　　　　　 84,000円
　　　　　　　家賃の支払高（9ヶ月分）　　　　　　　　　　　27,000円
　　　　　　　備品の購入高　　　　　　　　　　　　　　　　 50,000円
　② 当座預金出納帳
　　（収入）　売掛金の回収高　　　　　　　　　　　　　　　320,000円
　　　　　　　受取手形の取立高　　　　　　　　　　　　　　180,000円
　　　　　　　受取手形の割引高（額面50,000円）　　　　　　 49,000円
　　　　　　　貸付金の利息受取高　　　　　　　　　　　　　　1,200円
　　（支出）　買掛金の支払高　　　　　　　　　　　　　　　280,000円
　　　　　　　支払手形の決済高　　　　　　　　　　　　　　130,000円
　　　　　　　借入金の元利支払高（利息分1,800円）　　　　　41,800円
　　　　　　　広告費の支払高　　　　　　　　　　　　　　　 44,000円
　　　　　　　保険料の支払高（2年分）　　　　　　　　　　　 2,400円
　③ 仕入帳
　　　　　　　すべて掛による仕入　　　　　　　　　　　　　510,000円
　④ 売上帳
　　　　　　　すべて掛による売上　　　　　　　　　　　　　770,000円
　⑤ 支払手形記入帳
　　　　　　　買掛金の支払高　　　　　　　　　　　　　　　 67,000円
　⑥ 受取手形記入帳
　　　　　　　売掛金の回収高　　　　　　　　　　　　　　　280,000円

2) 補助簿に記入されていないその他の期中取引高
　① 商品仕入のために振り出した為替手形の払出高（得意先引受済）　55,000円
　② 得意先倒産による売掛金の貸倒高　　　　　　　　　　　　　　　 8,000円

（1）期中取引高の仕訳と転記
　1）補助簿に記入されている取引
　　① （借）　　　　　　　　　　　　　　　（貸）

　　　 （借）　　　　　　　　　　　　　　　（貸）

　　② （借）　　　　　　　　　　　　　　　（貸）

　　　 （借）　　　　　　　　　　　　　　　（貸）

　　③ （借）　　　　　　　　　　　　　　　（貸）
　　④ （借）　　　　　　　　　　　　　　　（貸）
　　⑤ （借）　　　　　　　　　　　　　　　（貸）
　　⑥ （借）　　　　　　　　　　　　　　　（貸）

　2）補助簿に記入されていないその他期中取引
　　① （借）　　　　　　　　　　　　　　　（貸）
　　② （借）　　　　　　　　　　　　　　　（貸）

　3）元帳への転記

総勘定元帳

現　金		当座預金	
前期繰越　55,000		前期繰越　180,000	

受取手形		売掛金	
前期繰越　130,000		前期繰越　177,000	

第18章　総合問題

有 価 証 券		貸 付 金	
前 期 繰 越 120,000		前 期 繰 越 80,000	

繰 越 商 品		備 品	
前 期 繰 越 70,000		前 期 繰 越 199,000	

支 払 手 形		買 掛 金	
	前 期 繰 越 143,000		前 期 繰 越 168,000

借 入 金		貸倒引当金	
	前 期 繰 越 110,000		前 期 繰 越 10,000

減価償却累計額		資 本 金	
	前 期 繰 越 80,000		前 期 繰 越 500,000

売　　上

受取利息

仕　　入

給　　料

広　告　費

支払家賃

支払保険料

支払利息

手形売却費

(2) 期末の合計残高試算表の作成

合計残高試算表

借方残高	借方合計	勘定科目	貸方合計	貸方残高
		現　　　　金		
		当 座 預 金		
		受 取 手 形		
		売 　掛 　金		
		有 価 証 券		
		貸 付　 金		
		繰 越 商 品		
		備　　　　品		
		支 払 手 形		
		買 　掛 　金		
		借 　入 　金		
		貸 倒 引 当 金		
		減価償却累計額		
		資 　本 　金		
		売　　　　上		
		受 取 利 息		
		仕　　　　入		
		給　　　　料		
		広 　告 　費		
		支 払 家 賃		
		支 払 保 険 料		
		手 形 売 却 損		
		支 払 利 息		

(3) 決算仕訳

決算整理事項

① 期末商品の棚卸高は¥110,000であり，売上原価は「仕入」の行で計算する。
② 受取手形及び売掛金の期末残高に対し5％の貸倒れを見積もる。貸倒引当金の設定は差額補充法による。
③ 有価証券を¥100,000に評価替えする。
④ 備品について次の要領で減価償却を行う（間接法）。
　耐用年数は30年，残存価額は取得原価の10％として定額法を用いて減価償却を行う。
⑤ 支払保険料の未経過期間は1年2ヶ月である。
⑥ 未だ支払っていない家賃が¥10,000ある。
⑦ 借入金の利息（利率年3％）の未払分（4ヶ月分）を計上する。

決算整理仕訳
① (借)					(貸)
② (借)					(貸)
③ (借)					(貸)
④ (借)					(貸)
⑤ (借)					(貸)
⑥ (借)					(貸)
⑦ (借)					(貸)

(4) 精算表の作成

精　算　表　　　　　　　　　　　(単位：千円)

勘定科目	残高試算表		整理記入		損益計算書		貸借対照表	
	借方	貸方	借方	貸方	借方	貸方	借方	貸方
現　　　　　金								
当　座　預　金								
受　取　手　形								
売　　掛　　金								
有　価　証　券								
貸　　付　　金								
繰　越　商　品								
備　　　　　品								
支　払　手　形								
買　　掛　　金								
借　　入　　金								
貸　倒　引　当　金								
減価償却累計額								
資　　本　　金								
売　　　　　上								
受　取　利　息								
仕　　　　　入								
給　　　　　料								
広　　告　　費								
支　払　家　賃								
支　払　保　険　料								
手　形　売　却　損								
支　払　利　息								
合　　　　　計								

(5) 決算整理後の各勘定の締切
　① 損益振替仕訳
　　　（借）　　　　　　　　　　　　　　　（貸）

　　　（借）　　　　　　　　　　　　　　　（貸）

　② 資本振替仕訳
　　　（借）　　　　　　　　　　　　　　　（貸）

総勘定元帳

現　　金	当座預金
前期繰越　55,000	前期繰越　180,000

受取手形	売　掛　金
前期繰越　130,000	前期繰越　177,000

有価証券	貸　付　金
前期繰越　120,000	前期繰越　80,000

繰越商品			備　　品	
前期繰越　70,000			前期繰越　199,000	

支払手形			買　掛　金	
	前期繰越　143,000			前期繰越　168,000

借　入　金			貸倒引当金	
	前期繰越　110,000			前期繰越　10,000

減価償却累計額			資　本　金	
	前期繰越　80,000			前期繰越　500,000

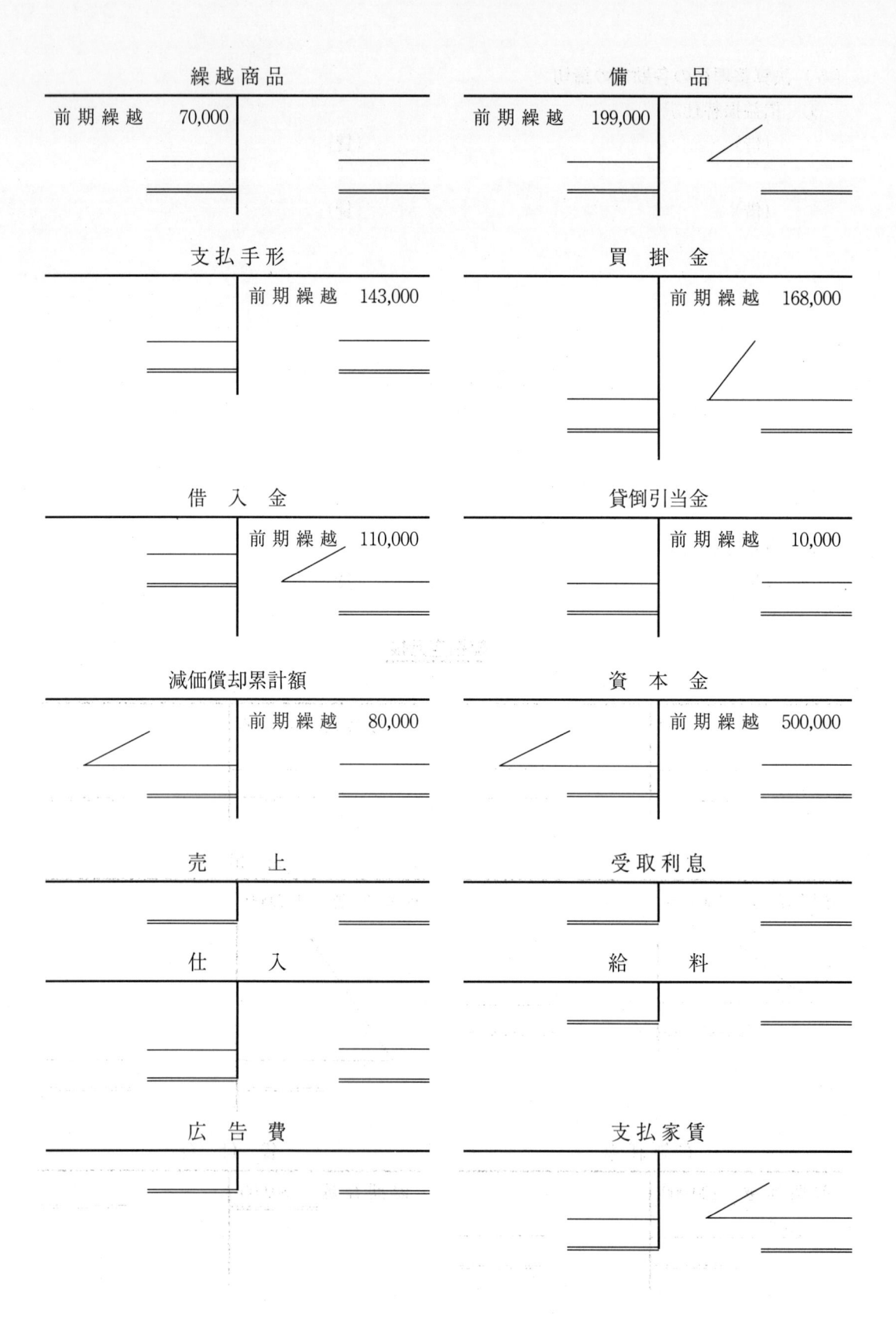

売　　上			受取利息	

仕　　入			給　　料	

広　告　費			支払家賃	

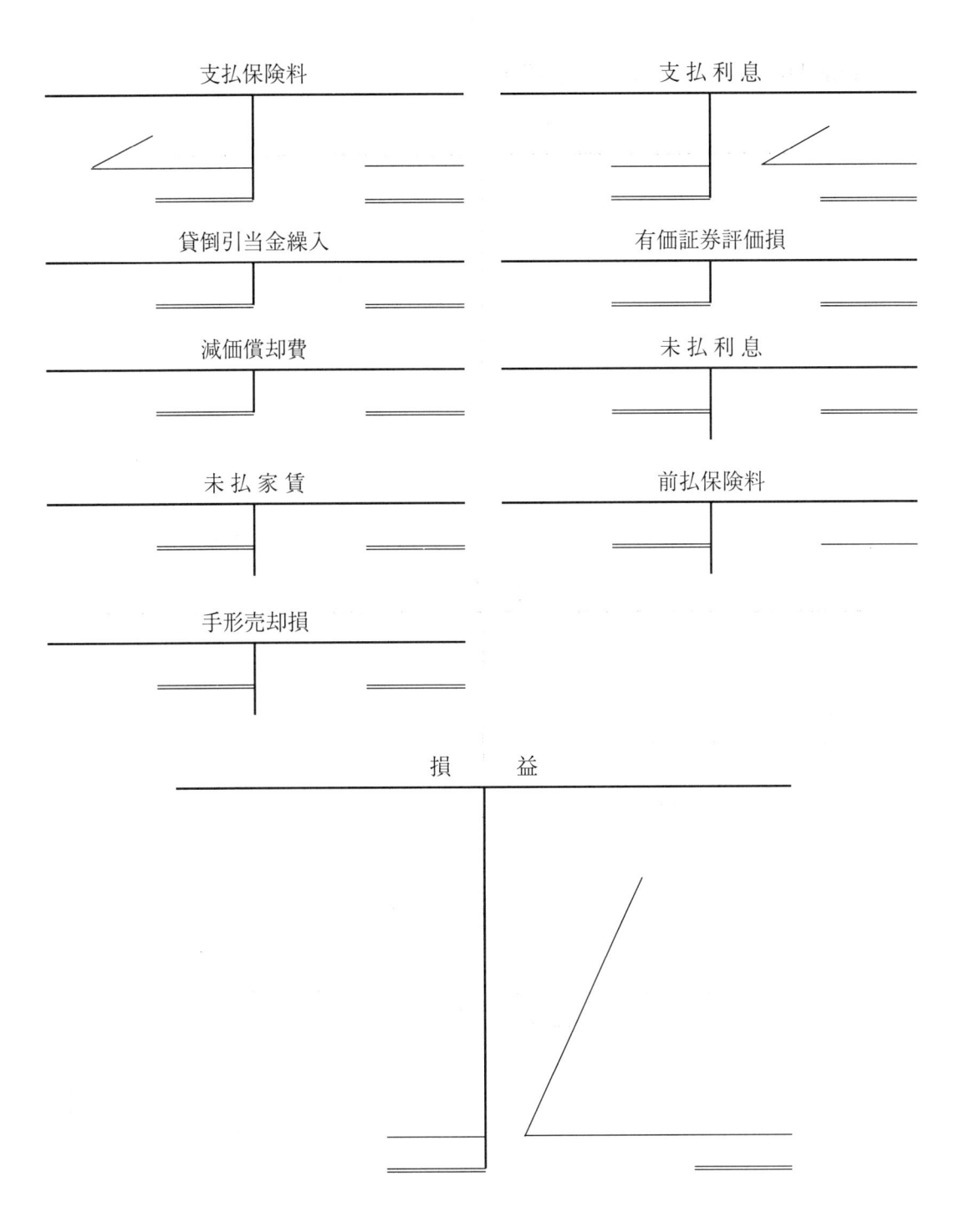

支払保険料		支払利息	

貸倒引当金繰入		有価証券評価損	

減価償却費		未払利息	

未払家賃		前払保険料	

手形売却損	

損　　　益

第18章　総合問題　285

(6) 損益計算書ならびに貸借対照表の作成

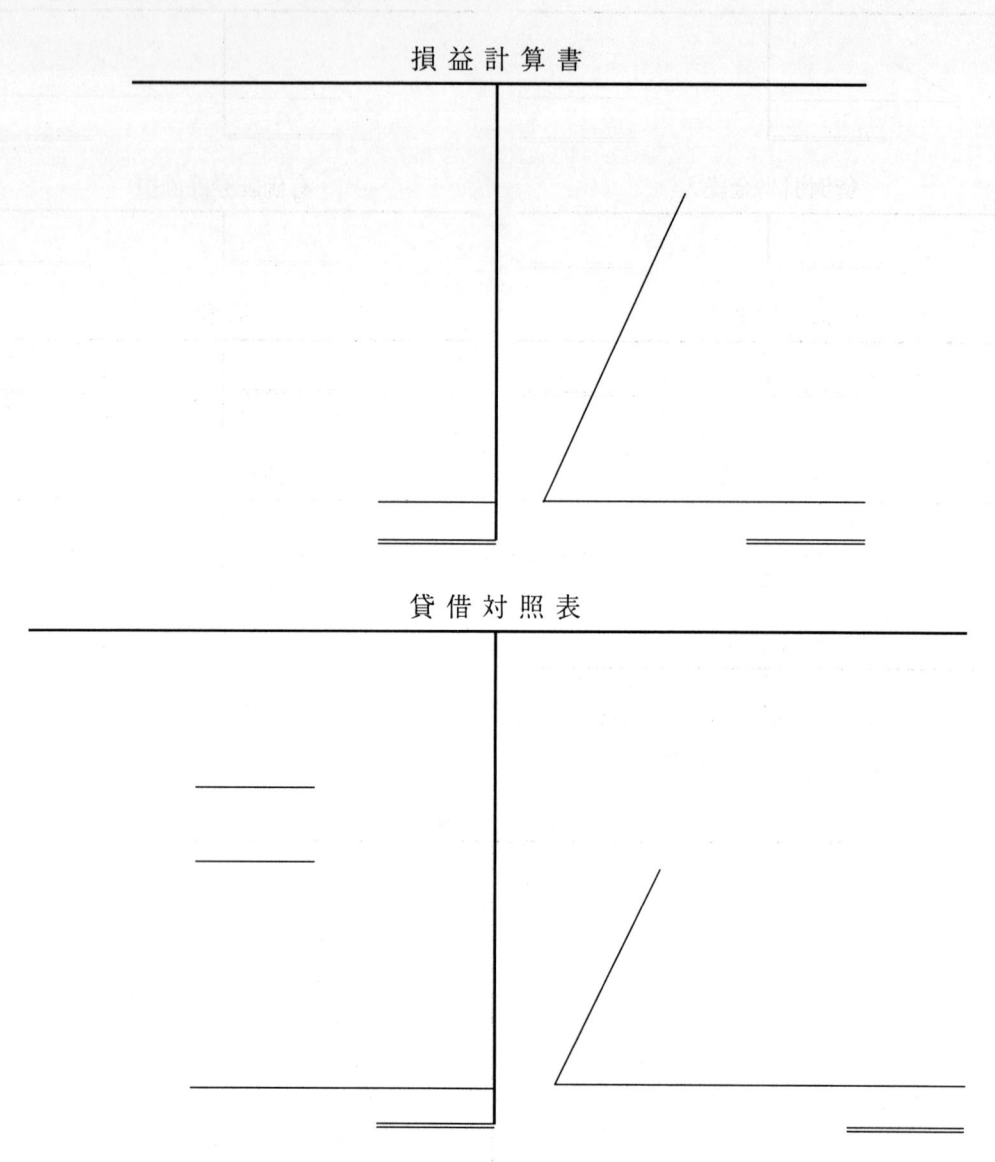

損 益 計 算 書

貸 借 対 照 表

6 精算表

【第1問】

次の資料から精算表を完成しなさい。会計期間は×5年4月1日から×6年3月31日までである。

資料Ⅰ
（1） 現金過不足勘定の金額1,000千円について，調査をしたところ，次のことが判明した。売掛金500千円の回収，買掛金1,000千円の支払い，広告費800千円の支払いが記帳漏れとなっていた。
（2） 引出金は整理する。

資料Ⅱ　決算整理事項
（1） 受取手形および売掛金の期末残高に対して3％の貸倒れを見積もる。貸倒引当金の設定は差額補充法による。
（2） 期末商品棚卸高は次のとおりであった。
　　　　帳簿棚卸数量　60個　原価　@120千円
　　　売上原価は「仕入」の行で計算すること。
（3） 売買目的有価証券の時価は3,700千円である。時価法により評価替えをする。
（4） 建物と構築物について減価償却を行う。記帳方法は間接法とする。
　　　建物　定額法による。
　　　　取得原価：各自計算　残存価格：取得原価の10％
　　　　耐用年数：40年
　　　なお，建物はすべて当期の7期前の会計期間の期首に取得したものである。
　　　構築物　定率法による。
　　　　取得原価：各自計算　残存価格：取得原価の10％
　　　　償却率5％
　　　なお，備品はすべて前々期の期首に取得したものである。
（5） 保険料勘定の金額のうち960千円は，2月1日以降の半年分の保険料である。
（6） 支払家賃勘定に関して，家賃は，毎年9月1日に，1年分（毎年同額）を，後納（後払い）で支払っている。
（7） 当店は，当期の1月1日から来期の12月31日まで，A社に対して役務を提供する契約を結んでおり，契約どおり役務の提供をしている。代金は来期の12月31日に1年分2,400千円をまとめて受け取ることとなっている。
（8） 受取地代勘定の金額のうち900千円は，8月1日以降の1年分の家賃である。
（9） 消耗品100千円が未使用である。

精算表

(単位:千円)

勘定科目	残高試算表 借方	残高試算表 貸方	修正記入 借方	修正記入 貸方	損益計算書 借方	損益計算書 貸方	貸借対照表 借方	貸借対照表 貸方
現　　　　金	6,111							
現 金 過 不 足	1,000							
当 座 預 金	8,200							
売 　掛　 金	6,000							
受 取 手 形	2,500							
売買目的有価証券	3,000							
繰 越 商 品	6,000							
消 耗 品	250							
建　　　　物	(　　)							
構 築 物	(　　)							
買 　掛 　金		3,786						
貸 倒 引 当 金		(　　)						
建物減価償却累計額		3,150						
構築物減価償却累計額		780						
資 　本 　金		52,000						
引 　出 　金	150							
売　　　　上		48,395						
受 取 地 代		1,950						
受 取 手 数 料		1,000						
仕　　　　入	35,000							
給 　　　　料	11,000							
支 払 家 賃	1,000							
保 　険 　料	1,400							
広 　告 　費	1,500							
	(　　)	(　　)						
貸 倒 償 却								
有価証券評価益								
減 価 償 却 費								
消 耗 品 費								
雑　　　　益								
(　　)保 険 料								
(　　)地 代								
(　　)手 数 料								
(　　)家 賃								
当 期 純 利 益								

【第2問】

次の資料から精算表を完成しなさい。会計期間は×5年4月1日から×6年3月31日までである。

資料Ⅰ
（1） 仮払金勘定の金額は社員の出張のための旅費概算額を支払ったものであり，決算日に社員は帰社した。旅費の支払い不足分，50千円は決算日に現金で支払ってあったが，会計処理はしていない。
（2） 仮受金勘定の金額はすべて売掛金を回収した金額であった。

資料Ⅱ　決算整理事項
（1） 受取手形および売掛金の期末残高に対して，差額補充法により4％の貸倒引当金を計上する。
（2） 期末商品棚卸高は次のとおりであった。
　　　帳簿棚卸数量　800個　実地棚卸数量　700個
　　　原価　@150千円　時価　@130千円
　　低価法を採用する。売上原価は「仕入」の行で計算すること。また，棚卸減耗費および商品評価損は営業外費用として処理する。
（3） 売買目的有価証券勘定の金額はすべてA社株式2000株の金額であり，A社株式の期末時価は1株13千円である。
（4） 備品と車両運搬具について減価償却を行う。記帳方法は間接法とする。
　　　備品　定率法による。
　　　取得原価：40,000千円　残存価格：取得原価の10％
　　　償却率：各自計算
　　なお，備品はすべて前々期の期首に取得したものである。
　　　車両運搬具　生産高比例法による。
　　　取得原価：各自計算　残存価格：取得原価の10％
　　　予定総走行距離：100,000km　当期走行距離：5,000km
　　　前期以前の総走行距離：15,000km
　　なお，車両運搬具はすべて前々期の10月1日に取得したものである。
（5） 新株発行費は前期期首に新株を発行した際に生じたものである。新株発行費は，新株発行後3年にわたって毎期均等額の償却をすることとしている。
（6） 満期保有目的債券は，×5年10月1日に，A社が次の条件で発行した社債を額面100円につき96円で買い入れたものである。発行年月日：×5年10月1日，償還年月日：×10年9月30日，発行価額：額面100円につき96円，利率：年3％，利払い：年2回（3月31日および9月30日）。取得原価と額面金額との差額に関して償却原価法（定額法）を適用する（月割計算による）。

（7） 退職給付引当金の当期繰入額は25,000千円である。

（8） 修繕引当金の当期繰入額は5,000千円である。

（9） 支払家賃勘定に関して，家賃は，毎年6月1日に，むこう1年分（毎年同額）を，前納（前払い）で支払っている。

（10） 借入金勘定の金額100,000千円は，×5年7月1日に次の条件で借り入れたものである。年利率4％，利払日6月30日，借入期間2年間。

精算表

(単位:千円)

勘定科目	残高試算表 借方	残高試算表 貸方	修正記入 借方	修正記入 貸方	損益計算書 借方	損益計算書 貸方	貸借対照表 借方	貸借対照表 貸方
現 金 預 金	320,667							
売 掛 金	65,500							
受 取 手 形	70,000							
売買目的有価証券	30,000							
仮 払 金	400							
繰 越 商 品	105,000							
備 品	40,000							
車 両 運 搬 具	( )							
満期保有目的債券	48,000							
新 株 発 行 費	12,000							
買 掛 金		19,881						
借 入 金		100,000						
仮 受 金		( )						
修 繕 引 当 金		10,000						
退職給付引当金		120,000						
備品減価償却累計額		17,500						
車両運搬具減価償却累計額		4,725						
貸 倒 引 当 金		700						
資 本 金		300,000						
利 益 準 備 金		50,000						
繰越利益剰余金		30,000						
売 上		580,511						
有 価 証 券 利 息		750						
仕 入	314,000							
給 料	110,000							
支 払 家 賃	49,000							
旅 費 交 通 費	20,000							
支 払 利 息	15,000							
	( )	( )						
貸 倒 償 却								
有 価 証 券 評 価 損								
棚 卸 減 耗 費								
商 品 評 価 損								
減 価 償 却 費								
新 株 発 行 費 償 却								
退 職 給 付 費 用								
修 繕 引 当 金 繰 入								
( ) 家 賃								
( ) 利 息								
当 期 純 利 益								

【第3問】

次の資料から精算表を完成しなさい。会計期間は×5年10月1日から×6年9月30日までである。

資料Ⅰ

銀行に当座預金口座の残高を問い合わせたところ，4,500千円であった。当社側の残高との差異の原因を調査したところ，次の事実が判明した。

a 商品を仕入れた際に振り出した小切手850千円が銀行にまだ呈示されていなかった。
b 買掛金550千円の決済のために作成した小切手が未渡しとなっていたが，すでにそれを当座預金の減少として処理してあった。
c 売掛金950千円の当座預金口座への振込みの通知が決算日まで当社に未達であったため未記入である。
d 決算日に現金1,350千円を口座へ入金したが，銀行では，営業時間外であったため，翌日付けで預け入れの処理を行った。当社ではすでに正しく会計処理してある。
e 広告料250千円の支払いのために作成した小切手が金庫に入っていたが，すでにそれを当座預金の減少として処理してあった。広告はすでに行われ，終了している。

資料Ⅱ 決算整理事項
（1） 売上債権の期末残高に対して3％の貸倒れを見積もる。貸倒引当金の設定は差額補充法による。
（2） 期末商品棚卸高は次のとおりであった。
　　　帳簿棚卸数量　2,500個　実地棚卸数量　2,450個
　　　原　価　@4千円　　時　価　@3千円

低価法を採用する。売上原価は「仕入」の行で計算すること。また，商品評価損は売上原価に算入し，棚卸減耗費は売上原価に算入しないこととする。
（3） 建物と備品について減価償却を行う。記帳方法は間接法とする。
　　建物　定額法による。
　　　取得原価：50,000千円　残存価格：取得原価の10％
　　　耐用年数：50年
　　なお，建物はすべて×2年1月1日に取得したものである。
　　備品　定率法による。
　　　取得原価：各自計算　残存価格：取得原価の10％
　　　償却率10％
　　なお，備品はすべて×2年10月1日に取得したものである。
（4） のれんは，×3年12月1日にA株式会社を買収した際に生じたものであり，買収時から5年にわたって毎期均等額の償却を行っている。
（5） 社債は，次の条件で発行したものである。発行年月日：×4年1月1日，償還年

月日：×8年12月31日，発行価額：各自計算（額面100円），利率：各自計算，利払い：年2回（6月30日および12月31日）。社債発行差金は，償還期間内において月割均等償却を行う。社債発行費は，社債発行後3年にわたって毎期均等額の償却を行う。社債に関する過年度の会計処理は適正である。

（6） 修繕引当金の当期繰入額を3,600千円計上する。なお，残高試算表の修繕引当金の金額は全額戻し入れる。

（7） 受取家賃勘定に関して，家賃は，毎年7月31日に，むこう1年分（毎年同額）を，前納（前払い）で受け取っている。

（8） 税引前当期純利益の50%を法人税等として計上する。

精算表

(単位：千円)

勘定科目	残高試算表 借方	残高試算表 貸方	修正記入 借方	修正記入 貸方	損益計算書 借方	損益計算書 貸方	貸借対照表 借方	貸借対照表 貸方
現　　　　　金	23,790							
当　座　預　金	(　　)							
売　　掛　　金	9,250							
繰　越　商　品	10,500							
仮払法人税等	200							
建　　　　　物	50,000							
備　　　　　品	(　　)							
の　れ　ん	1,500							
社債発行差金	390							
社　債　発　行　費	600							
買　　掛　　金		3,593						
未　　払　　金		1,300						
修　繕　引　当　金		2,700						
社　　　　　債		(　　)						
建物減価償却累計額		(　　)						
備品減価償却累計額		2,710						
貸　倒　引　当　金		110						
資　　本　　金		60,000						
利　益　準　備　金		4,000						
繰越利益剰余金		2,000						
売　　　　　上		98,232						
受　取　家　賃		1,980						
仕　　　　　入	50,000							
給　　　　　料	25,000							
広　　告　　料	14,920							
社　債　利　息	600							
	(　　)	(　　)						
貸　倒　償　却								
棚　卸　減　耗　費								
減　価　償　却　費								
の　れ　ん　償　却								
社債発行差金償却								
社債発行費償却								
修繕引当金戻入								
修繕引当金繰入								
(　　)家賃								
未払社債利息								
法　人　税　等								
未払法人税等								
当　期　純　利　益								

【第4問】

次の資料から精算表を完成しなさい。会計期間は×5年8月1日から×6年7月31日までである。

資料Ⅰ
（1）前期に商品を売り上げた際に生じた売掛金400千円について，当期中に貸倒れとなり，会計処理していたが，本日，現金で回収した。この会計処理はまだ行われていない。当期首の貸倒引当金残高は100千円であり，当期中に貸倒れが生じたのは下記の（2）（3）を除いてこの一件のみであった。
（2）当期に商品を売り上げた際に生じた売掛金200千円について，本日，回収不能であることが明らかになった。この会計処理はまだ行われていない。
（3）前期に商品を売り上げた際に生じた売掛金100千円について，本日，回収不能であることが明らかになった。この会計処理はまだ行われていない。

資料Ⅱ　決算整理事項
（1）売掛金の期末残高に対して，差額補充法により2％の貸倒引当金を計上する。
（2）期末商品棚卸高は次のとおりであった。
　　　帳簿棚卸数量　75個　実地棚卸数量　71個
　　　原　　価　@50千円　　時　価　@47千円
　　低価法を採用する。売上原価は「仕入」の行で計算すること。また，棚卸減耗費は売上原価に算入し，商品評価損は売上原価に算入しないこととする。
（3）建物と備品について減価償却を行う。記帳方法は間接法とする。
　　　建物　定額法による。
　　　　取得原価：11,000千円　残存価格：取得原価の10％
　　　　耐用年数：55年
　　なお，建物はすべて×3年1月1日に取得したものである。
　　　備品　定率法による。
　　　　取得原価：2,500千円　残存価格：取得原価の10％
　　　　償却率　各自計算
　　なお，備品はすべて×2年8月1日に取得したものである。
（4）創立費は，×1年8月1日（会社設立時）に支出したものであり，支出後5年にわたって毎期均等額の償却を行うこととしている。
（5）社債は，次の条件で発行したものである。発行年月日：×2年5月1日，償還年月日：×7年4月30日，発行価額：額面100円につき95円，利率：各自計算，利払い：年2回（4月30日および10月31日）。社債発行差金は，償還期間内において月割均等償却を行う。
（6）受取家賃勘定に関して，家賃は，毎年6月30日に，1年分（毎年同額）を，後納（後払い）で受け取っている。
（7）税引前当期純利益の40％を法人税等に計上する。

精算表

(単位：千円)

勘定科目	残高試算表 借方	残高試算表 貸方	修正記入 借方	修正記入 貸方	損益計算書 借方	損益計算書 貸方	貸借対照表 借方	貸借対照表 貸方
現 金 預 金	35,457							
売 掛 金	3,500							
繰 越 商 品	4,000							
仮払法人税等	395							
建 物	11,000							
備 品	2,500							
創 立 費	900							
社債発行差金	600							
買 掛 金		11,309						
社 債		30,000						
建物減価償却累計額		450						
備品減価償却累計額		1,220						
貸 倒 引 当 金		0						
資 本 金		10,000						
利 益 準 備 金		1,000						
繰越利益剰余金		500						
売 上		21,648						
受 取 家 賃		1,650						
仕 入	10,000							
給 料	5,000							
広 告 料	3,000							
貸 倒 損 失	300							
社 債 利 息	1,125							
	77,777	77,777						
貸 倒 償 却								
商 品 評 価 損								
( )								
減 価 償 却 費								
創 立 費 償 却								
( )								
社債発行差金償却								
未 払 社 債 利 息								
( ) 家 賃								
法 人 税 等								
未払法人税等								
当 期 純 利 益								

練習問題

解　答

【練習問題2-1】

5/1	(借)	現　　金	300,000		(貸)	資　本　金	700,000
		備　　品	400,000				
4	(借)	車両運搬具	350,000		(貸)	現　　金	250,000
						未　払　金	100,000
8	(借)	燃　料　費	20,000		(貸)	現　　金	20,000
11	(借)	現　　金	50,000		(貸)	受取運賃	50,000
15	(借)	広　告　料	3,000		(貸)	現　　金	3,000
18	(借)	現　　金	300,000		(貸)	借　入　金	300,000
23	(借)	現　　金	30,000		(貸)	受取運賃	40,000
		売　掛　金	10,000				
25	(借)	給　　料	20,000		(貸)	現　　金	35,000
		支払家賃	8,000				
		通　信　費	7,000				
28	(借)	現　　金	6,000		(貸)	売　掛　金	6,000
31	(借)	借　入　金	50,000		(貸)	現　　金	52,000
		支払利息	2,000				

総 勘 定 元 帳

現　金

5/1	資本金	300,000	5/4	車両運搬具	250,000
11	受取運賃	50,000	8	燃料費	20,000
18	借入金	300,000	15	広告料	3,000
23	受取運賃	30,000	25	諸　口	35,000
28	売掛金	6,000	31	諸　口	52,000

売掛金

5/23	受取運賃	10,000	5/28	現　金	6,000

備　品

5/1	資本金	400,000			

車両運搬具

5/4	諸　口	350,000			

未払金

			5/4	車両運搬具	100,000

借入金

5/31	現　金	50,000	5/18	現　金	300,000

資　本　金	
	5/1　諸　口　700,000

受取運賃	
	5/11　現　金　50,000
	23　諸　口　40,000

燃　料　費	
5/8　現　金　20,000	

給　　料	
5/25　現　金　20,000	

広　告　料	
5/15　現　金　3,000	

支払家賃	
5/25　現　金　8,000	

通　信　費	
5/25　現　金　7,000	

支払利息	
5/31　現　金　2,000	

【練習問題 2－2】

現　金　　　1
6/4　借入金　250,000	6/6　仕　入　120,000
10　売　上　100,000	13　支払手数料　30,000
16　売掛金　40,000	25　給　料　20,000

売掛金　　　3
6/10　売　上　50,000	6/16　現　金　40,000

借入金　　　6
	6/4　現　金　250,000

売　上　　　8
	6/10　諸　口　150,000

仕　入　　　10
6/6　現　金　120,000	

給　料　　　12
6/25　現　金　20,000	

支払手数料　　　14
6/13　現　金　30,000	

【練習問題 4 − 1】

①	(借)	現	金	50,000	(貸)	売　　　上	50,000
②	(借)	現	金	10,000	(貸)	売　掛　金	10,000
③	(借)	現	金	3,000	(貸)	受 取 利 息	3,000
④	(借)	現	金	1,000	(貸)	受取配当金	10,000

【練習問題 4 − 2】

137,020円

① (10,000×10＋1,000×5) ＋② (100×5＋10×2) ＋③10,000＋④20,000＋⑤1,000（期限到来分のみ）＋⑥500＝137,020円

※なお，⑤公社債利札のうち期限未到来分，⑦収入印紙および郵便切手は「現金」勘定には含まれないことには留意されたい。

【練習問題 4 − 3】

(借)	現金過不足	11,000	(貸)	現　　　金	11,000

現　金

修正前帳簿残高 100,000	現金過不足 11,000
	修正後帳簿残高 89,000

実際有高 89,000に一致

現金過不足

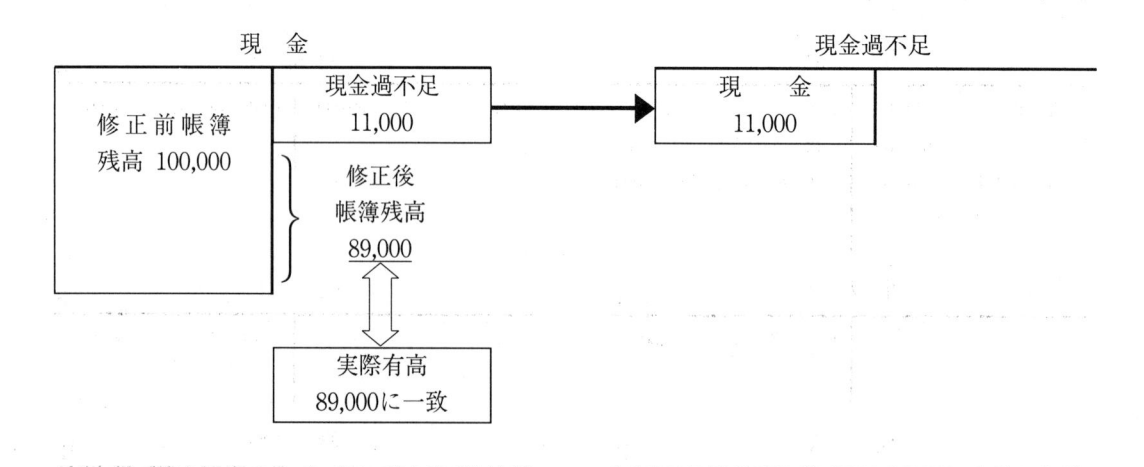

現　金 11,000	

【練習問題 4 − 4】

3/29	(借)	現金過不足	8,000	(貸)	現　　　金	8,000
3/31	(借)	交 通 費	3,000	(貸)	現金過不足	8,000
		水道光熱費	3,000			
		雑　　　損	2,000			

【各勘定の推移】

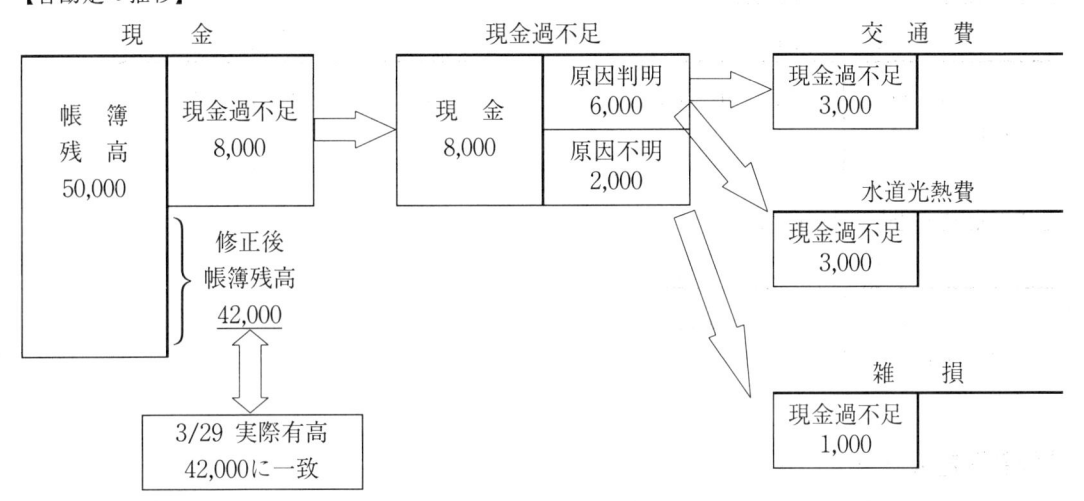

現　金		現金過不足		交　通　費
帳簿残高 50,000	現金過不足 8,000	現　金 8,000	原因判明 6,000 / 原因不明 2,000	現金過不足 3,000

水道光熱費
現金過不足 3,000

雑　損
現金過不足 1,000

修正後帳簿残高 42,000
3/29 実際有高 42,000に一致

【練習問題 4 － 5】

①	（借）	当座預金	10,000	（貸）	現　　　金	10,000
②	（借）	買　掛　金	5,000	（貸）	当座預金	5,000
③	（借）	当座預金	1,000	（貸）	売　　　上	1,000
④	（借）	現　　　金	40,000	（貸）	売　　　上	40,000

当座預金
| ① 10,000 | ② 5,000 |
| ③ 1,000 | |

※④は，他人振出しの小切手に該当するため，「現金」として処理する点には留意されたい（詳細は本章1参照）。

【練習問題 4 － 6】

① 2勘定制

5/1	（借）	買　掛　金	200,000	（貸）	当座預金	100,000
				（貸）	当座借越	100,000
5/31	（借）	当座借越	100,000	（貸）	現　　　金	150,000
		当座預金	50,000			

② 1勘定制

| 5/1 | （借） | 買　掛　金 | 200,000 | （貸） | 当　　座 | 200,000 |
| 5/31 | （借） | 当　　座 | 150,000 | （貸） | 現　　　金 | 150,000 |

①2勘定制採用時の各勘定口座

```
        当座預金（資産）                      当座借越（負債）
      100,000  │ 5/1  100,000           5/31 100,000 │ 5/1  100,000
 5/31  50,000  │                                     │
```

②1勘定制採用時の勘定口座

```
              当  座
       100,000  │ 5/1  200,000
 5/31  150,000  │
```

【練習問題4－7】

①	（借）	小 口 現 金	50,000	（貸）	当 座 預 金	50,000	
②			仕訳なし				
③	（借）	会 議 費	20,000	（貸）	小 口 現 金	40,000	
		交 通 費	15,000				
		水道光熱費	5,000				
④	（借）	小 口 現 金	40,000	（貸）	当 座 預 金	40,000	

```
         小口現金
              │ ③  40,000
 ①  50,000   │
              │────────────
              │ 資金補充後残高
              │    50,000       ⟺    当初の前渡金額
 ④  40,000   │                            50,000
```

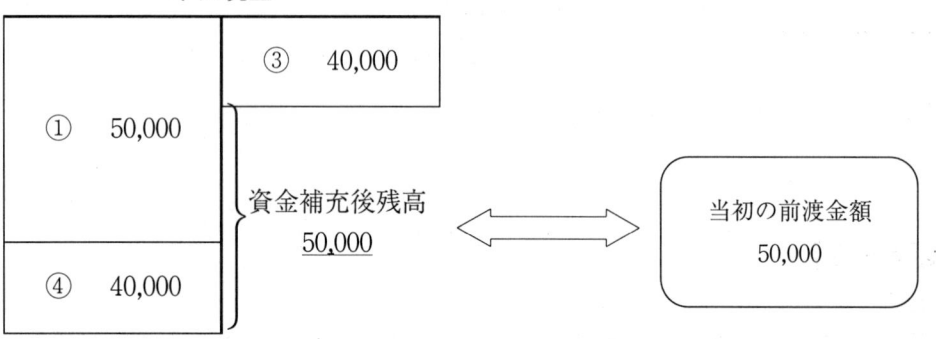

【練習問題5－1】

①	（借）	商　　　品	5,000	（貸）	現　　　金	5,000	
②	（借）	現　　　金	10,000	（貸）	商　　　品	5,000	
					商品売買益	5,000	

```
        商   品                    商品売買益
 ① 5,000 │ ② 5,000                   │ ② 5,000
```

【練習問題 5 − 2】

| ① | (借) | 商　　品 | 5,000 | (貸) | 現　　金 | 5,000 |
| ② | (借) | 現　　金 | 10,000 | (貸) | 商　　品 | 10,000 |

```
        商　　品
① 5,000   │ ② 10,000
           │
```

【練習問題 5 − 3】

| ① | (借) | 仕　　入 | 5,000 | (貸) | 現　　金 | 5,000 |
| ② | (借) | 現　　金 | 10,000 | (貸) | 売　　上 | 10,000 |

```
     仕　　入              売　　上              繰越商品
① 5,000 │               │ ② 10,000
        │               │
```

【練習問題 5 − 4】

| ① | (借) | 仕　　入 | 40,000 | (貸) | 買 掛 金 | 40,000 |
| ② | (借) | 買 掛 金 | 40,000 | (貸) | 現　　金 | 40,000 |

```
      仕　　入                 買 掛 金
① 40,000 │            ② 40,000 │ ① 40,000
         │                     │
```

【練習問題 5 − 5】

| ① | (借) | 売 掛 金 | 30,000 | (貸) | 売　　上 | 30,000 |
| ② | (借) | 現　　金 | 30,000 | (貸) | 売 掛 金 | 30,000 |

```
      売　　上                 売 掛 金
         │ ① 30,000   ① 30,000 │ ② 30,000
         │                     │
```

【練習問題 5 − 6】
商品購入者の仕訳
| ① | (借) | 仕 入 | 30,000 | (貸) | 買 掛 金 | 30,000 |
| ② | (借) | 買 掛 金 | 5,000 | (貸) | 仕 入 | 5,000 |

商品販売者の仕訳
| ① | (借) | 売 掛 金 | 30,000 | (貸) | 売 上 | 30,000 |
| ② | (借) | 売 上 | 5,000 | (貸) | 売 掛 金 | 5,000 |

【練習問題 5 − 7】
商品購入者の仕訳
| ① | (借) | 仕 入 | 60,000 | (貸) | 買 掛 金 | 60,000 |
| ② | (借) | 買 掛 金 | 10,000 | (貸) | 仕 入 | 10,000 |

商品販売者の仕訳
| ① | (借) | 売 掛 金 | 60,000 | (貸) | 売 上 | 60,000 |
| ② | (借) | 売 上 | 10,000 | (貸) | 売 掛 金 | 10,000 |

【練習問題 5 − 8】
商品購入者の仕訳
①	(借)	仕 入	10,000	(貸)	買 掛 金	10,000
②	(借)	買 掛 金	10,000	(貸)	現 金	9,500
					仕 入 割 引	500

商品販売者の仕訳
①	(借)	売 掛 金	10,000	(貸)	売 上	10,000
②	(借)	現 金	9,500	(貸)	売 掛 金	10,000
		売 上 割 引	500			

【購入側の勘定口座】

```
        仕  入                買 掛 金               仕 入 割 引
① 10,000              ② 10,000 | ① 10,000                    ② 500
                                                          ↑
                                                       営業外収益
```

【販売側の勘定口座】

```
        売  上                売 掛 金               売 上 割 引
        | ① 10,000           ① 10,000 | ② 10,000    ② 500
                                                          ↑
                                                       営業外費用
```

【練習問題5－9】

①	(借)	仕　　入	6,100	(貸)	買　掛　金	5,500		
					現　　金	600		
②	(借)	売　掛　金	20,000	(貸)	売　　上	20,000		
		発　送　費	1,000		現　　金	1,000		

```
        仕      入              売      上              発  送  費
  ① 6,100                           ② 20,000       ② 1,000
```

【練習問題5－10】

①	(借)	仕　　入	5,500	(貸)	買　掛　金	5,500	
		立　替　金	600		現　　金	600	
②	(借)	売　掛　金	20,000	(貸)	売　　上	20,000	
		立　替　金	1,000		現　　金	1,000	

【練習問題5－11】

① 先入先出法

商 品 有 高 帳

日付	適用	受入			払出			残高		
		数量	単価	金額	数量	単価	金額	数量	単価	金額
5/1	前月繰越	100	100	10,000				100	100	10,000
5/10	仕　入	300	120	36,000				{ 100	100	10,000
								300	120	36,000
5/20	売　上				{ 100	100	10,000			
					100	120	12,000	200	120	24,000

②移動平均法

商 品 有 高 帳

日付	適用	受入			払出			残高		
		数量	単価	金額	数量	単価	金額	数量	単価	金額
5/1	前月繰越	100	100	10,000				100	100	10,000
5/10	仕　入	300	120	36,000				400	115	46,000
5/20	売　上				200	115	23,000	200	115	23,000

【練習問題 5 －12】

商品有高帳

日付	適用	受入			払出			残高		
		数量	単価	金額	数量	単価	金額	数量	単価	金額
3/10	仕　　入	2,000	50	100,000				2,000	50	100,000
3/20	仕入戻し				10	50	500	1,990	50	99,500
3/22	売　　上				1,000	50	50,000	990	50	49,500

【練習問題 5 －13】

①	（借）	仕　　　入	300,000	（貸）	買　掛　金	300,000
②	（借）	売　掛　金	500,000	（貸）	売　　　上	500,000
③	（借）	仕　　　入	12,500	（貸）	繰　越　商　品	12,500
	（借）	繰　越　商　品	23,000	（貸）	仕　　　入	23,000

【各勘定口座】

繰越商品
期首在庫 12,500	③仕入へ 12,500
③仕入から 23,000	決算整理後残高 23,000 ＝ 期末商品棚卸高

売　上
	②当期売上 500,000

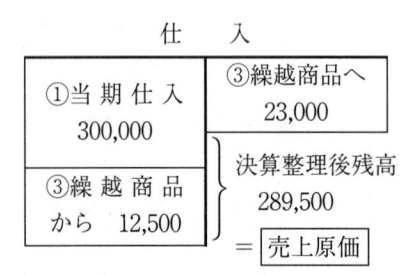

仕　入
①当期仕入 300,000	③繰越商品へ 23,000
③繰越商品から 12,500	決算整理後残高 289,500 ＝ 売上原価

【練習問題 5 －14】

① 売上原価の算定に係る仕訳
　　（借）　仕　　　入　　　30,000　　（貸）　繰　越　商　品　　30,000
　　（借）　繰　越　商　品　　20,000　　（貸）　仕　　　入　　　20,000
② 棚卸減耗に係る仕訳
　　（借）　棚卸減耗費　　　4,000　　（貸）　繰　越　商　品　　4,000

【図表】

```
単価↑
                                              期末帳簿残高
                                              @¥200×100個=20,000
@¥200 ┌─────────────────┬─────────────────┐
      │  期末実際残高    │   棚卸減耗費    │
      │  @¥200×80個     │ @¥200×(100-80)個 │
      │    =16,000       │    =4,000       │
      └─────────────────┴─────────────────┘→数量
                       80個              100個
```

【練習問題 5 – 15】

① 売上原価の算定に係る仕訳

| （借） | 仕 入 | 30,000 | （貸） | 繰 越 商 品 | 30,000 |
| （借） | 繰 越 商 品 | 20,000 | （貸） | 仕 入 | 20,000 |

② 商品評価損に係る仕訳

| （借） | 商品評価損 | 5,000 | （貸） | 繰 越 商 品 | 5,000 |

【図表】

```
単価↑
                                              期末帳簿残高
                                              @¥200×100個=20,000
@¥200 ┌───────────────────────────────────┐
      │          商品評価損                │
      │  (@¥200-@¥150)×100個=5,000円       │
@¥150 ├───────────────────────────────────┤
      │          期末実際残高              │
      │     @¥150×100個=15,000円           │
      └───────────────────────────────────┘→数量
                                       100個
```

【練習問題 5 – 16】

売上原価の算定	（借）	仕 入	10,600	（貸）	繰 越 商 品	10,600
	（借）	繰 越 商 品	12,000	（貸）	仕 入	12,000
棚 卸 減 耗	（借）	棚卸減耗費	640	（貸）	繰 越 商 品	640
評 価 損	（借）	商品評価損	710	（貸）	繰 越 商 品	710

【図表】

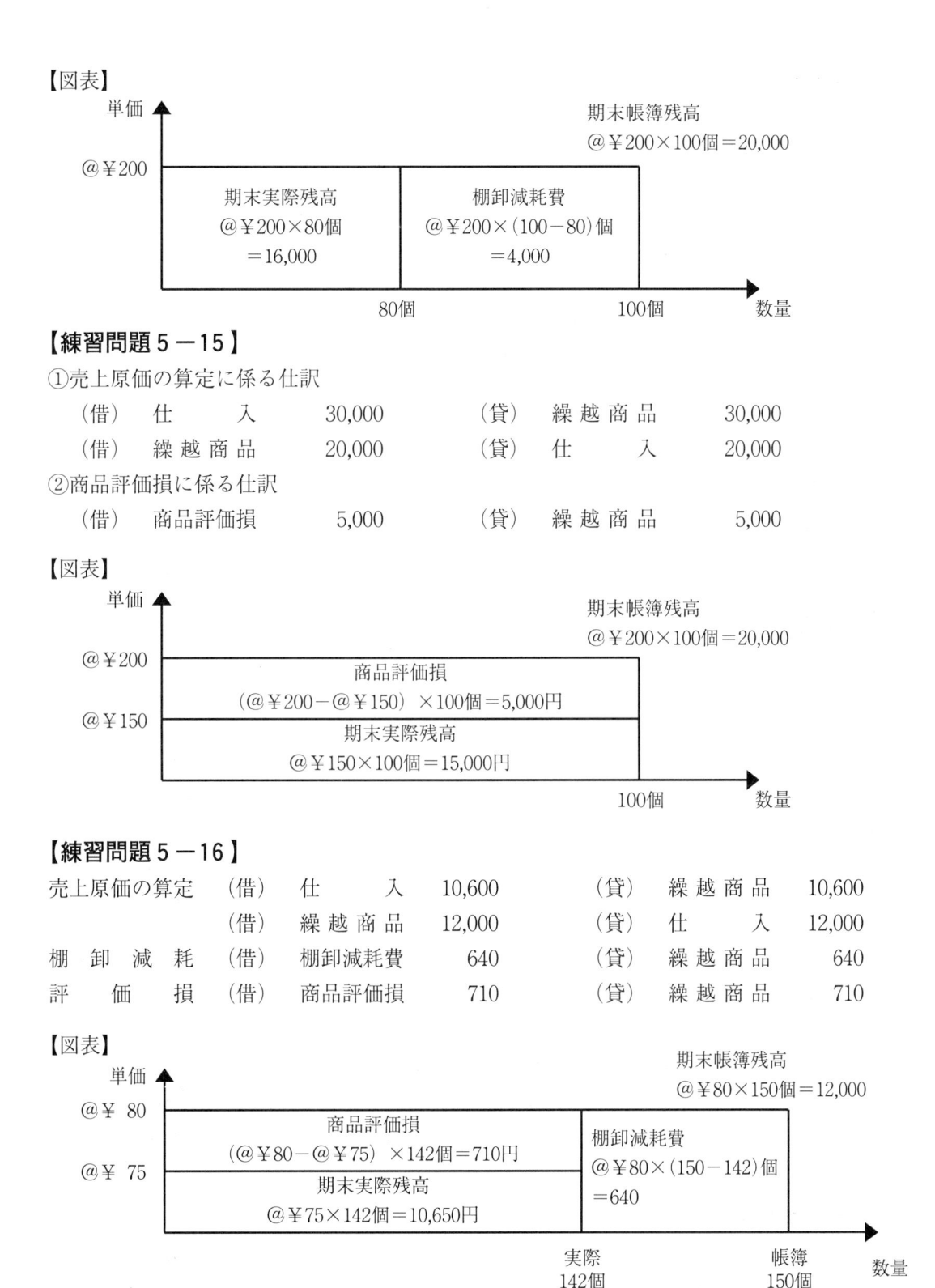

```
単価↑
                                              期末帳簿残高
                                              @¥80×150個=12,000
@¥80 ┌──────────────────────┬──────────────┐
     │    商品評価損         │  棚卸減耗費  │
     │ (@¥80-@¥75)×142個=710円│ @¥80×(150-142)個│
@¥75 ├──────────────────────┤   =640       │
     │    期末実際残高       │              │
     │  @¥75×142個=10,650円  │              │
     └──────────────────────┴──────────────┘→数量
                          実際            帳簿
                          142個           150個
```

◆Boxの形に注意。すなわち，減耗した商品の評価を行う必要はなく，あくまで実際に存在する商品（実際数量の商品）について，商品評価損を計上するという点には，くれぐれも留意されたい。

【練習問題6－1】

佐賀商店の仕訳

①	(借)	未 着 品	800,000	(貸)	買 掛 金	800,000
②	(借)	売 掛 金	600,000	(貸)	未着品売上	600,000
		仕 入	300,000		未 着 品	300,000
③	(借)	仕 入	508,000	(貸)	未 着 品	500,000
					現 金	8,000
④		仕訳なし				

鹿児島商店の仕訳

①		仕訳なし				
②	(借)	未 着 品	600,000	(貸)	買 掛 金	600,000
③		仕訳なし				
④	(借)	仕 入	605,000	(貸)	未 着 品	600,000
					現 金	5,000

【練習問題6－2】

①	(借)	積 送 品	63,000	(貸)	仕 入	60,000
					現 金	3,000
②	(借)	売 掛 金	30,000	(貸)	受 託 販 売	30,000
③	(借)	受 託 販 売	30,000	(貸)	当 座 預 金	27,000
					受取手数料	3,000
④	(借)	売 掛 金	27,000	(貸)	積送品売上	27,000
		仕 入	21,000		積 送 品	21,000
⑤	(借)	当 座 預 金	27,000	(貸)	売 掛 金	27,000

【練習問題6－3】

①	(借)	割賦売掛金	360,000	(貸)	割 賦 売 上	360,000
②	(借)	現 金	30,000	(貸)	割賦売掛金	30,000
③	(借)	現 金	30,000	(貸)	割賦売掛金	30,000
		未実現利益控除	30,000		未現実利益	30,000

【練習問題6－4】

①	(借)	試 用 品	30,000	(貸)	仕 入	30,000
②	(借)	売 掛 金	37,000	(貸)	売 上	37,000
		仕 入	30,000		試 用 品	30,000

【練習問題 7 － 1】

8/4	（借）	売 掛 金	100,000	（貸）	売 上	100,000
8/6	（借）	仕 入	30,000	（貸）	買 掛 金	30,000
8/12	（借）	売 掛 金	75,000	（貸）	売 上	150,000
		現 金	75,000			
8/14	（借）	売 上	8,000	（貸）	売 掛 金	8,000
8/15	（借）	買 掛 金	3,000	（貸）	仕 入	3,000
8/20	（借）	仕 入	88,000	（貸）	当 座 預 金	50,000
					買 掛 金	38,000
8/22	（借）	当 座 預 金	260,000	（貸）	売 掛 金	260,000
8/27	（借）	買 掛 金	150,000	（貸）	当 座 預 金	150,000

【練習問題 7 － 2】

①	（借）	貸倒引当金繰入	3,000	（貸）	貸倒引当金	3,000
②	（借）	貸倒引当金	15,000	（貸）	売 掛 金	20,000
		貸 倒 損 失	5,000			
③	（借）	現 金	10,000	（貸）	償却債権取立益	10,000

【練習問題 8 － 1】

①	（借）	仕 入	200,000	（貸）	売 掛 金	200,000
②	（借）	買 掛 金	600,000	（貸）	支 払 手 形	600,000
②	（借）	受 取 手 形	33,000	（貸）	売 掛 金	33,000

【練習問題 8 － 2】

①	（借）	仕 入	700,000	（貸）	裏 書 手 形	500,000
					支 払 手 形	200,000
		保証債務費用	14,000		保 証 債 務	14,000
②	（借）	当 座 預 金	790,000	（貸）	割 引 手 形	800,000
		手形売却損	10,000			
		保証債務費用	8,000		保 証 債 務	8,000
③	（借）	裏 書 手 形	900,000	（貸）	受 取 手 形	900,000
	（借）	保 証 債 務	9,000	（貸）	保証債務取崩益	9,000

【練習問題 8 − 3】

①	(借)	不 渡 手 形	504,000	(貸)	当 座 預 金	504,600	
		手形裏書義務	500,000		手形裏書義務見返	500,000	
②	(借)	不 渡 手 形	920,700	(貸)	当 座 預 金	920,700	
		割 引 手 形	920,000		受 取 手 形	920,000	
③	(借)	不 渡 手 形	8,000	(貸)	当 座 預 金	8,000	
④	(借)	当 座 預 金	929,300	(貸)	不 渡 手 形	928,700	
					受 取 利 息	600	

【練習問題 8 − 4】

①	(借)	当 座 預 金	713,000	(貸)	売　　上	900,000	
		手形売却損	7,000				
		売 掛 金	180,000				
②	(借)	未 着 品	900,000	(貸)	当 座 預 金	720,000	
					買 掛 金	180,000	

【練習問題 8 − 5】

受取手形記入帳

平成 ○年		手形 種類	手形 番号	摘要	支払人	振出人また は裏書人	振出日		満期日		支払場所	手形金額	てん末		
							月	日	月	日			月	日	摘要
4	4	為手	430	売掛金	徳島商店	愛媛商店	4	4	5	19	土佐銀行	880,000			
4	11	約手	240	売 上	河合商店	河合商店	4	11	6	26	三嶋銀行	350,000			

支払手形記入帳

平成 ○年		手形 種類	手形 番号	摘要	受取人	振出人	振出日		満期日		支払場所	手形金額	てん末		
							月	日	月	日			月	日	摘要
4	19	為手	360	買掛金	宮川商店	豊田商店	4	19	7	5	松井銀行	590,000			
4	27	約手	101	仕 入	岩国商会	当 店	4	27	5	26	広島銀行	220,000			

【練習問題 9 − 1】

城陽商店の仕訳

1/1	(借)	貸 付 金	3,000,000	(貸)	現　　金	3,000,000	
6/30	(借)	当 座 預 金	3,067,500	(貸)	貸 付 金	3,000,000	
					受 取 利 息	67,500	

伏見商店の仕訳

1/1	(借)	現　　金	3,000,000	(貸)	借 入 金	3,000,000	
6/30	(借)	借 入 金	3,000,000	(貸)	当 座 預 金	3,067,500	
		支 払 利 息	67,500				

【練習問題9－2】

11/20	（借）	現　　　金	200,000	（貸）	未　収　金	200,000
12/14	（借）	未　払　金	160,000	（貸）	当座預金	160,000

【練習問題9－3】

宇治商店の仕訳

10/30	（借）	現　　　金	80,000	（貸）	前　受　金	80,000
11/15	（借）	売　掛　金	420,000	（貸）	売　　　上	500,000
		前　受　金	80,000			

長岡商店の仕訳

10/30	（借）	前　払　金	80,000	（貸）	現　　　金	80,000
11/15	（借）	仕　　　入	500,000	（貸）	買　掛　金	420,000
					前　払　金	80,000

【練習問題9－4】

5/17	（借）	売　掛　金	240,000	（貸）	売　　　上	240,000
		立　替　金	10,000	（貸）	現　　　金	10,000
25	（借）	給　　　料	800,000	（貸）	預　り　金	60,000
					立　替　金	40,000
					現　　　金	700,000

※5/17の仕訳は，（借）売　掛　金　250,000　（貸）売　　　上　240,000
　　　　　　　　　　　　　　　　　　　　　　　　現　　　金　10,000としてもよい

【練習問題9－5】

7/10	（借）	仮　払　金	120,000	（貸）	現　　　金	120,000
13	（借）	当座預金	650,000	（貸）	仮　受　金	650,000
16	（借）	仮　受　金	650,000	（貸）	売　掛　金	300,000
					貸　付　金	200,000
					前　受　金	150,000
18	（借）	旅費交通費	127,000	（貸）	仮　払　金	120,000
					現　　　金	7,000

【練習問題9－6】

6/10	（借）	現　　　金	100,000	（貸）	商　品　券	100,000
17	（借）	売　掛　金	80,000	（貸）	売　　　上	160,000
		当座預金	30,000			
		商　品　券	50,000			
24	（借）	他店商品券	90,000	（貸）	売　　　上	90,000

【練習問題 9－7】

5/19	（借）	保証債務見返	2,000,000		（貸）	保証債務	2,000,000
9/25	（借）	立　替　金	2,007,000		（貸）	当座預金	2,007,000
		保証債務	2,000,000			保証債務見返	2,000,000

【練習問題 9－8】

11/6	（借）	減価償却累計額	270,000	（貸）	車両運搬具	3,000,000
		未　決　算	2,730,000			
25	（借）	未　収　金	2,500,000	（貸）	未　決　算	2,730,000
		盗　難　損　失	230,000			

【練習問題 10－1】

①	（借）	売買目的有価証券	1,722,000	（貸）	当座預金	1,722,000
②	（借）	売買目的有価証券	3,970,000	（貸）	未　払　金	3,970,000
③	（借）	現　　　金	485,000	（貸）	売買目的有価証券	465,000
					有価証券売却益	20,000
④	（借）	未　収　金	2,880,000	（貸）	売買目的有価証券	2,940,000
		有価証券売却損	60,000			

【練習問題 10－2】

①	（借）	売買目的有価証券	1,960,000	（貸）	当座預金	1,960,000
②	（借）	現　　　金	60,000	（貸）	受取利息	60,000
③	（借）	売買目的有価証券	200,000	（貸）	有価証券評価益	200,000
④	（借）	有価証券評価損	100,000	（貸）	売買目的有価証券	100,000

【練習問題 11－1】

①	（借）	備　　　品	283,000	（貸）	当座預金	283,000
②	（借）	建　　　物	5,850,000	（貸）	当座預金	5,000,000
					現　　　金	850,000
③	（借）	車両運搬具	1,300,000	（貸）	現　　　金	500,000
					未　払　金	800,000
④	（借）	建　　　物	2,500,000	（貸）	当座預金	2,800,000
		修　繕　費	300,000			

【練習問題11−2】

		借方		貸方	
①	(借)	減価償却費 270,000	(貸)	建物	270,000
②	(借)	減価償却費 270,000	(貸)	建物減価償却累計額	270,000
③	(借)	減価償却費 320,000	(貸)	備品減価償却累計額	320,000
④	(借)	備品減価償却累計額 432,000	(貸)	備品	800,000
		現金 200,000			
		未収金 150,000			
		固定資産売却損 18,000			
⑤	(借)	機械減価償却累計額 1,800,000	(貸)	機械	3,000,000
		未収金 1,270,000		固定資産売却益	70,000
⑥	(借)	備品除却損 170,000	(貸)	備品	210,000
		貯蔵品 40,000			

【練習問題12−1】

		借方		貸方	
①	(借)	現金 25,000,000	(貸)	資本金	25,000,000
②	(借)	現金 8,000,000	(貸)	資本金	8,000,000

【練習問題12−2】

資本金勘定を直接減額する方法

		借方		貸方	
①	(借)	資本金 30,000	(貸)	現金	30,000
②	(借)	資本金 10,000	(貸)	仕入	10,000
③	(借)	通信費 50,000	(貸)	現金	70,000
		資本金 20,000			
④		仕訳なし			

引出金勘定を用いる方法

		借方		貸方	
①	(借)	引出金 30,000	(貸)	現金	30,000
②	(借)	引出金 10,000	(貸)	仕入	10,000
③	(借)	通信費 50,000	(貸)	現金	70,000
		引出金 20,000			
④	(借)	資本金 60,000	(貸)	現金	60,000

【練習問題 12 - 3】

(単位：千円)

行番号	期末資産	費用	期末負債	期首純資産(資本)	収益
(1)	7,700	6,600	2,200	3,300	8,800
(2)	3,300	4,400	1,100	1,100	5,500
(3)	6,500	5,500	3,300	3,400	5,300
(4)	3,600	5,400	2,400	3,000	3,600
(5)	9,300	7,800	7,600	3,500	6,000

【練習問題 12 - 4】

(単位：千円)

行番号	期首			期末			収益	費用	純利益または純損失
	資産	負債	純資産(資本)	資産	負債	純資産(資本)			
(1)	6,600	5,800	800	7,200	6,300	900	9,500	9,400	100
(2)	2,600	1,700	900	3,700	2,400	1,300	5,100	4,700	400
(3)	9,800	6,900	2,900	9,400	8,200	1,200	8,200	9,900	△1,700
(4)	7,900	6,600	1,300	8,100	5,900	2,200	4,100	3,200	900
(5)	8,100	7,250	850	9,500	7,800	1,700	2,700	1,850	850

【練習問題 12 - 5】

(単位：千円)

行番号	期首資本金	追加元入金	引出金	当期純利益(純損失)	期末資本金
(1)	5,500	2,000	500	500	7,500
(2)	4,000	500	1,500	△1,500	1,500
(3)	3,500	1,500	1,000	500	4,500
(4)	6,000	500	1,000	△2,500	3,000
(5)	7,500	2,500	3,500	2,500	9,000

【練習問題 12 - 6】

(単位：千円)

行番号	期首資本金	追加元入金	引出金	期末資本金	収益	費用	純利益または純損失
(1)	6,000	250	1,850	6,200	3,200	1,400	1,800
(2)	9,000	750	2,250	4,500	4,600	7,600	△3,000
(3)	7,500	150	2,050	7,000	5,350	3,950	1,400
(4)	8,000	250	1,450	6,000	5,750	6,550	△ 800
(5)	5,500	950	1,500	7,600	5,900	3,250	2,650

【練習問題13−1】

①	(借)	保　険　料	120,000	(貸)	現　　　金	120,000
②	(借)	前払保険料	40,000	(貸)	保　険　料	40,000
③	(借)	保　険　料	40,000	(貸)	前払保険料	40,000

② $120,000 \times \dfrac{4}{12} = 40,000$

【練習問題13−2】

①	(借)	前 払 家 賃	1,000,000	(貸)	支 払 家 賃	1,000,000

$\dfrac{2,200,000}{22} \times 10 = 1,000,000$

【練習問題13−3】

①	(借)	現　　　金	1,500,000	(貸)	受 取 家 賃	1,500,000
②	(借)	受 取 家 賃	750,000	(貸)	前 受 家 賃	750,000
③	(借)	前 受 家 賃	750,000	(貸)	受 取 家 賃	750,000

② $1,500,000 \times \dfrac{3}{6} = 750,000$

【練習問題13−4】

	(借)	受 取 家 賃	900,000	(貸)	前 受 家 賃	900,000

$\dfrac{2,100,000}{21} \times 9 = 900,000$

【練習問題13−5】

①		仕訳なし				
②	(借)	支 払 地 代	962,500	(貸)	未 払 地 代	962,500
③	(借)	未 払 地 代	962,500	(貸)	支 払 地 代	962,500

② $1,650,000 \times \dfrac{7}{12} = 962,500$

【練習問題13−6】

	(借)	支 払 家 賃	400,000	(貸)	未 払 家 賃	400,000

$\dfrac{800,000}{8} \times 4 = 400,000$

【練習問題 13 －7】

① 　　　　　仕訳なし
② （借）　未 収 家 賃　 3,025,000 　　　（貸）　受 取 家 賃　 3,025,000
③ （借）　受 取 家 賃　 3,025,000 　　　（貸）　未 収 家 賃　 3,025,000

② $3,300,000 \times \dfrac{11}{12} = 3,025,000$

【練習問題 13 －8】

（借）　未 収 家 賃　 500,000 　　　（貸）　受 取 家 賃　 500,000

$\dfrac{700,000}{7} \times 5 = 500,000$

【練習問題 13 －9】

購入時に費用として処理する場合
① （借）　消 耗 品 費　 40,000 　　　（貸）　当 座 預 金　 40,000
② （借）　消 耗 品　 15,000 　　　（貸）　消 耗 品 費　 15,000

購入時に資産として処理する場合
① （借）　消 耗 品　 40,000 　　　（貸）　当 座 預 金　 40,000
② （借）　消 耗 品 費　 25,000 　　　（貸）　消 耗 品　 25,000

【練習問題 14 －1】

借方振替伝票　9月11日		貸方振替伝票　9月11日	
借方科目	金　額	貸方科目	金　額
仕　　入	90,000	買　掛　金	90,000

【練習問題 14 －2】

借方振替伝票　9月12日		貸方振替伝票　9月12日	
借方科目	金　額	貸方科目	金　額
旅費交通費	60,000	仮　払　金	60,000

【練習問題 14 －3】

借方振替伝票 9月13日		貸方振替伝票 9月13日	
借方科目	金　額	貸方科目	金　額
受 取 手 形	30,000	売　　　上	30,000

【練習問題 14 －4】

借方振替伝票 9月14日		貸方振替伝票 9月14日	
借方科目	金　額	貸方科目	金　額
買　掛　金	40,000	支 払 手 形	40,000

【練習問題 14 －5】

（借）	仕　　　入	100,000	（貸）	買　掛　金	60,000
				現　　　金	40,000

【練習問題 14 －6】

（借）	売　掛　金	30,000	（貸）	売　　　上	100,000
	現　　　金	70,000			

【練習問題 14 －7】

（借）	仕　　　入	80,000	（貸）	買　掛　金	20,000
				現　　　金	60,000

【練習問題 14 －8】

（借）	売　掛　金	20,000	（貸）	売　　　上	50,000
	現　　　金	30,000			

【練習問題 14 − 9】

(1)

借方振替伝票 9月19日		貸方振替伝票 9月19日	
借方科目	金　額	貸方科目	金　額
売　掛　金	90,000	売　　　上	90,000

(2)

借方振替伝票 9月19日		貸方振替伝票 9月19日	
借方科目	金　額	貸方科目	金　額
売　掛　金	30,000	売　　　上	30,000

【練習問題 14 − 10】

(1)

借方振替伝票 9月20日		貸方振替伝票 9月20日	
借方科目	金　額	貸方科目	金　額
給　　料	10,000	所得税預り金	10,000

(2)

借方振替伝票 9月20日		貸方振替伝票 9月20日	
借方科目	金　額	貸方科目	金　額
給　　料	100,000	所得税預り金	100,000

【練習問題14－11】

(1)

借方振替伝票 9月21日		貸方振替伝票 9月21日	
借方科目	金　額	貸方科目	金　額
減価償却累計額 未　収　金 固定資産売却損	20,000 20,000 10,000	備　　品	50,000

(2)

借方振替伝票 9月21日		貸方振替伝票 9月21日	
借方科目	金　額	貸方科目	金　額
減価償却累計額 未　収　金 固定資産売却損	20,000 30,000 10,000	備　　品	60,000

(3)

借方振替伝票 9月21日		貸方振替伝票 9月21日	
借方科目	金　額	貸方科目	金　額
減価償却累計額 未　収　金 固定資産売却損	20,000 20,000 20,000	備　　品	60,000

(4)

借方振替伝票 9月21日		貸方振替伝票 9月21日	
借方科目	金　額	貸方科目	金　額
減価償却累計額 未　収　金 固定資産売却損	30,000 20,000 10,000	備　　品	60,000

【練習問題 14 − 12】

仕入伝票
9月22日
青森商店　　　70,000

出金伝票
9月22日
（買掛金）　　　20,000

【練習問題 14 − 13】

売上伝票
9月23日
新潟商店　　　600,000

入金伝票
9月23日
（売掛金）　　　200,000

借方振替伝票 9月23日		貸方振替伝票 9月23日	
借方科目	金　額	貸方科目	金　額
受 取 手 形	300,000	売　掛　金	300,000

【練習問題 14 − 14】

売上伝票
9月24日
青森商店（返品）　　**50,000**

出金伝票
9月24日
（売掛金）　　　30,000

【練習問題14－15】

<u>仕訳日計表</u>
×年9月25日

借　方	元丁	勘定科目	元丁	貸　方
110,000		現　　　金		70,000
30,000		当 座 預 金		
		受 取 手 形		30,000
90,000		売 掛 金		100,000
		支 払 手 形		20,000
40,000		買 掛 金		50,000
20,000		売　　　上		90,000
		受取手数料		30,000
50,000		仕　　　入		10,000
60,000		広 告 料		
400,000				400,000

【練習問題15－1】

付記事項	（借）	交 通 費	12,000	（貸）	通 信 費	12,000
①	（借）	仕　　入	370,000	（貸）	繰 越 商 品	370,000
		繰 越 商 品	410,000		仕　　入	410,000
②	（借）	貸倒引当金繰入	35,000	（貸）	貸倒引当金	35,000
③	（借）	減価償却費	144,000	（貸）	備　　品	144,000
④	（借）	雑　　損	20,000	（貸）	現　　金	20,000
⑤	（借）	消 耗 品	16,000	（貸）	消耗品費	16,000
⑥	（借）	資 本 金	90,000	（貸）	引 出 金	90,000

精算表

勘定科目	残高試算表 借方	残高試算表 貸方	修正記入 借方	修正記入 貸方	損益計算書 借方	損益計算書 貸方	貸借対照表 借方	貸借対照表 貸方
現　　　　　金	260,000			20,000			240,000	
当　座　預　金	840,000						840,000	
売　　掛　　金	1,600,000						1,600,000	
貸 倒 引 当 金		13,000		35,000				48,000
繰　越　商　品	370,000		410,000	370,000			410,000	
貸　　付　　金	450,000						450,000	
備　　　　　品	728,000			144,000			584,000	
買　　掛　　金		1,310,000						1,310,000
借　　入　　金		150,000						150,000
資　　本　　金		1,953,000	90,000					1,863,000
引　　出　　金	90,000			90,000				
売　　　　　上		7,398,000				7,398,000		
受　取　利　息		18,000				18,000		
仕　　　　　入	5,449,000		370,000	410,000	5,409,000			
給　　　　　料	633,000				633,000			
交　　通　　費	92,000		12,000		104,000			
通　　信　　費	182,000			12,000	170,000			
消　耗　品　費	59,000			16,000	43,000			
水 道 光 熱 費	75,000				75,000			
雑　　　　　費	14,000				14,000			
	10,842,000	10,842,000						
消　　耗　　品			16,000				16,000	
貸倒引当金繰入			35,000		35,000			
減 価 償 却 費			144,000		144,000			
雑　　　　　損			20,000		20,000			
当 期 純 利 益					769,000			769,000
			1,097,000	1,097,000	7,416,000	7,416,000	4,140,000	4,140,000

【練習問題 15 − 2】

付記事項1	(借)	仮　受　金	120,000	(貸)	売　掛　金	120,000		
付記事項2	(借)	資　本　金	8,000	(貸)	支払保険料	8,000		
①	(借)	仕　　　入	1,150,000	(貸)	繰越商品	1,150,000		
		繰越商品	1,280,000		仕　　　入	1,280,000		
②	(借)	貸倒引当金繰入	99,000	(貸)	貸倒引当金	99,000		
③	(借)	減価償却費	76,500	(貸)	減価償却累計額	76,500		
④	(借)	有価証券評価損	70,000	(貸)	有価証券	70,000		
⑤	(借)	消耗品費	125,000	(貸)	消耗品	125,000		
⑥	(借)	未収手数料	23,000	(貸)	受取手数料	23,000		
⑦	(借)	前払家賃	150,000	(貸)	支払家賃	150,000		

精算表

勘定科目	残高試算表 借方	残高試算表 貸方	修正記入 借方	修正記入 貸方	損益計算書 借方	損益計算書 貸方	貸借対照表 借方	貸借対照表 貸方
現　　　　　金	620,000						620,000	
当 座 預 金	2,951,000						2,951,000	
受 取 手 形	1,350,000						1,350,000	
売 掛 金	1,280,000			120,000			1,160,000	
貸 倒 引 当 金		26,500		99,000				125,500
有 価 証 券	1,410,000			70,000			1,340,000	
繰 越 商 品	1,150,000		1,280,000	1,150,000			1,280,000	
消 耗 品	160,000			125,000			35,000	
備　　　　　品	680,000						680,000	
減価償却累計額		153,000		76,500				229,500
支 払 手 形		1,177,000						1,177,000
買 掛 金		1,156,000						1,156,000
仮 受 金		120,000	120,000					
資 本 金		6,515,000	8,000					6,507,000
売　　　　　上		19,026,500				19,026,500		
受 取 手 数 料		133,000		23,000		156,000		
仕　　　　　入	16,041,000		1,150,000	1,280,000	15,911,000			
給　　　　　料	1,459,000				1,459,000			
交 通 費	224,000				224,000			
支 払 保 険 料	82,000			8,000	74,000			
支 払 家 賃	900,000			150,000	750,000			
	28,307,000	28,307,000						
貸倒引当金繰入			99,000		99,000			
減 価 償 却 費			76,500		76,500			
有価証券評価損			70,000		70,000			
消 耗 品 費			125,000		125,000			
未 収 手 数 料			23,000				23,000	
前 払 家 賃			150,000				150,000	
当 期 純 利 益					**394,000**			394,000
			3,101,500	3,101,500	19,182,500	19,182,500	9,589,000	9,589,000

【練習問題16－1】

繰越商品

前期繰越	830,000	仕　　入	830,000
仕　　入	780,000	次期繰越	**780,000**
	1,610,000		1,610,000
前期繰越	780,000		

資本金

次期繰越	**3,390,000**	前期繰越	3,000,000
		損　　益	390,000
	3,390,000		3,390,000
		前期繰越	3,390,000

売上

損　　益	6,000,000	諸　　口	6,000,000

受取利息

損　　益	250,000	諸　　口	250,000

仕入

諸　　口	4,800,000	繰越商品	780,000
繰越商品	830,000	損　　益	4,850,000
	5,630,000		5,630,000

給料

諸　　口	330,000	損　　益	330,000

広告費

諸　　口	270,000	損　　益	270,000

貸倒引当金繰入

貸倒引当金	50,000	損　　益	50,000

減価償却費

減価償却累計額	80,000	損　　益	80,000

消耗品費

諸　　口	320,000	消耗品	40,000
		損　　益	280,000
	320,000		320,000

損益

仕　　入	4,850,000	売　　上	6,000,000
給　　料	330,000	受取利息	250,000
広告費	270,000		
貸倒引当金繰入	50,000		
減価償却費	80,000		
消耗品費	280,000		
資本金	390,000		
	6,250,000		6,250,000

仕　訳

（借）	売　　上		6,000,000	（貸）	損　　益		6,250,000
	受取利息		250,000				
（借）	損　　益		5,860,000	（貸）	仕　　入		4,850,000
					給　　料		330,000
					広告費		270,000
					貸倒引当金繰入		50,000
					減価償却費		80,000
					消耗品費		280,000
（借）	損　　益		390,000	（貸）	資本金		390,000

【練習問題 16 − 2】

損益振替仕訳

（借）	売　　　　上	1,900,000	（貸）	損　　　　益	2,045,000
	受取手数料	130,000			
	受 取 利 息	15,000			
（借）	損　　　　益	1,823,000	（貸）	仕　　　　入	1,200,000
				営 業 費	450,000
				支 払 利 息	30,000
				貸倒引当金繰入	8,000
				減価償却費	135,000

資本振替仕訳

（借）	損　　　　益	222,000	（貸）	資 本 金	222,000

残高振替仕訳

（借）	残　　　　高	3,320,000	（貸）	現　　　　金	150,000
				当 座 預 金	370,000
				受 取 手 形	920,000
				売 掛 金	840,000
				繰 越 商 品	290,000
				備　　　　品	750,000
（借）	支 払 手 形	830,000	（貸）	残　　　　高	3,320,000
	買 掛 金	610,000			
	貸倒引当金	88,000			
	減価償却累計額	270,000			
	資 本 金	1,522,000			

損　　益

仕　　　　入	1,200,000	売　　　　上	1,900,000
営 業 費	450,000	受取手数料	130,000
支 払 利 息	30,000	受 取 利 息	15,000
貸倒引当金繰入	8,000		
減価償却費	135,000		
資 本 金	222,000		
	2,045,000		2,045,000

残　　高

現　　　　金	150,000	支 払 手 形	830,000
当 座 預 金	370,000	買 掛 金	610,000
受 取 手 形	920,000	貸倒引当金	88,000
売 掛 金	840,000	減価償却累計額	270,000
繰 越 商 品	290,000	資 本 金	1,522,000
備　　　　品	750,000		
	3,320,000		3,320,000

【練習問題 16－3】

①	（借）	仕　　入	283,000		（貸）	繰越商品	283,000
		繰越商品	317,000			仕　　入	317,000
②	（借）	減価償却費	20,000		（貸）	減価償却累計額	20,000
③	（借）	貸倒引当金繰入	4,000		（貸）	貸倒引当金	4,000
④	（借）	支払利息	3,000		（貸）	未払利息	3,000
⑤	（借）	前払保険料	9,000		（貸）	支払保険料	9,000
	（借）	売　　上	954,000		（貸）	損　　益	954,000
	（借）	損　　益	835,400		（貸）	仕　　入	681,000
						支払利息	16,000
						支払保険料	32,000
						営業費	82,400
						減価償却費	20,000
						貸倒引当金繰入	4,000
	（借）	損　　益	118,600		（貸）	資本金	118,600

```
         現　　金                              売 掛 金
      565,000 │   348,000              840,000 │   620,000
              │次期繰越 217,000                │次期繰越 220,000
      565,000 │   565,000              840,000 │   840,000

         繰 越 商 品                            備　　品
      283,000 │仕　入 283,000          200,000 │次期繰越 200,000
  仕入 317,000 │次期繰越 317,000
      600,000 │   600,000                 買 掛 金
                                    次期繰越  │   428,000     675,000
                                      247,000 │
                                      675,000 │   675,000

         貸倒引当金                          減価償却累計額
          600 │    1,000            次期繰越 40,000 │   20,000
  次期繰越 4,400│貸倒引当金繰入 4,000                │減価償却費 20,000
         5,000 │    5,000                  40,000 │   40,000

          資 本 金                             売　　上
  次期繰越 668,600│   550,000                   3,000 │   957,000
                 │損　益 118,600        損益 954,000 │
         668,600 │   668,600                957,000 │   957,000
```

仕　入			
	715,000	繰越商品	317,000
繰越商品	283,000	損　益	681,000
	998,000		998,000

支払利息			
	13,000	損　益	16,000
未払利息	3,000		
	16,000		16,000

貸倒引当金繰入			
貸倒引当金	4,000	損　益	4,000

未払利息			
次期繰越	3,000	支払利息	3,000

繰越試算表

借　方	勘定項目	貸　方
217,000	現　　金	
220,000	売　掛　金	
317,000	繰越商品	
200,000	備　　品	
	買　掛　金	247,000
	貸倒引当金	4,400
	減価償却累計額	40,000
	未払利息	3,000
9,000	前払保険料	
	資　本　金	668,600
963,000		963,000

支払保険料			
	41,000	前払保険料	9,000
		損　益	32,000
	41,000		41,000

営　業　費			
	82,400	損　益	82,400

減価償却費			
減価償却累計額	20,000	損　益	20,000

前払保険料			
支払保険料	9,000	次期繰越	9,000

損　益			
仕　入	681,000	売　上	954,000
支払利息	16,000		
支払保険料	32,000		
営　業　費	82,400		
減価償却費	20,000		
貸倒引当金繰入	4,000		
資　本　金	118,600		
	954,000		954,000

【練習問題17－1】

損 益 計 算 書

平成○年1月1日から平成○年12月31日

費　　　用	金　　額	収　　益	金　　額
売 上 原 価	6,260,000	売 上 高	7,900,000
給　　　　料	910,000	受 取 手 数 料	370,000
支 払 家 賃	600,000		
水 道 光 熱 費	255,500		
貸倒引当金繰入	15,300		
減 価 償 却 費	144,000		
当 期 純 利 益	**85,200**		
	8,270,000		8,270,000

貸 借 対 照 表

平成○年12月31日

資　　　産	金　　額	負債・純資産	金　　額
現　　　　金	170,000	支 払 手 形	490,000
当 座 預 金	470,000	買 掛 金	540,000
受 取 手 形	720,000	資 本 金	1,958,000
売 掛 金　960,000		当 期 純 利 益	85,200
貸倒引当金　28,800	931,200		
商　　　　品	270,000		
備　　　　品	512,000		
	3,073,200		3,073,200

【練習問題 17 − 2】

損 益 計 算 書
平成○年1月1日から平成○年12月31日

費　　用	金　　額	収　　益	金　　額
売 上 原 価	9,800,000	売 上 高	12,700,000
給　　　料	1,840,000	受 取 利 息	36,000
支 払 家 賃	300,000	雑 収 入	32,000
通 信 費	240,000		
貸倒引当金繰入	60,000		
減 価 償 却 費	320,000		
当 期 純 利 益	**208,000**		
	12,768,000		12,768,000

貸 借 対 照 表
平成○年12月31日

資　　産	金　　額	負債・純資産	金　　額
現　　　金	1,020,000	支 払 手 形	1,240,000
当 座 預 金	1,470,000	買 掛 金	1,330,000
受取手形 1,600,000		未 払 通 信 費	54,000
貸倒引当金 32,000	1,568,000	資 本 金	7,500,000
売掛金 2,200,000		当 期 純 利 益	208,000
貸倒引当金 44,000	2,156,000		
有 価 証 券	1,256,000		
商　　　品	1,420,000		
前 払 家 賃	150,000		
未 収 利 息	12,000		
備品 2,000,000			
減価償却累計額 720,000	1,280,000		
	10,332,000		10,332,000

【総合問題　仕訳】

1	(借)	積　送　品	520	(貸)	仕　　　入	50	
					当座預金	20	
2	(借)	受取手形	500	(貸)	未着品売上	800	
		売　掛　金	300				
		仕　　　入	500		未　着　品	500	
3	(借)	現　　　金	998,000	(貸)	売買目的有価証券	990,000	
		有価証券売却損	10,000		有価証券利息	18,000	
4	(借)	諸　資　産	32,000,000	(貸)	諸　負　債	10,000,000	
					資　本　金	20,000,000	
					合併差益	2,000,000	
5	(借)	備品減価償却累計額	3,009,195	(貸)	備　　　品	5,000,000	
		未収入金	1,200,000				
		固定資産売却損	790,805				

【解説】

1．委託販売

委託販売の積送時の問題。諸掛20を含めた金額を「積送品」勘定へと振替える。

2．未着品販売

未着品販売の問題。この仕訳の前提として，船荷証券を受け取った（購入した）時点で以下の仕訳がなされている。

　　［(借方) 未　着　品　500　(貸方) 現　　　金　500］

3．有価証券

有価証券の端数利息の問題。端数利息の計算が一見煩雑だが，2ステップに分解して考えると意外と簡単に解ける。

　ステップ1：売却損益の計算と仕訳

　　「売却損益＝売った値段980,000－買った値段990,000＝△10,000（損）」

　　［(借方) 現　　　金　980,000　(貸方) 売買目的有価証券　990,000］
　　　　　有価証券売却損　10,000

　ステップ2：端数利息の受取

　　利息18,000円を小切手で受け取った→それをそのまま仕訳で示す

　　［(借方) 現　　　金　18,000　(貸方) 有価証券利息　18,000］

あとは，この2つのステップの仕訳を合算すれば，解答の仕訳となる。

4．企業結合

企業結合（合併・買収）の問題。「資産－負債－資本金＝合併差益」となる点に注意。なお，簿記3級レベルでは，本問題のように，パーチェス法の仕訳が中心的に出題されるが，他の会計処理方法（持分プーリング法，フレッシュスタート法等）についても，押さえておく

ことが望ましい。

5．固定資産

固定資産売却の問題は，以下のように2ステップに分解して考える。

ステップ1：売却時点の帳簿価額（資産価値）はいくらか？

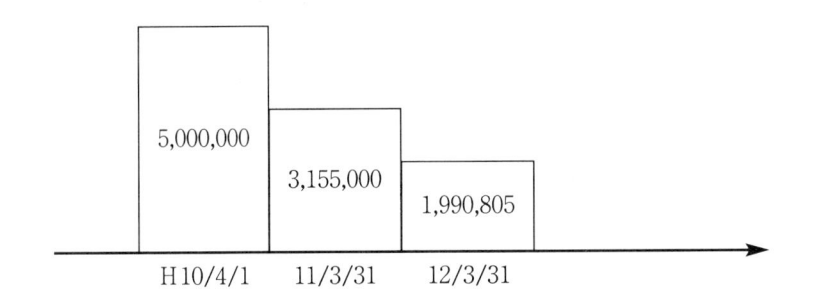

```
5,000,000
         3,155,000
                  1,990,805
H10/4/1  11/3/31  12/3/31
```

※H11/3/31の帳簿価額＝5,000,000－減価償却費1,845,000＝3,155,000
　減価償却費＝5,000,000×0.369＝1,845,000
※H12/3/31の帳簿価額＝3,155,000－減価償却費1,164,195＝1,990,805
　減価償却費3,155,000×0.369＝1,164,195
∴　H12/3/31の帳簿価額（資産価値）＝1,990,805
　　（本問題は間接法ゆえ，1,990,805＝取得原価5,000,000－備品減価償却累計額3,009,195）

ステップ2：売却損益はいくらか？
　売却損益＝売却価格1,200,000－売却時点の帳簿価額1,990,805＝△790,805（売却損）

【総合問題　2　計算問題】

〔第1問〕

期首純資産	期末純資産	期末商品	収益総額
¥　1,683,000	¥　1,754,000	¥　620,000	¥　6,471,000

〔第2問〕

① ¥　828,000	② ¥　152,000	③ ¥　32,000
④ ¥　498,000	⑤ ¥　730,000	⑥ ¥　160,000

〔第3問〕

期首純資産	売上原価	当期純利益	期末負債
¥ 2,500,000	¥ 12,830,000	¥ 1,095,000	¥ 6,105,000

〔第4問〕

期末純資産	純仕入高	当期純損失	追加元入高
¥ 3,990,000	¥ 9,800,000	¥ 290,000	¥ 330,000

〔第5問〕

期末純資産	売上総利益	当期純利益	費用総額
¥ 6,043,000	¥ 6,285,000	¥ 733,000	¥ 21,757,000

【総合問題 3 試算表】

〔第1問〕

月 次 合 計 試 算 表
平成△年7月31日

勘定科目	(Ⅰ)25日までの取引高		(Ⅱ)25日から31日までの取引高		(Ⅲ)合計試算表	
	借 方	貸 方	借 方	貸 方	借 方	貸 方
現　　　　　金	324,000	68,000	92,000	150,000	416,000	218,000
当 座 預 金	1,875,000	1,154,000		471,000	1,875,000	1,625,000
受 取 手 形	871,000	419,000	570,000		1,441,000	419,000
売 　掛 　金	1,338,000	528,000	609,000	592,000	1,947,000	1,120,000
繰 越 商 品	227,000				227,000	
買 　掛 　金	326,000	1,271,000	379,000	521,000	705,000	1,792,000
資 　本 　金		1,500,000	64,000		64,000	1,500,000
売　　　　　上		2,560,000	22,000	609,000	22,000	3,169,000
仕　　　　　入	1,965,000	28,000	521,000		2,486,000	28,000
営 業 費	602,000		86,000		688,000	
	7,528,000	7,528,000	2,343,000	2,343,000	9,871,000	9,871,000

解 説

26日	(借)	仕 入	521,000	(貸)	買 掛 金	521,000
27日	(借)	現 金	92,000	(貸)	当 座 預 金	92,000
28日	(借)	売 掛 金	609,000	(貸)	売 上	609,000
〃		買 掛 金	379,000		当 座 預 金	379,000
30日	(借)	売 上	22,000	(貸)	売 掛 金	22,000
〃		資 本 金	64,000		現 金	64,000
31日	(借)	営 業 費	86,000	(貸)	現 金	86,000
〃		受 取 手 形	570,000		売 掛 金	570,000

〔第2問〕

月 次 合 計 試 算 表

平成△年7月31日

勘定科目	(Ⅰ)25日までの取引高		(Ⅱ)25日から31日までの取引高		(Ⅲ)合計試算表	
	借 方	貸 方	借 方	貸 方	借 方	貸 方
現 金	410,000	180,000	560,000	260,000	970,000	440,000
当 座 預 金	2,390,000	1,765,000	260,000	340,000	2,650,000	2,105,000
売 掛 金	6,720,000	3,490,000	850,000	260,000	7,570,000	3,750,000
繰 越 商 品	504,000				504,000	
支 払 手 形	880,000	1,850,000		340,000	880,000	2,190,000
買 掛 金	1,371,000	2,990,000	623,000	640,000	1,994,000	3,630,000
資 本 金		1,000,000		300,000		1,300,000
売 上		6,945,000		850,000		7,795,000
仕 入	5,180,000		640,000	13,000	5,820,000	13,000
営 業 費	765,000		70,000		835,000	
	18,220,000	18,220,000	3,003,000	3,003,000	21,223,000	21,223,000

解 説

26日	(借)	仕	入	640,000	(貸)	買	掛	金	640,000
27日	(借)	買	掛 金	13,000	(貸)	仕		入	13,000
28日	(借)	営 業 費		70,000	(貸)	当 座 預 金			70,000
29日	(借)	現	金	300,000	(貸)	資	本	金	300,000
〃		買	掛 金	270,000		当 座 預 金			270,000
30日	(借)	売	掛 金	850,000	(貸)	売		上	850,000
〃		買	掛 金	340,000		支 払 手 形			340,000
〃		現	金	260,000		売	掛	金	260,000
31日	(借)	当 座 預 金		260,000	(貸)	現		金	260,000

【総合問題 4 帳簿組織】

〔第1問〕

現 金 出 納 帳

平成 ○年		摘 要	収 入	支 出	残 高
7	1	前月繰越	381,000		381,000
	3	東北商店へ売上，小切手受領	65,000		446,000
	6	関東商店へ買掛金支払い		50,000	396,000
	19	北陸商店より売掛金回収	80,000		476,000
	21	四国商店から仕入，他店振出小切手で支払い		65,000	411,000
	25	今月分給料支払い		250,000	161,000
	31	九州商事社債利札の支払期日到来	45,000		206,000
	〃	次月繰越		206,000	
			571,000	571,000	
8	1	前月繰越	206,000		206,000

〔第2問〕

小口現金出納帳

受入	平成○年		摘要	支払	内訳			
					交通費	通信費	消耗品費	雑費
18,000	10	15	前週繰越					
22,000		〃	本日補給					
		〃	切手, はがき代	8,800		8,800		
		16	タクシー代	6,180	6,180			
		〃	事務用帳簿	4,500			4,500	
		17	接待用飲料代	5,130				5,130
		18	接待用菓子代	3,480				3,480
		19	バス回数券	7,000	7,000			
			合計	35,090	13,180	8,800	4,500	8,610
			次週繰越	4,910				
40,000				40,000				
4,910	6	22	前週繰越					
35,090		〃	本日補給					

〔第3問〕

商品有高帳

(移動平均法)　　　婦人靴

平成○年		摘要	受入			払出			残高		
			数量	単価	金額	数量	単価	金額	数量	単価	金額
9	1	前月繰越	30	7,600	228,000				30	7,600	228,000
	8	仕入	50	8,000	400,000				80	7,850	628,000
	13	売上				50	7,850	392,500	30	7,850	235,500
	19	仕入	40	8,200	328,000				70	8,050	563,500
	25	売上				60	8,050	483,000	10	8,050	80,500
	28	仕入	40	8,100	324,000				50	8,090	404,500
	30	次月繰越				50	8,090	404,500			
			160		1,280,000	160		1,280,000			
10	1	前月繰越	50	8,090	404,500				50	8,090	404,500

売上高　¥（　1,180,000　）
売上原価　¥（　875,500　）
売上総利益　¥（　304,500　）

[第4問]

売掛金元帳

横浜商店　1

平成○年		摘要	借方	貸方	借または貸	残高
4	1	前月繰越	740,000		借	740,000
	5	売上	500,000		〃	1,240,000
	20	回収		900,000	〃	340,000

千葉商店　2

平成○年		摘要	借方	貸方	借または貸	残高
4	1	前月繰越	380,000		借	380,000
	12	回収		200,000	〃	180,000

受取手形記入帳

平成○年		手形種類	手形番号	摘要	支払人	振出人または裏書人	振出日		満期日		支払場所	手形金額	てん末		
							月	日	月	日			月	日	摘要
4	12	約手	31	売掛金	千葉商店	千葉商店	4	12	5	11	西京銀行	200,000	4	18	裏書譲渡
	20	為手	43	売掛金	群馬商店	横浜商店	4	2	6	1	渋谷銀行	900,000	4	28	割引

【総合問題　5　簿記一巡】

（1）期中取引高の仕訳と転記

　1）補助簿に記入されている取引

①	(借)現　　　金	210,000		(貸)売　掛　金	110,000	
				受 取 手 形	100,000	
	(借)給　　　料	84,000		(貸)現　　　金	161,000	
	支 払 家 賃	27,000				
	備　　　品	50,000				
②	(借)当 座 預 金	550,200		(貸)売　掛　金	320,000	
	手形売却損	1,000		受 取 手 形	180,000	
				受 取 手 形	50,000	
				受 取 利 息	1,200	
	(借)買　掛　金	280,000		(貸)当 座 預 金	498,200	
	支 払 手 形	130,000				
	借　入　金	40,000				
	広　告　費	44,000				
	支払保険料	2,400				
	支 払 利 息	1,800				
③	(借)仕　　　入	510,000		(貸)買　掛　金	510,000	
④	(借)売　掛　金	770,000		(貸)売　　　上	770,000	
⑤	(借)買　掛　金	67,000		(貸)支 払 手 形	67,000	
⑥	(借)受 取 手 形	280,000		(貸)売　掛　金	280,000	

　2）補助簿に記入されていないその他期中取引

①	(借)買　掛　金	55,000		(貸)売　掛　金	55,000	
②	(借)貸倒引当金	8,000		(貸)売　掛　金	8,000	

　3）元帳への転記

総勘定元帳

現　　金					当 座 預 金			
前期繰越	55,000	諸　　　口	161,000		前期繰越	180,000	諸　　　口	498,200
諸　　　口	210,000				諸　　　口	550,200		

受 取 手 形					売　掛　金			
前期繰越	130,000	現　　金	100,000		前期繰越	177,000	現　　金	110,000
売　掛　金	280,000	諸　　　口	180,000		諸　　　口	770,000	諸　　　口	320,000
		諸　　　口	50,000				受 取 手 形	280,000
							買　掛　金	55,000
							貸倒引当金	8,000

有価証券			
前期繰越	120,000		

貸付金			
前期繰越	80,000		

繰越商品			
前期繰越	70,000		

備品			
前期繰越	199,000		
現　　金	50,000		

支払手形			
当座預金	130,000	前期繰越	143,000
		買　掛　金	67,000

買掛金			
当座預金	280,000	前期繰越	168,000
支払手形	67,000	仕　　入	510,000
売掛金	55,000		

借入金			
当座預金	40,000	前期繰越	110,000

貸倒引当金			
売掛金	8,000	前期繰越	10,000

減価償却累計額			
		前期繰越	80,000

資本金			
		前期繰越	500,000

売上			
		売掛金	770,000

受取利息			
		諸　　口	1,200

仕入			
売掛金	510,000		

給料			
現　　金	84,000		

広告費			
現　　金	44,000		

支払家賃			
現　　金	27,000		

支払保険料			
当座預金	2,400		

支払利息			
当座預金	1,800		

手形売却費			
諸　　口	1,000		

(2) 期末の合計残高試算表の作成

合 計 残 高 試 算 表

借方残高	借方合計	勘 定 科 目	貸方合計	貸方残高
104,000	265,000	現　　　　　金	161,000	
232,000	730,200	当　座　預　金	498,200	
80,000	410,000	受　取　手　形	330,000	
174,000	947,000	売　　掛　　金	773,000	
120,000	120,000	有　価　証　券		
80,000	80,000	貸　　付　　金		
70,000	70,000	繰　越　商　品		
249,000	249,000	備　　　　　品		
	130,000	支　払　手　形	210,000	80,000
	402,000	買　　掛　　金	678,000	276,000
	40,000	借　　入　　金	110,000	70,000
	8,000	貸　倒　引　当　金	10,000	2,000
		減価償却累計額	80,000	80,000
		資　　本　　金	500,000	500,000
		売　　　　　上	770,000	770,000
		受　取　利　息	1,200	1,200
510,000	510,000	仕　　　　　入		
84,000	84,000	給　　　　　料		
44,000	44,000	広　　告　　費		
27,000	27,000	支　払　家　賃		
2,400	2,400	支　払　保　険　料		
1,000	1,000	手　形　売　却　損		
1,800	1,800	支　払　利　息		
1,779,200	4,121,400		4,121,400	1,779,200

(3) 決算仕訳

①	(借) 仕　　　　　入	70,000	(貸)	繰　越　商　品	70,000
	繰　越　商　品	110,000		仕　　　　　入	110,000
②	(借) 貸倒引当金繰入	10,700	(貸)	貸　倒　引　当　金	10,700
③	(借) 有価証券評価損	20,000	(貸)	有　価　証　券	20,000
④	(借) 減　価　償　却　費	7,470	(貸)	減価償却累計額	7,470
⑤	(借) 前　払　保　険　料	1,400	(貸)	支　払　保　険　料	1,400
⑥	(借) 支　払　家　賃	10,000	(貸)	未　払　家　賃	10,000
⑦	(借) 支　払　利　息	700	(貸)	未　払　利　息	700

(4) 精算表の作成

精算表 (単位:千円)

勘定科目	残高試算表 借方	残高試算表 貸方	整理記入 借方	整理記入 貸方	損益計算書 借方	損益計算書 貸方	貸借対照表 借方	貸借対照表 貸方
現　　　　　金	104,000						104,000	
当　座　預　金	232,000						232,000	
受　取　手　形	80,000						80,000	
売　　掛　　金	174,000						174,000	
有　価　証　券	120,000			20,000			100,000	
貸　　付　　金	80,000						80,000	
繰　越　商　品	70,000		110,000	70,000			110,000	
備　　　　　品	249,000						249,000	
支　払　手　形		80,000						80,000
買　　掛　　金		276,000						276,000
借　　入　　金		70,000						70,000
貸　倒　引　当　金		2,000		10,700				12,700
減価償却累計額		80,000		7,470				87,470
資　　本　　金		500,000						500,000
売　　　　　上		770,000				770,000		
受　取　利　息		1,200				1,200		
仕　　　　　入	510,000		70,000	110,000	470,000			
給　　　　　料	84,000				84,000			
広　　告　　費	44,000				44,000			
支　払　家　賃	27,000		10,000		37,000			
支　払　保　険　料	2,400			1,400	1,000			
手　形　売　却　損	1,000				1,000			
支　払　利　息	1,800		700		2,500			
	1,779,200	1,779,200						
(貸倒引当金繰入)			10,700		10,700			
(有価証券評価損)			20,000		20,000			
(減価償却費)			7,470		7,470			
(未払)家賃				10,000				10,000
(未払)利息				700				700
(前払)保険料			1,400				1,400	
当期純(利益)					93,530			93,530
合　　　　　計			230,270	230,270	771,200	771,200	1,130,400	1,130,400

(5) 決算整理後の各勘定の締切、
① 損益振替仕訳

(借)	売　　　　上	770,000	(貸)	損　　　　益	771,200
	受 取 利 息	1,200			
(借)	損　　　　益	677,670		仕　　　　入	470,000
				給　　　　料	84,000
				広　告　費	44,000
				支 払 家 賃	37,000
				支 払 保 険 料	1,000
				貸倒引当金繰入	10,700
				減 価 償 却 費	7,470
				有価証券評価損	20,000
				手 形 売 却 損	1,000
				支 払 利 息	2,500

② 資本振替仕訳
(借) 損　　　　益　93,530　　(貸) 資　本　金　93,530

総勘定元帳

現　金

前 期 繰 越	55,000	諸　　口	161,000
諸　　口	210,000	次 期 繰 越	104,000
	265,000		265,000
前 期 繰 越	104,000		

当座預金

前 期 繰 越	180,000	諸　　口	498,200
諸　　口	550,200	次 期 繰 越	232,000
	730,200		730,200
前 期 繰 越	232,000		

受取手形

前 期 繰 越	130,000	現　　金	100,000
売 掛 金	280,000	諸　　口	180,000
		諸　　口	50,000
		次 期 繰 越	80,000
	410,000		410,000
前 期 繰 越	80,000		

売 掛 金

前 期 繰 越	177,000	現　　金	110,000
諸　　口	770,000	諸　　口	320,000
		受 取 手 形	280,000
		買 掛 金	55,000
		貸 倒 引 当	8,000
		次 期 繰 越	174,000
	947,000		947,000
前 期 繰 越	174,000		

有価証券

前 期 繰 越	120,000	有価証券評価損	20,000
		次 期 繰 越	100,000
	120,000		120,000
前 期 繰 越	100,000		

貸 付 金

前 期 繰 越	80,000	次 期 繰 越	80,000
前 期 繰 越	80,000		

	繰越商品		
前期繰越	70,000	仕　　入	70,000
仕　　入	110,000	次期繰越	110,000
	180,000		180,000
前期繰越	110,000		

	備　　品		
前期繰越	199,000	次期繰越	249,000
現　　金	50,000		
	249,000		249,000
前期繰越	249,000		

	支払手形		
当座預金	130,000	前期繰越	143,000
次期繰越	80,000	買　掛　金	67,000
	210,000		210,000
		前期繰越	80,000

	買　掛　金		
当座預金	280,000	前期繰越	168,000
支払手形	67,000	仕　　入	510,000
売　掛　金	55,000		
次期繰越	276,000		
	678,000		678,000
		前期繰越	276,000

	借　入　金		
当座預金	40,000	前期繰越	110,000
次期繰越	70,000		
	110,000		110,000
		前期繰越	70,000

	貸倒引当金		
売　掛　金	8,000	前期繰越	10,000
次期繰越	12,700	貸倒引当金繰入	10,700
	20,700		20,700
		前期繰越	12,700

	減価償却累計額		
次期繰越	87,470	前期繰越	80,000
		減価償却	7,470
	87,470		87,470
		前期繰越	87,470

	資　本　金		
次期繰越	593,530	前期繰越	500,000
		損　　益	93,530
	593,530		593,530
		前期繰越	593,530

	売　　上		
損　　益	770,000	売　掛　金	770,000

	受取利息		
損　　益	1,200	諸　　口	1,200

	仕　　入		
買　掛　金	510,000	繰越商品	110,000
繰越商品	70,000	損　　益	470,000
	580,000		580,000

	給　　料		
現　　金	84,000	損　　益	84,000

	広　告　費		
現　　金	44,000	損　　益	44,000

	支払家賃		
現　　金	27,000	損　　益	37,000
未払家賃	10,000		
	37,000		37,000

支払保険料			
当座預金	2,400	前払保険料	1,400
		損　　益	1,000
	2,400		2,400

支払利息			
当座預金	1,800	損　　益	2,500
未払家賃	700		
	2,500		2,500

貸倒引当金繰入			
貸倒引当金	10,700	損　　益	10,700

有価証券評価損			
有価証券	20,000	損　　益	20,000

減価償却費			
減価償却累計額	7,470	損　　益	7,470

未払利息			
次期繰越	700	支払利息	700
		前期繰越	700

未払家賃			
次期繰越	10,000	支払家賃	10,000
		前期繰越	10,000

前払保険料			
支払保険料	1,400	次期繰越	1,400
前期繰越	1,400		

手形売却損			
諸　口	1,000	損　　益	1,000

損　　益			
仕　　入	470,000	売　　上	770,000
給　　料	84,000	受取利息	1,200
広　告　費	44,000		
支払家賃	37,000		
支払保険料	1,000		
貸倒引当金繰入	10,700		
減価償却費	7,470		
有価証券評価損	20,000		
手形売却損	1,000		
支払利息	2,500		
資　本　金	93,530		
	771,200		771,200

(6) 損益計算書ならびに貸借対照表の作成

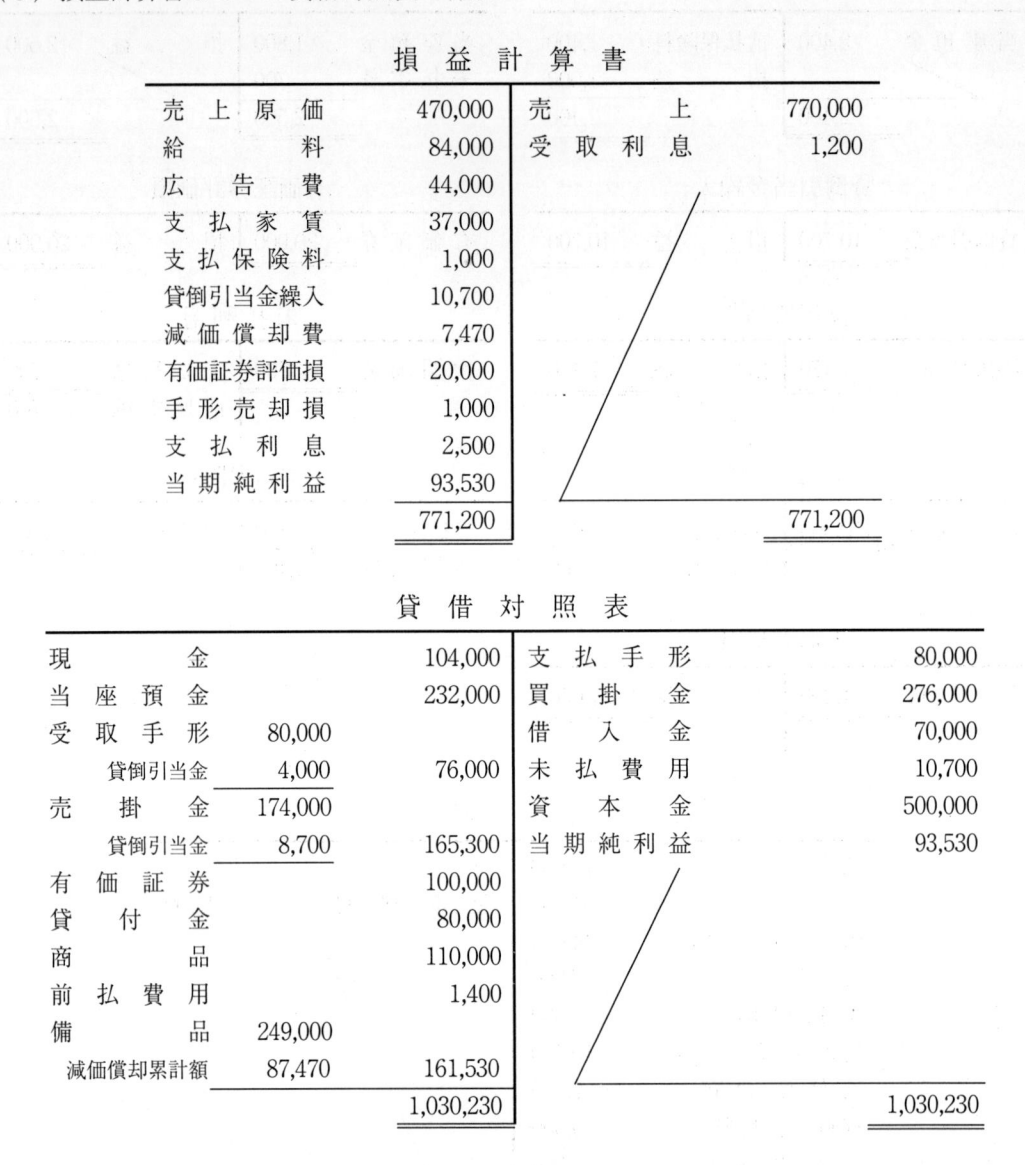

損 益 計 算 書

売 上 原 価	470,000	売　　　　上	770,000
給　　　　料	84,000	受 取 利 息	1,200
広 告 費	44,000		
支 払 家 賃	37,000		
支 払 保 険 料	1,000		
貸倒引当金繰入	10,700		
減 価 償 却 費	7,470		
有価証券評価損	20,000		
手 形 売 却 損	1,000		
支 払 利 息	2,500		
当 期 純 利 益	93,530		
	771,200		771,200

貸 借 対 照 表

現　　　　金		104,000	支 払 手 形		80,000
当 座 預 金		232,000	買 掛 金		276,000
受 取 手 形	80,000		借 入 金		70,000
貸倒引当金	4,000	76,000	未 払 費 用		10,700
売 掛 金	174,000		資 本 金		500,000
貸倒引当金	8,700	165,300	当 期 純 利 益		93,530
有 価 証 券		100,000			
貸 付 金		80,000			
商　　　　品		110,000			
前 払 費 用		1,400			
備　　　　品	249,000				
減価償却累計額	87,470	161,530			
		1,030,230			1,030,230

【総合問題　6　精算表】
〔第1問〕

精　算　表

(単位：千円)

勘定科目	残高試算表 借方	残高試算表 貸方	修正記入 借方	修正記入 貸方	損益計算書 借方	損益計算書 貸方	貸借対照表 借方	貸借対照表 貸方
現　　　　　金	6,111						6,111	
現 金 過 不 足	1,000			1,000				
当 座 預 金	8,200						8,200	
売　掛　金	6,000			500			5,500	
受 取 手 形	2,500						2,500	
売買目的有価証券	3,000		700				3,700	
繰 越 商 品	6,000		7,200	6,000			7,200	
消　耗　品	250			150			100	
建　　　　　物	20,000						20,000	
構　築　物	8,000						8,000	
買　掛　金		3,786	1,000					2,786
貸 倒 引 当 金		50		190				240
建物減価償却累計額		3,150		450				3,600
構築物減価償却累計額		780		361				1,141
資　本　金		52,000	150					51,850
引　出　金	150			150				
売　　　　　上		48,395				48,395		
受 取 地 代		1,950	300			1,650		
受 取 手 数 料		1,000		600		1,600		
仕　　　　　入	35,000		6,000	7,200	33,800			
給　　　　　料	11,000				11,000			
支 払 家 賃	1,000		1,400		2,400			
保　険　料	1,400			640	760			
広　告　費	1,500		800		2,300			
	111,111	111,111						
貸 倒 償 却			190		190			
有価証券評価益				700		700		
減 価 償 却 費			811		811			
消 耗 品 費			150		150			
雑　　　　　益				300		300		
前 払 保 険 料			640				640	
前 受 地 代				300				300
未 収 手 数 料			600				600	
未 払 家 賃				1,400				1,400
当 期 純 利 益					1,234			1,234
			19,941	19,941	52,645	52,645	62,551	62,551

[第2問]

精 算 表

(単位:千円)

勘定科目	残高試算表 借方	残高試算表 貸方	修正記入 借方	修正記入 貸方	損益計算書 借方	損益計算書 貸方	貸借対照表 借方	貸借対照表 貸方
現 金 預 金	320,667			50			320,617	
売 掛 金	65,500			500			65,000	
受 取 手 形	70,000						70,000	
売買目的有価証券	30,000			4,000			26,000	
仮 払 金	400			400				
繰 越 商 品	105,000		120,000	105,000			91,000	
				15,000				
				14,000				
備 品	40,000						40,000	
車 両 運 搬 具	35,000						35,000	
満期保有目的債券	48,000		200				48,200	
新 株 発 行 費	12,000			6,000			6,000	
買 掛 金		19,881						19,881
借 入 金		100,000						100,000
仮 受 金		500	500					0
修 繕 引 当 金		10,000		5,000				15,000
退職給付引当金		120,000		25,000				145,000
備品減価償却累計額		17,500		5,625				23,125
車両運搬具減価償却累計額		4,725		1,575				6,300
貸 倒 引 当 金		700		4,700				5,400
資 本 金		300,000						300,000
利 益 準 備 金		50,000						50,000
繰越利益剰余金		30,000						30,000
売 上		580,511				580,511		
有 価 証 券 利 息		750		200		950		
仕 入	314,000		105,000	120,000	299,000			
				15,000				
				14,000				
給 料	110,000				110,000			
支 払 家 賃	49,000			7,000	42,000			
旅 費 交 通 費	20,000		450		20,450			
支 払 利 息	15,000		3,000		18,000			
	1,234,567	1,234,567						
貸 倒 償 却			4,700		4,700			
有 価 証 券 評 価 損			4,000		4,000			
棚 卸 減 耗 費			15,000		15,000			
商 品 評 価 損			14,000		14,000			
減 価 償 却 費			7,200		7,200			
新 株 発 行 費 償 却			6,000		6,000			
退 職 給 付 費 用			25,000		25,000			
修 繕 引 当 金 繰 入			5,000		5,000			
前 払 家 賃			7,000				7,000	
未 払 利 息				3,000				3,000
当 期 純 利 益					11,111			11,111
			317,050	317,050	581,461	581,461	708,817	708,817

346

[第3問] 精算表 (単位：千円)

勘定科目	残高試算表 借方	残高試算表 貸方	修正記入 借方	修正記入 貸方	損益計算書 借方	損益計算書 貸方	貸借対照表 借方	貸借対照表 貸方
現　　　　　金	23,790						23,790	
当　座　預　金	3,250		1,750				5,000	
売　　掛　　金	9,250			950			8,300	
繰　越　商　品	10,500		10,000	10,500			7,350	
				200				
				2,450				
仮払法人税等	200			200				
建　　　　　物	50,000						50,000	
備　　　　　品	10,000						10,000	
の　れ　ん	1,500			500			1,000	
社債発行差金	390			120			270	
社債発行費	600			600				
買　　掛　　金		3,593		550				4,143
未　　払　　金		1,300		250				1,550
修繕引当金		2,700	2,700	3,600				3,600
社　　　　　債		20,000						20,000
建物減価償却累計額		3,375		900				4,275
備品減価償却累計額		2,710		729				3,439
貸倒引当金		110		139				249
資　　本　　金		60,000						60,000
利益準備金		4,000						4,000
繰越利益剰余金		2,000						2,000
売　　　　　上		98,232				98,232		
受　取　家　賃		1,980	900			1,080		
仕　　　　　入	50,000		10,500	10,000	52,950			
			2,450					
給　　　　　料	25,000				25,000			
広　告　料	14,920				14,920			
社　債　利　息	600		200		800			
	200,000	200,000						
貸　倒　償　却			139		139			
棚卸減耗費			200		200			
減価償却費			1,629		1,629			
のれん償却			500		500			
社債発行差金償却			120		120			
社債発行費償却			600		600			
修繕引当金戻入				2,700		2,700		
修繕引当金繰入			3,600		3,600			
前　受　家　賃				900				900
未払社債利息				200				200
法　人　税　等			777		777			
未払法人税等				577				577
当　期　純　利　益					777			777
			36,065	36,065	102,012	102,012	105,710	105,710

[第4問]

精算表

(単位:千円)

勘定科目	残高試算表 借方	残高試算表 貸方	修正記入 借方	修正記入 貸方	損益計算書 借方	損益計算書 貸方	貸借対照表 借方	貸借対照表 貸方
現 金 預 金	35,457		400				35,857	
売 掛 金	3,500			200			3,200	
				100				
繰 越 商 品	4,000		3,750	4,000			3,337	
				200				
				213				
仮払法人税等	395			395				
建 物	11,000						11,000	
備 品	2,500						2,500	
創 立 費	900			900				
社債発行差金	600			75			225	
				300				
買 掛 金		11,309						11,309
社 債		30,000						30,000
建物減価償却累計額		450		15				645
				180				
備品減価償却累計額		1,220		256				1,476
貸 倒 引 当 金		0	100	64				64
				100				
資 本 金		10,000						10,000
利 益 準 備 金		1,000						1,000
繰越利益剰余金		500						500
売 上		21,648				21,648		
受 取 家 賃		1,650		150		1,800		
仕 入	10,000		4,000	3,750	10,450			
			200					
給 料	5,000				5,000			
広 告 料	3,000				3,000			
貸 倒 損 失	300		200	300	200			
社 債 利 息	1,125		375		1,500			
	77,777	77,777						
貸 倒 償 却			64		64			
商 品 評 価 損			213		213			
過年度減価償却不足額			15		15			
減 価 償 却 費			436		436			
創 立 費 償 却			900		900			
過年度社債発行差金償却不足額			75		75			
社債発行差金償却			300		300			
未 払 社 債 利 息				375				375
未 収 家 賃			150				150	
法 人 税 等			518		518			
未 払 法 人 税 等				123				123
当 期 純 利 益					777			777
			11,696	11,696	23,448	23,448	56,269	56,269

編著者紹介

瀧田　輝己（たきた　てるみ）

1972年　慶應義塾大学商学部卒業
1978年　慶應義塾大学大学院商学研究科博士課程単位修得
1993年　博士（商学）（慶應義塾大学）
1996年　税理士試験委員（1988年まで）
1997年　日本監査研究学会理事（2000年まで）
1999年　日本簿記学会理事（2002年まで）
現　在　同志社大学商学部教授
　　　　公認会計士，税理士
　　　　日本会計研究学会評議委員
　　　　日本会計研究学会理事

〈専　攻〉　会計学，監査論
〈著　書〉　『監査構造論』千倉書房，1990年
　　　　　　『監査機能論』千倉書房，1992年(日本公認会計士協会第22回学術賞受賞)
　　　　　　『財務諸表論（総論）』千倉書房，1995年
　　　　　　『財務諸表論（各論）』千倉書房，1996年
　　　　　　『簿記学』同文舘出版，2002年
〈編著書〉　『複式簿記－根本原則の研究』白桃書房，2007年
〈翻訳書〉　L.A. Ponemon, D.R. Gabhart 共著『会計士の倫理と推論』税務経理協会（共訳），1999年
　　　　　　James C. Gaa 著『会計倫理』同文舘出版，2005年

編著者との契約により検印省略

平成20年 5月 1日　初版第 1刷発行
平成21年10月 1日　初版第 2刷発行
平成23年 5月 1日　初版第 3刷発行

複式簿記入門

編著者　瀧　田　輝　己
発行者　大　坪　嘉　春
製版所　松澤印刷株式会社
印刷所　税経印刷株式会社
製本所　株式会社　三森製本所

発行所　東京都新宿区下落合2丁目5番13号　株式会社 税務経理協会
郵便番号161-0033　振替 00190-2-187408　電話 (03) 3953-3301（編集代表）
FAX (03) 3565-3391　(03) 3953-3325（営業代表）
URL　http://www.zeikei.co.jp/
乱丁・落丁の場合はお取替えいたします。

© 瀧田　輝己 2008　　Printed in Japan

本書の内容の一部又は全部を無断で複写複製（コピー）することは，法律で認められた場合を除き，著者及び出版社の権利侵害となりますので，コピーの必要がある場合は，予め当社あて許諾を求めて下さい。

ISBN978-4-419-04960-7　C1063